SeaEagle

SeaEagle

【令人不可思議的漢王朝】

一讀就停不下來的大漢史

人們口中的楚河漢界，
真的只是一條小水溝嗎？

為什麼項羽贏了九十九次，卻讓劉邦贏了最後一次？
劉家打出來的天下，卻讓娘家來管。
造反，成為大漢功臣唯一的罪名！
漢朝有二十五個皇帝，竟然有十個是同性戀！
強盛的大漢，傷心之地在哪裡？
王莽何許人也，如何有本事篡漢？

劉觀其——著

序言

歷史的車輪向前轉動，轉到咸陽，撩起了秦宮白色的綾羅紗簾，轉過了秦王朝歷史的最後書簡，拉開了漢史的序幕。劉邦、劉恆、劉徹、王莽、劉秀、張良、蕭何、陳平、賈誼、竇嬰、曹參、董仲舒、霍光、韓信、李廣、衛青、霍去病、周亞夫、李陵、司馬遷、張騫、班超，這些名字似乎成了名君與能臣的代稱，後世幾乎無出其右。

在中國璀璨的歷史長河中，漢朝就像一顆明珠一樣懸掛在歷史的天空之中，它的成就和作用舉足輕重。雖然它不是中國歷史上第一個皇權專制王朝，但它卻比第一個開創這種制度的秦朝貢獻更加卓著。雖然秦朝是中國第一個統一的封建王朝，但實際上，漢承秦制，在皇權專制社會中建設得比較完善，對後世影響深遠的各項制度，大多是在漢朝時期完成的。

漢朝是歷史上第一個人口數量高峰；漢朝的文字是世界上使用人數最多的文字，漢族就是在漢朝之後才慢慢形成，當時的少數民族以及北部的匈奴稱漢朝統治範圍內的人為漢人。漢朝統治區內的人在以後的歷史演變中，慢慢地成了現在全世界人數最多的民族——漢族。在秦朝之前，六國的文字不統一，雖然秦朝時期統一了文字，但卻沒有給這種文字命名。漢朝之後，人們慢慢把這種文字稱作「漢」字，由此可見漢朝對後世的影響。

漢朝時期的政治、經濟達到了空前的繁榮，也將版圖進一步開拓，佔據了北部的大部分地區，同時將南部少數民族納入到了中華民族的歷史範疇。

漢朝對內大力發展經濟，對外開通了河西走廊這條通道，這使中國的文化第一次透過商品流通，讓西方甚至更多的國家和民族瞭解中國，也把西方的一些植物和器具帶到中國，促進本國的發展。張騫出使西域至今依然影響巨大，現在還有很多國家有張騫的塑像。

漢朝時期做出了中國歷史上第一部相對完整和真實記錄歷史的書籍——《史記》，也正是由於這本書，讓後人對那段歷史有了更加詳盡的瞭解。之後各個朝代都採用這種方式，在朝廷中設立專門整理記錄歷史的官吏，讓中華民族幾千年的歷史有了詳實、可靠的記載。東漢時期還出現了對後來世界的發展都有促進作用的發明創造，也是中國四大發明之一的造紙術。

在中國古代歷史上，沒有哪個朝代能像漢朝那樣至今還對我們的生活有這麼大的影響，它的成就在中國歷史上是無法磨滅的。

從秦末農民戰爭的群雄逐鹿到楚漢之爭，從劉邦建立西漢到文景之治，從武帝的「罷黜百家，獨尊儒術」到漢王朝的開疆拓土，從宣帝中興到王莽代漢，從綠林赤眉起義到劉秀建立東漢，本書以西漢歷史的演進為主線，用通俗的筆調和清晰的敘述，講述對西漢歷史發展產生重要作用的眾多歷史人物和重大歷史事件。在其中，有我們熟悉的秦末群雄、漢初謀士、漢匈戰爭，也有我們不熟悉的開拓西南邊境、宣帝中興以及重大歷史事件中的具體細節。劉邦與項羽，最後勝利者是劉邦的真正原因何在？強盛的大漢傷心之地在哪裡？漢文帝是如何登上歷史舞台，晁錯是如何為了削藩丟掉性命，獨尊儒術的幕後人物何在？南越王國你是否知道，衛青與霍去病是如何北逐匈奴？漢武帝對外戰爭的錢從何來，是誰終結了北匈奴，又是誰塑造了昭宣中興？王莽何許人也，劉秀是否被歷史低估，班超是如何開拓西域，又是誰把強大的匈奴打到歐洲。強大的漢朝為何滅亡，而誰在為了挽救強盛的王朝奮不顧身，這一切都在本書中等著你來發掘。

書寫一部歷史，不是為了向世人展現往昔的人情世故，叫人為往者感歎躊躇，而是為了與歷史人物身影交錯，攜手同遊，共經盛世興衰的波瀾，體味人生的豪邁與遺憾。漢史所留給我們的，就是這彌久的滄桑，誘惑著人們翻開書本去品讀。

在本書中，人們可以看到漢朝的各種風情：有雄霸天下，有鉤心鬥角，有英雄揮戈，有兒女情長……點點滴滴匯集成涓涓史河，供讀者飲之止渴。在這裡，亦匯集了古今中外史學愛好者和研習者的品史精髓，幫助我們更清晰地找到兩千年以前的時代座標，理解漢朝的絕韻。

目錄

序言

第一章：亂世諸雄生，各顯各神通

第二章：楚漢爭霸在今朝

第三章：打江山難，坐江山更難

第四章：劉家天下，女人當家

第五章：漢武大帝

第六章：帝國暮年

第七章：東漢重建，輝煌難續演

第一章：亂世諸雄生，各顯各神通

始皇帝死後，皇十八子嬴胡亥在趙高和李斯的幫助下，假下詔書害死了皇長子扶蘇，登上了秦國皇帝的寶座，史稱秦二世。在秦二世倒行逆施、奸相趙高專權禍國的情況下，一場反抗暴秦、逐鹿天下的慘烈戰爭拉開了帷幕，各路諸侯粉墨登場。

徒有鴻鵠之志的陳勝

西元前二〇九年，秦王朝從泗水郡徵調九百壯丁到漁陽做戍卒。誰知行至大澤鄉時，天降暴雨攔住去路，只能在此處停留。

本來這是天災非人禍，可朝廷不管，嚴格規定徵調壯丁抵達的最後期限，如不能如期抵達，就是犯了失期之罪，有官職的要罰款削官，平民要處死。眼見暴雨攔路，想準時抵達漁陽是不可能了，可到了那裡，失期也只有死路一條。

「不如造反！」不甘於被壓迫的陳勝心裡冒出這樣的想法。

且說陳勝當年跟其他人一起給人種地時就已顯露其異於常人之處。有一天，大家正在幹活，陳勝突然扔下鋤頭，悶悶不樂。好一會兒，他突然對著大夥說：「我以後要是得了富貴，一定忘不了你們！」大夥一聽，都樂了：「別開玩笑了，你一個給人種地的哪來的富貴？」陳勝說了一句：「嗟乎，燕雀安知鴻鵠之志哉！」你們這幫小家雀兒怎麼知道我這大雁的志向啊！可見年輕時陳勝就已經表現出異於他人的革命精神。

但如今造反這事他自己獨木難成林，於是陳勝找到了同為屯長的泗水同鄉吳廣。吳廣也知道繼續走向漁陽只是死路一條，而造反說不定真的能夠殺出一條血路！於是兩人開始計畫如何讓這九百壯丁跟著他們一起造反。

首先，吳廣偷偷將寫有「陳勝王」的布條塞進魚腹。眾戍卒吃魚時發現了布條，個個心驚膽戰，不知如何是好。接著，吳廣又在夜裡學起了狐狸的叫聲。「嗷嗷嗚……大楚興……嗚……陳勝王……嗚嗚……」將所有人的注意力成功的集中到陳勝的身上。

下一步是搞定帶隊將尉。這一天，押送這支隊伍的兩個將尉因遇雨失期，眼看要破財，借酒澆愁，醉的走路都打晃。陳勝一瞧，向吳廣使了個眼色。吳廣心領神會，故意在將尉面前唉聲歎氣，總說要逃跑。將尉一聽氣壞了，頓時惱羞成怒，一把摁倒吳廣，抄起鞭子向吳廣的脊背抽了過去。

吳廣平時對戍卒們特別關照，在眾人心中的聲望高，很受愛戴。看見吳廣挨打，戍卒們很生氣，情緒很激動，不少人圍攏過來要阻止將尉打人。

一個將尉看情形不對，把劍拔出來了呵斥眾人。趴在地上挨打的吳廣瞅準時機，突然挺身而起，伸手把劍奪過來，順勢向前刺去，只聽「噗」的一聲，一劍把還在發呆的將尉刺中了。另外那名將尉大驚失色，嚇得酒也醒了，拔劍去殺吳廣。此時陳勝順手抄起根劈柴，跟吳廣一前一後纏鬥，眨眼的工夫就把第二名將尉殺了。陳勝穩了穩心神，把所有戍卒都召集在一起，提著滴血的劍高聲說：「你們現在都是犯了失期之罪的現行犯，都是要掉腦袋的。就算不砍頭，到了漁陽，修長城、跟匈奴人打仗，十之六七還是得把命丟在那。反正沒活路了，咱們何不起來造反，興許還有一條活路呢！」眾人一想，日期也誤了，官兵也殺了，反吧！

於是，陳勝自立為將軍，吳廣任都尉，打出大楚旗號，起義反秦，迅速攻佔了大澤鄉、蘄縣、銍縣、酇縣、苦縣、柘縣、譙縣，繼而佔領陳縣。秦朝大一統之後，第一個舉起反秦大旗的勢力就此宣告誕生。

歷史的車輪繼續向前，人們漸漸發現陳勝雖不是燕雀，可也絕非性情溫和的天鵝。

陳勝帶著大楚軍剛打下陳縣的時候，有善於拍馬者鼓動陳勝，自立為王。陳勝聽了很高興，但是沒直接答應，裝模作樣地問他在陳縣新收的張耳和陳餘。張耳、陳餘是陳郡有名的人才，比陳勝看得遠，堅決反對陳勝稱王。並向陳勝分析道，起兵時打的旗號是為天下誅暴秦，秦朝現在還沒滅亡呢，大楚軍剛打下一個容身之地，陳勝就要稱王，這就等於告訴天下人：我說解救飽受暴秦之苦的天下人，那是騙人的，我實際是為了我自己。這等於出爾反爾，肯定會造成己方陣營分崩離析的後果。應當派人重新立齊、楚、燕、趙、韓、魏六國後裔為王，贏得天下人的好感，增加自己的朋友，集合眾人之力，推翻暴秦就易如反掌。到那時候，陳勝再據咸陽以令諸侯，諸侯感恩戴德，自然也會擁護陳勝。陳勝的帝業也就指日可成了。

二人分析得很有道理，可是陳勝卻聽不進去，想說：我打的天下，我幹嘛要立別人為王？我先當兩天過過癮再說吧！於是，陳勝便自立為楚王。

陳楚政權建立後，吳廣奉命攻打秦國重鎮滎陽，久攻不下，陳勝又派周文率軍繞過滎陽進攻咸陽。周文軍打到距咸陽僅有百里的戲。秦朝連忙命章邯率領由驪山刑徒組成軍隊迎擊。結果，周文軍一觸即潰，周文絕望之下自刎。這一來，圍攻滎陽的吳廣軍就暴露在章邯軍的刀鋒之下。

吳廣手下的田臧為奪權，矯王令把吳廣殺死，陳勝非但沒降罪，卻拜為上將。然而眼高手低的田臧率領精兵在滎陽以西的敖倉迎戰秦軍，卻被秦軍射殺，陳楚軍四散奔逃，秦軍兵臨陳縣。

西元前二〇八年，陳勝在章邯的進攻下戰敗而逃，在逃亡的路上被車夫莊賈謀害。

儘管陳勝、吳廣兩人本身並沒有多少可稱道之處，但是他們的行為對於中國歷史而言卻異常重要。二人的起義讓世人突然發現秦王朝原來沒有想像中的那麼強大。也因此，各路英雄逐鹿而起，加入到了轟轟烈烈的反秦事業中。劉邦，項羽，為人所熟知的當時兩大人物，就是在此時走上歷史舞台。

【知識連結】

陳勝，字涉，出生年不詳，西元前二〇八年被秦將章邯所敗，逃跑時被車夫刺殺而死。楚國陽城縣人。秦朝末年反秦義軍的首領之一，西元前二〇九年與吳廣一同在大澤鄉）率眾起兵，成為反秦義軍的先驅。

市井小霸王劉季

漢高祖劉邦是一位傳奇帝王。

對於劉邦的出生，史書的記載不免充滿神話色彩。司馬遷在《史記・高祖本紀第八》中這樣記載：高祖，沛豐邑中陽里人，姓劉氏，字季。父曰太公，母曰劉媼。其先劉媼嘗息大澤之陂，夢與神遇。是時雷電晦冥，太公往視，則見蛟龍於其上。已而有身，遂產高祖。

東漢的班固在《漢書》中的記載與《史記》基本相同，但是用詞大有深意：高祖，沛豐邑中陽里人也，姓劉氏。母媼嘗息大澤之陂，夢與神遇。是時雷電晦冥，父太公往視，則見交龍於上。已而有娠，遂產高祖。

縱觀史書記載的歷代中原漢族帝王，大多帶有點神話色彩，有的看見彩虹而懷孕，有的因吃了神鳥蛋而懷孕，有的夢見紅日入懷而懷孕，千奇百怪，可是記載說母親跟蛟龍行周公之禮而懷孕的，獨劉邦一個。於是後人便有種種揣測，認為劉邦很有可能是其母紅杏出牆而與外人私通所生。

劉邦也確實不像是劉家的人。劉邦的兩個哥哥長大後，就幫著家裡勞作，為養家糊口而終日辛勞，尤其是二哥劉仲，幹活是一把好手，為劉家改善經濟條件出了不少力。可是劉邦自幼頑劣，念書的時候就經常翹課，長大了更是遊手好閒，也不懂給家裡掙錢。不僅不賺錢，劉邦還愛交朋友，有了錢就同一群朋友吃喝玩樂花個精光，劉邦因為不求上進沒少挨父親劉太公的罵。然而罵是沒用的，怎麼罵，劉邦也不肯幹農活。或許對村子裡偷雞摸狗的事也厭倦了，便流浪到了沛縣這個城市裡，這裡有他最喜歡的賭場、酒樓和煙花場所。

多年的管教也不見成效，劉太公憑著自己人面熟、交際廣，花了點銀子，找到了時任沛縣主吏蕭何。也就是現在的警察局局長，給劉邦弄了個差事——泗水亭長。

亭長的官職其實不大。當時，十里為一亭，設一個亭長，一里有百十戶人家，一亭之長就相當於今天管理千八百戶人家的村長或者里長。屬於芝麻綠豆大的小吏，主管治安警衛，兼管檢查停留旅客，治理民事。亭長只是最底層的官吏，朝廷沒有正規的糧餉，只是靠正規的官員給點小費。而每次蕭何都多給他二十錢，劉邦得了天下後，為了感謝蕭何，就多封他兩千戶作為酬謝，可見做人永遠要厚道。

當了這麼個小吏，劉邦也利用職務之便胡來，成天帶著幾個手下在街上廝混，與開酒館的王氏、武氏有曖昧關係。劉邦沒事就去王氏、武氏的酒館喝酒調情，喝醉了就在兩人那睡覺。喝了別人家的酒，劉邦也不給錢，只是記帳。王氏、武氏也不客氣，劉邦不付錢喝酒，以後酒價加倍。劉邦也不言語，加倍就加倍，反正不給錢，他是無所畏懼。

酒帳一直記到年末，王氏、武氏去要帳，劉邦自然不幹，直接點明兩個酒館掌櫃針對他抬高酒價的事實。縣官不如現管，帳沒法要，也就作廢。王氏、武氏賠了錢財又失身，還得給自己找寬心丸吃，跟人說劉邦睡著的時候身上常常冒出一條龍，可見劉邦不是一般人，酒錢要不來就不要了。不僅跟王氏、武氏玩曖昧，也就在這時劉邦還與一個曹姓女子有私，並生下一個兒子，此子就是日後的齊王劉肥。

在這期間，劉邦還發明了個東西。《史記・高祖本紀》記載：「高祖為亭長，乃竹皮為冠，令求盜之薛治之，時時冠之，及貴常冠，所謂『劉氏冠』乃是也。」後來這個劉氏冠還流行起來，晉朝皇帝祭祀的時候都得帶這種帽子。雖然說是小發明，但是在古時候卻是不務正業的舉動。

孔夫子說，男人三十而立，四十不惑。劉邦到了三四十歲卻既未成家，也未立業，終日流連酒色，不務正業，在亭長職位上還假公濟私，派手下專管抓賊的「求盜卒」出差到魯國去幫他弄「劉氏冠」。估計劉太公都被這個「問題中年」弄得面目無光，可是誰又能想不久的將來這樣的一個人竟會開創一個王朝，寫就一段傳奇呢？然而，偏偏就是這麼一個普普通通的小人物，不是鳳子龍孫，不是簪纓世家，不是一方富豪，既無滿腹經綸也無舉鼎之力，卻壓倒了那些名門之後、蓋世雄傑，平天下、定諸侯，成了富有四海的一國之君。

有人說，一個成功男人的背後，一定有一個默默支持他的女人。劉邦的發跡，也正是因為他後來娶到了一個默默為他鋪路，又差點毀了他半生心血的女人。

【知識連結】

秦朝的政權組織結構：在中央，最高權力者為皇帝，下設三公九卿。地方上，郡設郡尉，郡守，監御史。縣設縣尉，縣令。縣令管理下屬各鄉，鄉下設游徼，三老，嗇夫（管理大鄉），有秩（管理小鄉）。三老管理下屬各亭，亭設亭長。亭長管理下屬各里，里設里長。

霸王餐吃回一個美嬌娘

人們常說：好漢無好妻，賴漢守花枝。以劉邦的家世和生活作風，可以說在家鄉臭名遠揚，哪個好人家也不願把閨女往劉邦這個火坑裡送。所以，一直到四十多歲，大小也算是個亭長的劉邦儘管與三個女人都有來往，卻沒娶妻，是個名副其實的光棍漢。

沒人給劉邦說媒，劉太公也不張羅，劉邦本人倒也不著急。

卻說這一天，沛縣來了位貴客。此人姓呂，與沛縣縣令有來往，因為與人結仇，為了避禍而舉家遷到沛縣。

呂公搬家到沛縣，沛縣縣令很高興。為什麼高興？呂公有個閨女，姓呂名雉，閨名娥姁，模樣長得漂亮，被縣令相中了。縣令曾經想娶呂雉，呂公沒同意。呂公是打算把這閨女許配給大富大貴之人的，區區一個縣令，那麼大歲數了，可沒放在他眼裡。

現在，呂公一家搬到沛縣，託庇與縣令，這對縣令來說可是個難得的好機會。於是，沛縣縣令大擺筵席為呂公接風洗塵，借機炫耀炫耀自己的威望。縣裡的鄉紳、富豪、大小官吏得到消息，自然是要著意巴結，紛紛趕來赴宴。筵席可不是白吃的，給縣令大人的朋友接風洗塵，怎麼能空手而來？於是乎，有帶土特產的，有送錢的。

這麼多人來捧場，得有人接待，不能亂了。接待賓客的工作就被縣令交給沛縣功曹蕭何了。功曹就是郡守、縣令的秘書，專門輔佐郡守、縣令工作。蕭何作為縣令的首席秘書，自然領會上級的意圖，當即傳令：送禮不滿一千錢的，不許上堂跟大人和貴客坐主席，全部在堂下就座！

堂上、堂下隔不了幾步遠，可是待遇卻有高低之分。來的這些賓客，心意一樣，待遇卻有天壤之別，坐在堂下的有的心裡不高興，可是也不敢說什麼。

就在這時候，劉邦得到消息來蹭飯吃了。到了門口，劉邦抬腿就往裡走。守門的跟劉邦認識，知道劉邦一文錢餘財都沒有，準是空手而來，立即攔住他：「哎，劉亭長，等等！功曹吩咐了，賀錢一千以上的堂上就座，一千以下坐堂下。你準沒帶錢，往這邊請吧！」

劉邦一聽，心想：這正是與貴人結交的機會，我怎麼能坐到下邊去！於是，他沖把門的一努嘴，意思是讓後者把自己名字添上，他劉邦會付賀錢一萬！

守門的嘴都合不上了。一萬錢？劉邦怎麼可能有這麼多錢？但是劉邦執意讓他寫帳，他也只好從命，寫好禮帖，高聲喊：「泗水亭長劉季，賀錢萬！」

這一嗓子不要緊，把正在跟大家聊天的呂公給驚動了：他與此人從未謀面，對方一出手就拿一萬，究竟是誰這麼有錢？他連忙站起身趕到門口迎接劉邦的大駕。

到了門口，呂公細一打量，只見眼前站著一個大眼睛、高鼻樑的美髯公，長得真是人見人愛，經人介紹知道正是劉邦，當即拉著劉邦到堂上的上座就座。

劉邦的底細，呂公不知道，蕭何可知道得一清二楚。平日裡蕭何跟劉邦關係不錯，一見劉邦不知深淺地往堂上來，怕劉邦惹禍，連忙拉住呂公，說：「呂公，劉季這人一向愛吹牛說大話，根本就沒見他做成過什麼事。他哪來那麼多錢啊，定是跟您開玩笑。您讓他坐堂下就行了。」呂公不信，這樣儀表堂堂、出手萬錢的好漢，怎麼可能是個吹牛大王呢？

蕭何說話聲音大了點，劉邦聽見了。本來劉邦打算能在堂上找個角落就行，也不敢造次。可是聽了蕭何的話，劉邦下不來台了：什麼叫自己愛吹牛啊！劉邦心中一陣憋悶，覺得不出這口氣是不行，竟就著呂公的邀請，毫不推辭地就坐了上座。

沛縣在堂上就座的有不少人認識劉邦，看見呂公把這麼一個潑皮無賴請到上座，均是非常氣憤和尷尬，可是也不好說什麼。

喝著酒，吃著菜，劉邦與呂公高談闊論。期間，呂公也得知劉邦根本一文錢沒拿。可是老頭兒偏就喜歡劉邦天不怕、地不怕的個性，越看劉邦越喜歡，用眼神示意劉邦：一會酒筵散了你別走，我有話跟你說。劉邦心領神會，吃飽喝足之後留了下來。

這時，賓客已經散盡，呂公語氣異常和藹地跟劉邦拉起了家常，得知劉邦尚未娶妻。呂公大喜，立即說：「我年輕的時候喜歡給人相面。我相看過的人多了去了，沒一個比得上你的。我有個女兒，也到了談婚論嫁的年紀了，我願意許配給你。」呂公有錢有勢，劉邦做夢都沒想到自己能攀上這樣一門婚事，自然是百般願意。劉邦和呂雉的婚事就這麼定下，擇了吉日拜堂成親。沒兩年，劉邦添了一兒一女，起名叫劉盈、劉樂。

以前沒人要的無賴，如今娶了如花似玉的媳婦，有了兒女，劉邦心裡自然是高興得不知所以然。所以亭裡的工作也不好好幹了，隔三岔五就請假回陽里的家中陪老婆孩子。有時候劉邦心裡就在想：有老婆做飯，有兒女繞膝，拿著國家的津貼，等過些年攢夠了錢，買田置地，也成了老爺。這不就是神仙過的日子嗎？

命運偏偏愛開玩笑。秦王朝的統治者們從未想到是自己賴以治國的嚴刑峻法給自己創造了一個毀滅者。劉邦自己也沒意識到：自己一生中最逍遙自在的日子，即將結束。

這樣一個不知道該說是幸還是不幸的日子，就這樣在劉邦毫無準備下到來了。

【知識連結】

呂公，漢高祖劉邦原配夫人呂雉的父親，被人們尊稱之「呂公」。名文，字叔平，是秦朝時單父縣城東三十里呂姑村人。呂文有四個孩子：長子呂澤，次子呂釋之，長女呂雉，次女呂嬃。呂文因為躲避仇人而逃難，曾暫住在至交好友沛縣縣令家裡，至此與劉邦相識。善相術，劉邦稱帝後封其為臨泗侯，呂雉稱制贈為呂宣王。

醉斬白蛇承天命

婚後的泗水亭長劉邦終於享受到了屬於自己的家庭溫暖。可是光幸福也不行，還要工作啊。官場上有句話：當差不自在，自在不當差。領皇家的俸祿，不能讓你總吃閒飯，於是，任務來了：奉朝廷旨意，沛縣解送咸陽給秦始皇修驪山陵的刑徒湊齊了，要求劉邦負責此次押送任務。

修驪山陵、阿房宮雖然死亡率不會像修長城那樣高，但是苦役累死、病死、被打死的情況也是經常發生的。故土難離，妻兒難捨，生死難料，老百姓對被抓壯丁是非常恐懼的，在被押送的路上常常逃亡。壯丁逃了，押送的人就得負責，就得挨罵、挨打、受罰。劉邦押著刑徒們啟程之後，一路上刑徒們逮住機會就開溜，沒走出多遠，人跑得差不多了。劉邦暗自琢磨：看這陣勢，等到了咸陽，就剩我一個人了，安能得好？看來我這個亭長當到了頭，也得逃命了。

逃，也得會逃。像之前逃走的那些苦役，單打獨鬥，一個人沒法生存，十有八九還得被抓住。要跑就得多帶幾個人，拉起一支隊伍，找個地形有利的山頭做山賊。於是，劉邦眼珠一轉，計上心來。

這一天晚上，在大澤西，也就是今天的今江蘇豐縣西，劉邦買了酒菜，把剩下的幾十人召集到一起聚餐。酒過三巡，菜過五味，劉邦站起身來講道：「各位壯士，這一路上不少人都跑了，也就你們夠義氣，沒撇下我一個人。人已經跑了不少，就算帶著你們到了咸陽，咱們也都沒好日子過。既然如此，咱們乾脆就在這告別吧，你們都趕緊跑，我也得逃命去了。」劉邦一發話，大家紛紛逃命，只剩下十多個人願意追隨劉邦。劉邦對這十幾個人熱情籠絡，添了酒菜繼續喝，酒足飯飽之後連夜趕路，尋找安身之所。

此刻，因為對道路不熟，劉邦派出一個人探路，自己則倚著石頭，一邊醒酒一邊等消息。

正在此時，探路的人慌慌張張跑了回來報告說：「前面不能走了。我去探路，看見有一條蟒蛇橫在路上，要不是我發現得早，就被它一口吞了，咱們換條道走吧！」

聽探路的人一番描述，眾人心裡也怯了，都勸劉邦調頭另找道路。

有道是藉酒壯膽。劉邦的膽子說小不小，可也沒多大。要在平時，聽說前邊有巨蟒攔路，劉邦早就避得遠遠的。可此時藉著酒勁，劉邦膽子大了許多：「沒出息！堂堂男子漢，還能被一條蛇擋住？看我的！」

說完，劉邦「鏘」的一聲拔出佩劍，邁著歪歪斜斜的步伐衝了出去。沒走多遠，果然有一條大蟒橫在路上，大概是剛吃飽，正在消化。劉邦沒給蟒蛇任何的機會，一時間也顧不上找蛇頭，舉起寶劍向蛇身用力一砍，巨蟒當即被砍為兩截。

這本來是一件小事。但是劉邦將此引為自己的得意之作，後來，有人據此編出一段神話故事：

據說，劉邦斬蛇之後繼續往前趕了幾里路，實在不勝酒力，躺在地上睡著了。跟著劉邦的十幾個人不見劉邦回來，就一起去尋。尋到劉邦斬蛇的地方，看見一個老太太坐在那嗚嗚哭。有人就問：「你在這哭什麼呢？」老太太一邊哭一邊說：「有人把我兒子殺了，我能不哭嗎？」有好打聽的問：「怎麼回事，你跟我們說說？」老太太回答：「我兒子不是一般人，是白帝的兒子。他今天變成一條蛇擋在路上，結果被赤帝的兒子給殺了！」眾人認為老太太在胡說八道，正要拆穿，老太太突然在眾人眼皮子底下不見了。後來眾人找到劉邦，把這事說了。劉邦從此成了赤帝的兒子，跟隨的人也稱劉邦是大神之子，日益敬畏。

實際上，這些神話是後人杜撰之言。歷史上稱，秦朝是水德，穿衣服都穿黑色。水德對應的是黑帝顓頊。秦朝祭祀五帝的時候，只祭白、青、黃、赤四帝，唯獨不祭黑帝。後來劉邦進入關中的時候就問：「我聽說天下本有五帝，現在只有四帝，怎麼回事呢？哦，我明白了，這是等我來，正好湊齊五帝。」因此，劉邦自稱黑帝，還建了個黑帝祠。

劉邦一會兒自稱赤帝之子，一會兒自稱黑帝，到了劉恆又說自己是土德，所以剋了水德的秦朝。到了東漢劉秀當皇帝，又變了，劉秀說漢朝是火德，跟劉邦是赤帝之子對上號了。問題是，「五德終始說」是戰國時期陰陽家鄒衍提出來的。按照這套理論，水剋火、火剋金、金剋木、木剋土、土剋水，火德的漢朝理當被水德的秦朝滅掉。

種種跡象表明，劉邦斬蛇或為史實，而所謂的「白帝之子被赤帝之子所殺」等一系列神話純屬杜撰之言。史書所載不能不信，也不可盡信。這則傳說的起源，大概是劉邦為了提升人氣、擴大隊伍，與人串通之後造的謠。

劉邦當了山大王之後，據說秦始皇稱「東南有天子氣」，因此屢屢東巡，要用自己的王霸之氣鎮壓東南天子氣。這要說還是劉邦夫婦有天分。那時候地廣人稀，山賊生意不好做，難得開一次張，劉邦等人過得跟野人一般。多虧呂雉時不時能帶點東西來，大家不至於餓死。趁這個機會，劉邦還有閒心造謠。呂雉每回來探親，總能找到行蹤不定的劉邦。劉邦當著大家的面故作驚訝地問：「你怎麼總能找到我呀？」呂雉也跟著演戲：「那有什麼難處？你住的地方天上有雲氣。我看著雲氣找你，就找到了。」一望著雲氣找人，實屬胡言亂語。這其實根本就是劉邦和呂雉串通好了的。其他人可不知道這夫妻二人裝神弄鬼，以為是真事。許多被嚴刑峻法逼得活不下去的人就有了「實在不行投奔劉季當山賊」的念頭。

一直到這個時候，劉邦眼前仍然是漆黑一片，看不到出路，看不到希望。反秦？劉邦沒這個膽量。一直當山賊？東躲西藏、提心吊膽的日子實在是不好過！

在惶恐與焦慮中，秦始皇死了，胡亥即位了。

【知識連結】

秦二世（前二三〇年—前二〇七年），嬴姓，名胡亥，是秦始皇第十八子，公子扶蘇的弟弟。西元前二一〇年至前二〇七年在位，史稱二世皇帝。西元前二三〇年，秦始皇出遊南方病死沙丘宮平台，秘不發喪，在趙高與李斯的幫助下，逼死扶蘇，並殺死兄弟姐妹二十餘人，後當上秦朝的皇帝，史稱秦二世。

起兵沛縣初成名

西元前二〇九年，陳勝、吳廣在大澤鄉舉起了反旗，轄區就在陳楚政權邊上的沛縣縣令心慌了。抵抗陳楚，盡忠報國？作為區區一個縣令，別說要兵沒兵，就算募集了一批鄉勇，兵器都湊不齊。縣令可不想為大秦搭上自己的性命。於是縣令決定舉沛縣向陳勝投降，先熬過這一關再說。但是，投降也不是縣令一個人說了算，手下要是都不想投降，他也降不成。思慮再三，縣令把在縣裡很說得上話、得人心的功曹蕭何和獄掾曹參找來。很民主地徵求蕭何、曹參的意見。蕭何、曹參早就提心吊膽地琢磨過這件事。好歹他們也都是縣裡有頭有臉的官吏，是百姓眼中的官僚，如果頑抗到底，百姓絕對不會對他們客氣。縣令一直以來沒動靜，倆人早就著急了。今天聽縣令這麼一說，倆人心想：原來你也怕死，也難為你堅持了這麼多天。

蕭何比較重義氣，趁機舉薦劉邦眾人前來護衛，縣令覺得這樣很好，便同意了。蕭何火速找到樊噲，讓他趕緊請劉邦帶人來接管沛縣。劉邦得到消息激動得熱淚盈眶，誰想到這種好事竟然就落到他頭上了！劉邦趕緊把手下聚攏起來，直奔沛縣而來。

再說沛縣這邊，樊噲剛走，沛縣縣令再一尋思：不對！劉邦來了能聽我的嗎？劉邦要是不聽我的，我可是什麼辦法都沒有啊！大秦連六國都滅了，小小陳楚能成什麼氣候？朝廷大軍一到，陳楚頃刻敗亡，投降陳楚不是找死嗎？左思右想之下，還是覺得不能反！

於是縣令便下令城門緊閉，不放劉邦進城，還命人把蕭何、曹參抓起來，準備殺了二人。蕭何、曹參非常機靈，見事情不妙早就溜出城去投奔劉邦了。

劉邦帶著人馬來到沛縣一瞧，城門緊閉，自己這點人想攻城那是不可能了，還是攻心吧！在蕭何的參謀下，劉邦寫好書信，讓弓箭手射上城頭。信中如是寫道：父老鄉親們，天下人飽受暴秦役使，早就不堪其苦。現在陳勝已經造反了，你們還敢幫縣令守城？你們不知道陳勝的部隊遇到抵抗不降的都要屠城嗎？你們應該趕緊把縣令殺了，選一個帶頭人回應反秦的諸侯，這樣才能保全性命，否則，陳勝大軍一來，大家全都得死！

沛縣百姓早就聽說陳楚軍喜歡屠城，再加上早聽說劉邦不是一般人，天命所歸，被劉邦鼓動之後立即殺死縣令，迎劉邦入城，擁立其為沛縣縣令，領導大家幹反秦的事業。被擁立為了領袖，劉邦其實心裡還是有點害怕的，畢竟是腦袋別在腰帶裡的事，誰心裡都打鼓。可是他已經沒有退路了。私放刑徒逃亡、畏罪潛逃的是他，躲在山裡當山賊擾亂治安的是他，造謠說自己是赤帝子、有雲氣的是他，兵臨沛縣鼓動百姓殺死縣令的還是他。樁樁件件都是死罪，還怕加上造反這一條嗎？因此，劉邦假意推辭了一番；眾鄉親也來了個折中，不當縣令就不當縣令吧，稱沛公。

西元前二〇九年十月，劉邦欣然接受家鄉父老的擁立，稱沛公，祭了黃帝，又祭了戰神蚩尤，宰三牲發血誓，正式起義反秦。並開始在沛縣招兵買馬，湊了兩三千人，氣勢洶洶奔胡陵、方與而去。胡陵、方與兩縣就在沛縣西北方不遠，在今天山東魚台的東南。劉邦是市井混混出身，根本不懂兵書戰策，手下其他人也沒一個是將門之後、鬼谷子的傳人，這麼點人馬卻要攻打兩縣，已經犯了兵家大忌。更何況，因為陳勝、吳廣起義，本來都沒有防備的各個郡縣現在都是城門緊閉，輪班放哨，絕不出城迎戰，一心嚴防死守。沛縣軍來到城下，頓感狗咬烏龜——無從下口。圍城多少天，一無所獲，沛縣軍只好撤回沛縣豐邑老家。結果剛回家就遭到泗川監郡御史的攻擊，接到探馬報告的劉邦頓感緊張，但是這場仗躲不過去，硬著頭皮也得打。好在劉邦在之前打胡陵、方與的時候學了一招——堅守不出。此計果然好使。監郡御史帶來的兵馬也不多，一連攻了兩天也沒消滅劉邦，己方反而損失慘重。就在秦軍久攻不下、士氣低落的時候，劉邦軍尋了個破綻突然殺出城來，竟然將秦軍殺得潰敗。劉邦高興極了。這是他起義以來打的第一場勝仗，意義很重大。

至此劉邦乘勝追擊，佔領薛城，又進軍亢父。誰知正打的火熱之時，後院起火，看家的雍齒叛變了！雍齒也是沛縣人，據說是劉邦的街坊。雍齒的家境比劉邦好，出身於豪強，在當地有錢有勢，也算是一個人物。從劉邦鼓動百姓殺沛縣縣令的時候起，雍齒加入了起義軍，因為在當地有影響力，而且有把子力氣，因此雍齒被任命為帶兵的將領。劉邦這時候確實是缺人，有點本事的人就能領一份獨當一面的差事。

話說陳勝起義稱王之後，原魏國貴族寧陵君姬咎做了魏王，魏相周市一心要為魏王打下一片廣闊天地，可是哪都不好打啊。於是天天對著魏國地圖，突然有一天眼前一亮，派人給此時鎮守豐邑的雍齒帶了句話：「豐城那地方是魏王當年徙居之地，現在我們已經拿下數十座城了，你雍齒要是歸順我魏國，魏國封你為侯，豐城仍然歸你管。你要是不歸順，別說你活不成，我們拿下豐城之後雞犬不留！」

聽完使者傳話後，雍齒竟毫不猶豫立即投降魏國。

得知老窩被抄，劉邦是又急又氣，深感待雍齒不薄，沒想到竟然背叛自己，若是不收拾此人，他誓不為人！懷揣著萬丈怒火，殺回豐城。可幾天下來，豐城愣是沒打下來，原因就是劉邦的隊伍裡很多人都是豐城子弟，親戚都在城裡，哪有心情打仗。急火攻心的劉邦，大病一場，只好撤退休養。得知陳勝部下秦嘉自立為大司馬，擁立景駒為楚王，收攏了陳楚政權的部分人馬。劉邦索性率軍投奔了秦嘉，打算請秦嘉幫忙報仇，結果沒等報仇呢，秦嘉、景駒便被項梁、項羽叔侄的起義軍隊結束了。

【知識連結】

雍齒，沛縣人，是豪強出身，西漢初年著名的武將。西元前二〇八年，秦二世二年，隨劉邦起兵反秦。秦軍圍攻劉邦於豐邑。劉邦打敗秦軍後，命雍齒駐守豐邑。魏國人周市對其進行誘反，遂行背叛；

後幾經反覆，最終再次歸向劉邦。劉邦念及曾立過許多戰功，故未殺他。

舊韓謀士張子房

失了豐城的沛公很淒慘，手下滿打滿算不到一萬人，找了棵大樹，沒等乘涼，被項梁砍倒了。好在人生總是否極泰來，劉邦與張良相遇了。

張良以謀略著稱，字子房，戰國七雄韓國貴族後裔。張良的祖父張開地輔佐過韓昭侯、韓宣惠王、韓襄哀王，張良的父親張平輔佐過韓釐王、韓悼惠王，都是當時的相國。到了張良這一代，他還沒等到做官的年紀，韓國就被秦國滅了。《史記》記載：「韓破，良家僮三百人。」還有實力養著三百僕役。說明秦始皇並沒有對張家下狠手，不過也沒用張良做官。且因韓國對張家也有知遇之恩，所以國恨家仇張良把家財全投入到反秦事業中，連親弟弟死，他都沒捨得花錢辦葬禮。策動了一件轟動全國的大案——錘擊案。

秦始皇二十七年，始皇嬴政第三次出巡，目的地是芝罘山，位於現山東煙臺。

張良首先找了一個被稱為滄海君的人。滄海君幫他找了位可靠的大力士，又打了個重一百二十斤的鐵錘。準備妥當之後，張良帶著大力士埋伏在了秦始皇此次東巡的必經之路——陽武博浪沙，位置在今天的河南省原陽縣城東郊，準備刺殺秦始皇。秦始皇對於危險一無所知，乘著鑾駕，在儀仗的護衛下浩浩蕩蕩地從博浪沙經過。就在這時，張良一聲命令，大力士掄起鐵錘，擲向儀仗中的一乘鑾駕。雖然秦始皇事先不知情，但是按照慣例，帝王出巡都會準備多乘帝王專用的鑾駕，帝王不一定坐其中的哪一乘，其他的空著，為的就是防備刺客。張良看見那麼多輛車，卻也沒辦法湊到跟前挨個確認，只能靠運氣。結果，也不知道是張良沒猜對，還是大力士的準度有偏差，鐵錘砸在了沒人的鑾駕上。張良和大力士可沒管結果，鐵錘扔出去之後，兩人拔腿就跑。好在那時候沒有電話，驛卒騎馬往來傳遞消息很滯後，兩人都順利逃脫了。張良一口氣逃到下邳，也就是今天的江蘇省邳州市，隱姓埋名藏了十年，成了遊俠。

據記載，在下邳藏身的日子裡，張良遇到老神仙黃石公，演了一出「圯橋三進履」的戲，末了，黃石公留下一本《太公兵法》，說讀好這本書，就能輔佐帝王成就霸業。《太公兵法》也就是《六韜》，又稱《太公六韜》，共分文、武、龍、虎、豹、犬六韜。文韜講治國用人的韜略；武韜講用兵的韜略；龍韜論軍事組織；虎韜論戰爭環境以及武器與布陣；豹韜論戰術；犬韜論軍隊的指揮訓練。一共六十一篇，不到兩萬字。所謂的神仙黃石公，那純粹是子虛烏有。所謂的《太公兵法》大概是張良在下邳藏身十年期間自己寫出來的。張良為了使自己的治國思想被認可，假託是姜太公所作，可能性極大。

在下邳藏了十年之後，陳勝吳廣起義的消息傳來。張良作為一個一直致力於反秦的人當然不能放過這個好機會，立即徵募戰友。等張良好不容易湊了百八十人，發現陳勝死了，好在秦嘉擁立景駒，重新豎起大旗。張良帶著湊來的一百多人啟程投奔景駒，半路上跟劉邦相遇了。劉邦這時候正好已經歸附了景駒，張良就直接加入了劉邦軍。

劉邦一開始沒把張良當做一回事兒，給了張良一個廄將的職位，讓他負責管養馬。張良當然不能滿足於這麼一個職位，這一路上逮住機會就跟劉邦講兵法。劉邦是個納言的人，不管你什麼地位，只要你說的他覺得有道理，他就採納，這一點是張良最喜歡的。有人把賺很多錢作為實現人生價值的體現，有人把當很大的官作為實現人生價值的體現，張良的理想在於自己的主張能被採用，這是大多數謀士的特點。因此，張良認為劉邦有天命所歸的跡象，也不去見景駒了，一心要輔佐劉邦。

景駒很快被反秦志士項梁除掉，左右都是為了找個靠山，劉邦絲毫沒有「忠臣不事二主」的想法，決定順勢投靠項梁。為了表示誠意，劉邦帶著張良輕車簡從而至。蚊子也是肉，何況項梁也聽說過劉邦這號人物，因此不僅接納了他，而且還撥給他五千人馬、十員大將，助他復仇。

得了這五千人，劉邦麾下頭一次有了上萬兵力。這一陣子，劉邦的一切行動只為了兩個字：報仇。以前是兵微將寡，奈何不了雍齒。這回總算是要兵有兵，要將有將了，劉邦一刻也等不得，立即發兵進攻豐城。

豐城是個小城，兵力不多。劉邦大軍一到，豐城頃刻就被攻破。劉邦提著寶劍，兩眼冒火，帶著親兵滿城搜捕雍齒。然而雍齒見勢不妙，早就跑去了魏國。

老家奪回來了，但是仇人跑掉了。劉邦憤恨不已，但也無可奈何。可是他可沒想到，雖然在秦末歷史上的第一場演出結束了，但是，雍齒是不會這樣就退出歷史舞台的。在戰火紛飛、屍橫遍野的秦末，雍齒的命真的很硬。

【知識連結】

張良（西元前二五〇—前一八六年），字子房，秦末漢初時期傑出的軍事家、政治家，漢王朝的開國元勳之一，與蕭何、韓信並稱「漢初三傑」。漢高祖劉邦第一謀臣，以出色的智謀，協助漢高祖劉邦在楚漢之爭獲勝，最終登得帝位。待大功告成之後，張良及時功成身退，後世人因此尊稱他為謀聖。《史記・留侯世家》，是專門介紹張良的一篇。

將門好兒郎項羽

項羽名籍，字羽。古時候稱呼人，直接叫名字是不禮貌、不尊重的，所以後世對項羽只稱字而不稱名。

根據史書記載，項羽有拔山舉鼎的怪力，而且天生異相雙目重瞳。項家本來在楚國是貴族世家，家裡的人大多在楚國做官，最有名的就是項燕，當年給秦國的統一戰爭設置了不少障礙。因此，楚國滅亡之後，項氏家族遭到了強烈的報復，項羽、項羽的堂弟項莊、項羽的叔父項梁和項伯僥倖留得性命。

項氏家族遭此劫難，項梁把家族振興的希望寄託在侄子項羽身上，哪知道項羽跟劉邦有個共同點——厭學。項梁請名師教項羽讀書，項羽學了兩天半，不學了。不願意學文，那就學武吧，到底是項家的種，興許能在武藝上有成就。於是，項梁又請高人教項羽劍術。項羽學了兩天半，又不學了。項梁火了：「你個敗家子，文不學，武不學，到底想幹什麼？」項羽看叔父急了，心裡也害怕，順嘴就胡說：「叔父，學文也就記個姓名用，劍術也不過是單打獨鬥的本事。學了這兩樣能頂什麼用呢？所以我才不想學。我想學的是做『萬人敵』的本事。」項梁聽到就樂了，心想：我侄子有出息，不愧是重瞳啊！於是項梁親自出馬，教項羽兵書戰策。

帶兵打仗的方略不就是萬人敵的本事嗎？項羽這回學了三天半，可是又不學了。項梁一看，算了吧，這個侄子沒法教了，就此作罷。

其實項梁自己也不算什麼好人。早年間，項梁就曾經因為與一樁案子有牽連，被櫟陽縣逮捕。好在項梁跟蘄縣獄掾曹咎有交情，曹咎又跟櫟陽縣獄掾司馬欣有交情。項梁求曹咎出面說情，這才被放出來。進過監獄、留了案底的項梁沒有記住教訓，不久之後竟然殺了人。

殺人不是小事，不僅官府要捉拿，死者生前也有勢力，家人肯定要報仇。項梁為了避仇，帶著侄子逃到吳縣。項梁也是有本事，在天高皇帝遠的吳縣很快又過得風生水起。

有膽大包天的叔父帶著，項羽也是天不怕地不怕。有一回趕上秦始皇出巡，項梁帶著項羽看熱鬧。項羽看著看著，突然說：「我要取代他，當皇帝！」這話可比劉邦的「大丈夫當如是」響亮多了，非常直白地表明項羽此時立下的人生目標。說「男人要像秦始皇」，這話不犯毛病；說「我要取代他」，在那時候許多人有膽想但是沒膽說。項梁對侄子能說出這番話感到很欣慰，覺得這孩子有出息。

秦二世元年七月，陳勝、吳廣在大澤鄉首義，不久之後勢力越來越大，秦朝疲於應付。當年十月，會稽郡郡守把項梁找來密議。郡守開誠布公，說：「項梁，你看長江南北現在全反了，這是天亡秦朝！所謂先發制人，後發制於人。反正秦朝是要滅亡了，我不想綁在秦朝這艘船上淹死。現在，我想起兵，由你和桓楚率領，回應反秦。你意下如何？」

項梁一聽此言，心裡瞬間閃過無數個念頭：反秦？反還是不反？天下大勢確實如此！但是，跟著郡守一起作反？這可不行，如此絕佳的機會，他項梁怎能屈居人下！莫不如殺了郡守，由自己取而代之，遂領兵造反！

項梁迅速做出決定，裝出一副敬佩和受寵若驚的表情，說：「郡守大人您真是目光長遠啊！我同意您的決定。不過，桓楚現在逃亡在外，誰也不知道這人在哪。他跟我侄子項羽是好朋友，我估計項羽知道他藏身何處，請大人允許我去問問。」得到郡守同意後，項梁立即找項羽，趴在項羽耳朵上仔細囑咐了一番，然後讓項羽佩好寶劍，在郡守門外候著，自己春風滿面地走進房中，重新落座。

項梁對郡守說：「大人，我把項羽帶來了。您看我是不是這就把他叫進來？」郡守急忙命項梁把項羽帶進來。項梁趁這個工夫觀察了一番，確定附近沒有別人，高聲把項羽喊進來。項羽剛一進來，郡守還沒醒過味來，項梁立即使了個眼色。說時遲那時快，項羽「唰」的一聲猛然拔出寶劍，直奔郡守心口刺去。只聽「噗」的一聲，來不及叫喊的郡守倒在血泊之中。

項羽初次殺人，心裡一點不緊張，從容地拔出寶劍，把郡守的腦袋砍下來。項梁手提郡守的人頭，又把郡守的印綬搜出來掛在脖子上，在項羽的護持下大搖大擺地出現在大家面前。郡守的部下見此情景大驚失色，有人奪路而逃，有人抖成一團，有人拔出刀劍要捉拿兇手。項羽毫不畏懼，大喝一聲，挺劍搶先迎了上去，凡是敢動手的當胸就是一劍。別看武藝並不純熟，可是仗著身強力壯、勇猛剽悍，項羽以一當百，不一會的工夫就有近百人在他的劍下喪生。人血淌了滿地，項羽身上也是點點桃花。

地上屍首相枕，劍上滴血猶溫，項羽臉上不見一絲一毫的不忍，開口斷喝：「還有誰！」膽大、不服的已經在地上躺著了，剩下的就差沒尿了褲子，趴在地上哀聲求饒。

項梁滿意地點了點頭，把向來聽話、有本事的士紳官吏召集起來，明確地告訴眾人：「秦朝要完了，我決定起兵造反。咱們平日都處得不錯，我希望你們跟著我幹。如果你們有不同意見，請跟我侄子項羽打個招呼。」眾人偷偷看了血染衣袍、面目猙獰的項羽，哪還敢有異議。項梁平時經常主持一些工程、喪葬，趁機用兵法組織這些人，早就對這些人有什麼本事瞭若指掌，此時當堂分派職務，各就所長，皆大歡喜。

西元前二〇九年，秦二世元年九月，項梁自立為會稽郡郡守，以項羽為裨將，聚攏了近萬精兵，割據一方。

於是，秦末歷史上的另一個英雄人物項羽登場了。

【知識連結】

項羽（前二三二年—前二〇二年）名籍，字羽，下相人。秦末起義軍領袖之一，是中國古代傑出軍事家。中國軍事思想史上，「勇戰派」的代表人物。西元前二〇六年，打敗秦軍，進入咸陽後自立為西楚霸王，統治黃河及長江下游的梁、楚等九郡。楚漢戰爭中為漢王劉邦所敗，在烏江邊自刎而死。

各路人馬爭相投

正在項梁、項羽謀劃下一步該怎麼走的時候，一張餡餅從天而降。

陳勝手下有一員名叫召平的大將。陳勝在陳縣稱王的時候，派出幾路人馬開拓領地，其中一路攻取廣陵的部隊就由召平率領。召平帶著隊伍到了廣陵，久攻不下。正沒主意的時候，吳廣遇害、陳勝出逃、秦軍將下一個目標瞄準召平的消息相繼傳來。召平說道心想各位英雄要來廣陵，他怎敢怠慢了！便一刻也沒耽誤，帶著兵馬渡過長江逃命來了。

單絲不成線，獨木不成林。沒了陳楚政權做依靠，召平很孤單無助。正好這時候項梁帶著七八千人馬豎起了反旗。召平激動得熱淚盈眶，反正陳勝生死不知，召平大著膽子以陳勝的名義給項梁寫信，拜項梁為楚國的上柱國，就是楚國軍事武裝的高級總帥，相當於大將軍級別。這對於項梁來說可是意外的驚喜，有了這麼一頂帽子，對於他收編陳楚殘兵敗將、聯合原屬陳楚政權的其他勢力無疑大有好處。

官不是白封的，召平對項梁說：「江東一代豪傑四起，暫時不用管了。現在有一群秦軍到了江南，如果讓他們站穩腳跟，渡江打過來，你我就危險了。希望你能率領大軍渡江迎擊，解決這個麻煩。」

拿人錢財，與人消災。項梁夠仁義，也識大體、顧大局，接到召平的請求，項梁二話不說，帶著八千子弟兵渡過長江，準備迎擊秦軍。

剛過江，項梁就得知了一個好消息：有個叫陳嬰的傢伙在江南豎起了反旗，而且攻取了東陽縣，也就是今天的江蘇盱眙縣東陽鄉。聰明人善於團結一切可以團結的力量。項梁自己渡江本來有些為局勢所迫的成分，現在如同發現了一棵救命稻草，連忙派人聯絡陳嬰，約他一起西進攻秦。

陳嬰原本是東陽縣的令史，是個小吏。別看陳嬰官不大，在縣裡名望很高，素以誠信、謹慎著稱。陳嬰反秦不是自願，而是受陳勝吳廣起義的影響。大澤鄉起義的消息傳開之後，東陽的年輕子弟心潮澎湃，情緒激動，一時沒控制住，就把縣令殺了。蛇無頭不行，起義造反總得有個領頭人。提誰做領袖都有人不同意，唯獨提到陳嬰便全票通過。陳嬰生性謹慎，這種掉腦袋的事他哪肯幹。可是，反對無效。大家一致表示：這個領袖就得陳嬰來當，想不當也不行！

就這樣，陳嬰被硬逼著做了大夥的領袖。陳嬰一出面，應者雲集，東陽起義軍很快就達到了兩萬人大關。實力激增之後，那幫東陽少年又不老實了，要求陳嬰稱王，這樣自己也好晉級。

陳嬰的母親不是一般女子，頗有見識。知道眾人要求自己的兒子稱王之後，第一時間勸阻兒子：「自從我嫁到你們陳家，就從來沒聽說過陳家祖上出過達官顯貴。咱們家就是這個命，得知足，不能有非分之想。我聽說那幫人勸你稱王。咱們是什麼人家，哪有當王的命啊？你要是當了這個王，離死也就不遠了。依我看，你莫不如投奔別人，如果大事成了，你也能當個王侯；如果失敗了，天塌下來自然有人頂著，只要你不是帶頭人，不會被注意，逃掉也容易。」

別說稱王，本來連這個領袖陳嬰都不想當。母親的一番話，陳嬰深以為然。正好這時候項梁派人來聯絡，陳嬰心想正好，不如乾脆投靠項梁！他便召集部下開會，對眾人說：「我沒什麼本事，你們抬舉我，讓我當了這個帶頭人。既然我坐在這個位置上，就得替大夥的將來做打算。剛才派人來送信的項梁，許多人可能都知道，那是將相世家，在原來的楚國家喻戶曉。咱們要幹大事，領袖要是選錯了，註定要失敗。項梁和我比，不論是名望還是作戰經驗、帶兵能力遠勝於我，不如歸附項梁，將來大事定能成。」

陳嬰與項梁之間的差距確實是太大。原本東陽是沒有更好的人選，才把陳嬰選出來，現在項梁出現在大家面前，東陽子弟覺得還是跟著項梁更保險。就這樣，投奔項梁的提議同樣全票通過，兩萬東陽子弟從此成為項梁的人馬。陳嬰覺得自己找到了替死鬼，項梁則是得到意外收穫，壯大了實力。可謂雙方各取所需。

陳嬰這兩萬人剛剛投靠項梁，英布也帶著人馬來投奔。

英布，九江郡六縣人。據說當年有人給英布相過面，說英布「當刑而王」，就是將來會先受刑，而後稱王。英布幾年後果然犯了法，受了黥刑。

黥刑就是在犯人臉上刺字，然後用墨染，以在犯人臉上留下不可磨滅的侮辱性痕跡。就因為這個，英布又被稱為黥布。

別人受刑都難受，英布挺高興：「算命的當年說我『當刑而王』，現在我受了刑了，看來富貴不遠了。」一受了黥刑之後，英布被發配到驪山給秦始皇修墳。驪山刑徒幾十萬，五湖四海的英雄豪傑、大大小小管事的眾多。英布是個妙人，與這些人都套上了交情。瞅了個空子，英布竟然帶著幾個好兄弟逃出來，拉幫結夥往來長江之上，當了強盜。

因為受到陳勝吳廣起義的感召，英布感到自己的機會來了，決定加入到推翻秦朝的偉大事業中。可是這時候英布手下只有當初一起逃出來的幾個弟兄，想獨自起義、割據一方那是天方夜譚。因此，英布帶著兄弟們投奔了番君吳芮。

英布投奔吳芮之後，遊說吳芮參加反秦大事。吳芮不僅欣然同意，幫英布湊了數千人馬，而且認為英布是條好漢，能成大事，還把自己的女兒許配給英布。

英布是秦末有名的名將，敢打硬仗。秦將章邯勢如破竹剿滅陳楚之後，別人都不敢捋章邯的虎鬚，英布卻敢主動出擊，帶領著弟兄們在青波大破秦軍，順勢奪回了陳縣。

一場大勝並沒有使英布頭腦發昏。他知道自己不是軍事統帥的材料，並不奢望挑翻秦朝、平定諸侯當皇上。因此聽說項梁佔領會稽、陳嬰率軍歸附，英布當機立斷，也投靠了項梁。

項梁轉眼間不費吹灰之力就成了擁有六、七萬兵馬的強大陣營的領袖。實力大漲的他首先對陳楚政權殘餘勢力發起攻擊，藉口是「陳勝生死不明，秦嘉卻擅自擁立景駒為王」。真實目的是拓展領地、擴充軍隊、把隱患消滅在搖籃中。結果，秦嘉戰死，景駒在逃亡中被殺，部隊被項梁照單全收。

項氏勢力從此開始在天下諸侯中佔有了沉重的分量。

【知識連結】

番君吳芮。番是地名，指的是番陽縣，也就是今天的江西省鄱陽縣。吳芮（前二四一——前二〇一），春秋時期吳國王夫差的第五世孫，秦漢交替時期的百越領袖。吳芮初為秦朝任命的番陽縣令，因深得民心，被尊為「番君」。後在好友張良的勸導下，擁戴劉邦。西元前二〇一年與妻子毛蘋雙雙無疾而終。

放羊娃竟成楚懷王

項梁以「陳勝生死未明而擅立假王」的藉口除掉了秦嘉。奉命攻打襄城（今河南許昌襄城縣）的項羽在活埋了襄城全部秦軍後，帶回了一條很值得高興的消息：陳勝已經遇害了。項梁高興地召集麾下全部將領在薛城開會，研究選出新楚王。

聽說項梁要開會研究楚王人選，鄛縣人范增提出建議：陳勝敗亡，陳楚覆滅，純屬咎由自取。原因在於陳勝不立楚王後裔而自立為王。被秦所滅的六國之中，楚國是最無辜的。而且當年楚懷王芈熊槐是因為被秦昭襄王用謊言欺騙，到了秦國被強硬扣留，才客死異鄉的。因此，亡國之恨楚人沒齒難忘，所以楚南公才說「楚雖三戶，亡秦必楚」。他指出：項梁起義之後，楚國人蜂擁而至，爭相歸附，看中的就是項梁是楚國將門之後，認為項梁一定會擁立楚王的血脈。范增的結論就是：選楚王，一定要選熊槐的子孫。

范增對項梁做出的建議裡，有兩點值得一提。

一是「楚最無罪」。范增說楚國是最無辜的，這話未免一廂情願。秦楚兩國在春秋戰國時期恩怨甚為糾葛。西元前五百〇五年，伍子胥率吳國大軍攻破楚國郢都（今湖北省荊州城郊外的東北處），鞭楚平王之屍洩殺父之恨。當時在位的楚昭王倉皇出逃，派人向秦國求救。秦國接受請求，出兵與楚軍打敗吳軍，化解了楚國亡國危機。西元前三百九十一年，秦國又接受楚國請求，幫助楚國解除了晉國伐楚的危機。當然，秦國不是無緣無故地幫助楚國，而是有其政治目的。但秦國對楚國有救亡之恩，這畢竟也是客觀事實。楚國是怎麼回報的呢？西元前三百一十八年，魏、趙、韓、燕、楚五國聯合攻秦，楚懷王被選為此次聯軍的「縱長」。要不是這五國各懷鬼胎，秦國恐怕就此滅亡了。西元前三百一十三年，車裂了商鞅的秦惠文王在攻打齊國之前，為瓦解齊楚聯盟，派張儀遊說楚懷王。張儀謊稱：「楚誠能絕齊，秦願獻商於之地六百里。」楚懷王貪便宜，立即與齊斷交，並派人去接收土地。張儀當場反悔，說當時答應的是六里，不是六百里。楚懷王勃然大怒，興兵攻秦。史書記載的秦楚丹陽之戰就此爆發。結果是，楚軍被秦軍殺得大敗，反而被秦軍奪去了六百里國土。楚懷王不甘心失敗，又派兵攻秦，結果再次戰敗。此後，楚懷王一會與秦國結盟，一會與諸侯結盟，反覆無常，唯利是圖，不僅得罪了秦朝，而且得罪了其他諸侯。因此，說「楚最無罪」純屬誇張。

第二，要說一說「楚雖三戶，亡秦必楚」。這話是楚國貴族楚南公在楚國滅亡之後說的。關於這句話的解釋，其他都好說，唯獨「三戶」二字，在史學界自古就有爭論。有人說，這個「三戶」指的是楚國三大名門望族——昭家、屈家、景家。也有人說，「三戶」是楚國的三戶津這個地方。還有人說，「三戶」是虛指，意思就是「只要楚國人沒死絕，就一定能滅亡秦國」。綜合比較而言，按地名說解釋這句話，文理不通。顯然地名說並不正確。而「三族」說則於禮不合，因為這個解釋裡沒包括楚國王族的芈姓。作為自豪的楚國人，這未免太瞧不起自己的王了。因此，第三種說法是最合情理的。

當然，楚南公到底是什麼意思，已經沒辦法知道了，今人只能猜測。不過，老范增一廂情願地說大家投奔項梁都是為了能擁立楚王後裔，倒是一語點醒夢中人。項梁想稱王，但是他一旦自己稱王而不立楚王後裔，他爹項燕以及列祖列宗掙下的好名聲就全毀了，這就等於直接授人以口實。再者，對於楚懷王的遭遇和楚國的滅亡，楚人確實是切齒痛恨，如果請出一個楚王後裔做門面，肯定能贏得楚人的狂熱支持。

西元前二〇八年，項梁派出人去，尋找楚懷王的子孫。至此一個放羊娃被從山溝裡帶了出來。經過知情者的確認，這個放羊娃被確認是楚懷王芈熊槐的孫子，名叫芈熊心。芈熊心很快被接到盱台，也就是今天的江蘇盱眙。為了激起楚人同仇敵愾的情懷，他被要求接受爺爺的諡號，也稱楚懷王，史稱楚後懷王，後又稱為義帝，以盱台為都。

楚國正式亮出旗號，宣布復國。帶著兩萬人馬投奔項梁的陳嬰，則被項梁利用這個機會架空，剝奪了兵權，給了個上柱國（軍事武裝的高級統帥，為保衛國都之官）的職位。項梁自己封自己為武信君，掌握著楚國的實權。此外，楚後懷王羋熊心到底是不是楚王後裔，史學界也有爭議。有人說這個熊心是項梁找了個人冒名頂替的，楚懷王根本沒有這個孫子；有人說世人不可能都被項梁騙過，熊心確實是楚懷王後裔。

其實，熊心是否確實是楚懷王的孫子並不重要。對於項梁來說，熊心不過是個擺設用的魁儡。項梁自封為武信君就是一個很明顯的信號。同信陵君、春申君等封號一樣，武信君是一個顯示受封者地位超然的榮譽稱號。但這個稱號應該是由國君授予的。項梁當時不走正常程式，偏偏要自己封自己，意思就是給部下們一個信號：你們別站錯隊，這裡還是我說了算！在這種情況下，熊心的命運只有一個結局，那就是被殺。

一旦反秦成功，項氏一族為了自立為王，當然不會放過熊心；反秦失敗，秦軍也不會留著熊心這塊造反的金字招牌。所以，被擁立為王，這對熊心而言絕不是一件好事，而是一個悲劇。更為悲劇的是，這個楚王，熊心是不想當也得當。就算明知前途是死路一條，他也沒有反對的權力。

歷史對被攪進權力之爭的小人物是無情的。回頭太難，不論是熊心還是項梁、項羽，抑或是此時對未來還沒有太大妄想的劉邦，此時已經都不能回頭了。

【知識連結】

中國先秦時期，「姓」與「氏」不同。「姓」的本意是女人生的子女，在母系社會，同一個母親所生的子女就是同姓；在父系社會，姓則隨父親。隨著同一祖先的子孫繁衍增多，各個分支的子孫除了保留姓以外，另外為自己取一個稱號作為標誌，這就是「氏」。「姓」世代相傳。「氏」則隨著人的封邑、官職的改變而改變。

秦國最後的武將章邯

秦二世時代，秦國最猛的武將非章邯莫屬。臨危受命的章邯，率領著大部分由刑徒組成的軍隊，就像一頭從山上衝下來的餓虎，勢不可擋。西元前二〇八年，就在項梁剛剛推出楚後懷王這個傀儡沒多久，章邯將魏都臨濟包圍了。

魏王姬咎本是西周文王之後，怎奈此時立足未穩，不復乃祖遺風。早在聽說秦軍將要殺過來時，姬咎就已經惶恐不安，找主心骨周市商量。忠心耿耿的老周市的意見是：向齊國、楚國求救，三國合兵堅決抵抗。姬咎也別無他法，只好鼻涕一把淚一把地寫了兩封求援信，派人殺出重圍，送到齊、楚兩國。唇亡齒寒的道理誰都明白。接到求援信後，齊王田儋率先反應，親自與弟弟田榮共同領兵前來救援。

相比齊王的身先士卒，楚國的反應並不熱烈，項梁只派遠房族侄項它帶一隊人馬趕來援助。齊、楚兩軍與魏軍在臨濟城下合兵一處，一時間刀槍林立人浪起伏，倒也壯觀。姬咎與周市喜極而泣：援兵來得很及時，這下有救了！

臨濟城內，三國聯軍緊急布防，忙得熱火朝天。臨濟城外，章邯的大軍鎮定從容，不急不躁。當忙碌了一個白天的魏、齊、楚聯軍疲憊不堪的時候，這天夜裡，駐紮在城外的章邯命令秦軍人銜枚馬勒口，悄無聲息地對臨濟發起突然襲擊。齊、楚兩軍駐紮在臨濟城腳下，圍成一道堅強的人體屏障。沒想到眨眼之間，勢如疾風的秦軍幽靈般來到了他們的營外，默契的平端矛戈，雷霆一擊般衝進了齊、楚軍營。使用了偷襲戰術的章邯軍如同猛虎闖入羊群，殺得齊、楚兩軍措手不及。在這個沉寂的夜晚，打破了靜謐的喊殺聲和慘叫聲沒有持續多久，就又恢復了寧靜。只是那強烈的血腥味刺激得臨濟城上的魏軍欲嘔。天光大亮之時，秦軍已把臨濟包圍得水泄不通，魏國頂樑柱周市和齊王田儋已經在昨夜的混戰中戰死，魏都已變成了一座孤島。

姬咎得到報告後，一聲長歎。天賜他一個天潢貴胄的血脈，天賜他一顆不甘沉浮的雄心，天賜他一個千載難逢的良機，然而，天沒有賜予他指點江山的實力。此時的姬咎自知死期不遠，反倒看得開了。他派人向章邯送信，表示願意放棄抵抗，開城投降，只求秦軍不要屠城，放過滿城百姓。章邯回答得很乾脆：好！得千金一諾，姬咎下令開城投降。就在秦軍浩浩蕩蕩進入城內之際，姬咎縱火自焚。

皇圖霸業轉眼成空，壯志殘軀盡付寒風。姬咎到底是文王後裔，沒有讓先祖蒙羞。

末世的秦朝，在章邯的南北廝殺下，發起了絕地反撲，掀起了沖天巨瀾。

姬咎死了，弟弟姬豹逃到楚國。在楚後懷王羋熊心駕前，姬豹痛哭流涕，懇請楚國看在死去的魏王份上拉他一把，給他一支軍隊報仇復國。楚國需要這樣一個戰友，可是也不能拿出太多兵力做冤大頭。在項梁的授意下，熊心拉著姬豹的手，好言安慰，給了幾千人馬，交給姬豹報仇。

蚊子也是肉，幾千人馬也不算少了。姬豹當即跪謝楚王，帶著這點人馬殺奔魏國。

章邯方面在一舉滅掉魏國後繼而攻打退守在東阿，由田榮帶領的齊國軍隊。田榮正準備鼓舞士氣、組織人馬抵抗，不幸的消息從後方傳來：齊國留守人員得知田儋戰死，馬上趁機擁立原齊王田建之弟田假為王，拜田角為國相，拜田角之弟田間為將軍。田假算是齊王後裔的正主。田儋雖然也號稱是田齊一脈，但不是漢族，而是狄族人。田儋做齊國國君，齊國故地的名門望族早就不服氣。正好田儋戰死，田榮在外，齊人就把田假請出來了。

這一下子可要了田榮的命。前有秦軍虎狼之師，後院又起了火，失去支援，這仗還怎麼打？田榮趕緊向楚國求援。項梁這時候正帶著項羽、劉邦攻打亢父，得知田榮有難，基於戰略考慮，立即放棄亢父揮師急奔東阿，與田榮軍一前一後夾住了章邯軍。楚軍驍勇，田榮軍拼命，章邯軍腹背受敵，消耗太大。章邯當機立斷，指揮大軍跳出包圍圈，向濮陽方向撤退。

章邯撤退，項梁立即親自率軍追擊。能包圍章邯軍，項梁得意極了。只要把章邯軍消滅，通往咸陽的道路上就再沒有值得一提的障礙。自秦二世上台，秦軍除了章邯率領的這支刑徒軍之外，幾乎再無一支能有昔日嗜血之勇的秦軍出場。然而就在項梁以為大事已經指日可成之時，章邯卻並未絕望。

濮陽城內，章邯著手做了兩件事：

首先，下令挖開河堤，將河水引入濮陽城外的護城河，使護城河水位立即升高，河面立即變寬，水流迅速湍急。這樣一來，已經準備妥當的項梁不得不暫緩進攻了。

第二，在延遲了項梁軍進攻的腳步之後，章邯緊急下令，要求能夠及時抵達的各路秦軍立即集結濮陽。城高河深，源源不斷的秦軍正在趕來。項梁眼見馬上就要到手的鴨子撲騰著翅膀要飛，卻只能望城興歎，徒呼奈何。隨著軍力對比的此消彼長，項梁感覺有些捉襟見肘了。但是，他並未太過在意。放眼望去，江湖上到處有兄弟。自己的實力不夠，可以請朋友來幫忙！身後的齊國田榮，那是被自己救過命的，這時候該還人情了吧？趙國雖然跟楚國素無交情，但是本著唇亡齒寒的考慮，也應該不會旁觀！就在追擊秦軍之前，項梁已經興沖沖地寫下書信，讓手下火速送至趙王和齊國田榮處。送信人出發了。項梁遙望濮陽城，料定章邯已經插翅難逃。

項梁的算盤打得很好，然而，事情的發展真會如他所願嗎？

【知識連結】

章邯，字少榮，與白起、王翦、蒙恬並稱秦朝四將。秦二世元年，因農民起義軍四起，受命率驪山刑徒及奴產子（奴婢的子女）迎擊，可謂屢戰屢勝，秦朝才沒被陳楚政權所滅。鉅鹿之戰中被項羽打敗，漳汙之戰中再次被項羽打敗，兼因趙高專權惑主，於是投降，被封雍王。楚漢戰爭中，與劉邦軍屢戰不利，退守廢丘（今陝西興平東南）。二年六月，城破自殺。

項梁兵敗

滿懷希望的項梁向田榮和趙國發出了派兵援助的請求。然而，田榮與他哥哥田儋不一樣。項梁出兵替田榮解圍之後，田榮沒有跟著項梁追章邯，而是火速趕回老窩救火去了。雖說被章邯打得很慘，但田榮帶著這點殘兵敗將，藉著自己在齊國的餘威竟然把齊王田假打跑了。田假逃到楚懷王那裡避難，國相田角和田間則是躲到了趙國。田榮對死去的大哥夠義氣，沒有趁機自立，而是把大哥的兒子田市推上了齊王的寶座，自己任國相，輔佐侄子。老三田橫這時候浮出水面，被任命為大將軍，掌管齊國所有軍隊。就在這時候，項梁的求援信來了。要是田儋還在，可能就急著出兵了，田榮卻不是。看過項梁的親筆信之後，田榮回了一封信。信上說：「武信君，您之前幫助我們齊國度過危機，我深表感謝。您獨自率軍與章邯交手，這又讓我非常之佩服。我非常願意出兵協助您消滅章邯。可是，在我出兵之前，我希望您能答應我一個小小的要求。前些日子在齊國出現了幾個亂臣賊子，就是田假、田角和田間，自立為王，迷惑百姓。我率軍平叛的時候，田假逃到了楚國，田角和田間逃到了趙國。為了我們齊國的安定團結和咱們齊、楚、趙三國的和睦，請您和趙王把這三個叛逆殺死。只要我見到這三個人的腦袋，齊國馬上派兵支援！」

項梁接到信後大怒，幾乎拍案而起，暗歎自己交的是什麼人，想當初他救人的時候什麼條件沒提，今天對方竟然來跟他講條件？

項家有個傳統：死要面子活受罪，項梁就是這樣的人。項梁認為：田假走投無路投奔楚國，那就是瞧得起自己。如果為了田榮那點有也不多沒也不少的救兵就把來投奔自己的人殺了，那天下人怎麼看他項梁？誰還肯投奔他？於是，項梁斷然回信：田假好歹也曾經是齊國之君，齊楚兩國一直友好。現在他走投無路來投奔我，我是不會忍心殺他的！

項梁不肯殺田假，趙國也就不肯殺田角和田間。反正田假不死，齊國就不肯出兵，趙國殺了田角、田間也沒什麼意義，還要擔被天下人指責的風險。

田榮果然說到做到，不見田假等三人的人頭，他真的就不出兵。項梁著急，三番五次地遣使催促。田榮是毫不理睬。楚國信使好像皮球一樣，在齊楚兩國之間被踢來踢去，直到章邯都快等得不耐煩了，項梁也沒得到想要的結果。實在逼急了，田榮最終答覆：「一個人如果被毒蛇咬了，咬到手就應該砍掉手，咬到腳就應砍掉腳。為什麼呢？因為如果不砍掉的話就會死。田假、田角、田間三個人在楚、趙兩國一點用處也沒有，沒有半點手足親戚關係，為什麼你們就不肯殺呢？反正你們不把他們三個殺了，我就不出兵。到時候秦國緩過氣來，那時候我跑不了，你們也得死！」

田榮這話說得很硬，隱然有那麼一點要脅的味道了。項梁自從起兵以來哪遇到過這種事！這回他是真的憤怒了。沒想到田榮竟然敢要脅自己，他還真是不指望田榮那點烏合之眾！等他收拾完章邯，下一個就收拾田榮了！

沒有外援，盛怒之下的項梁決定靠自己。他首先命令劉邦和項羽攻打城陽，進而攻打定陶，以防其他秦軍呼應濮陽。劉邦和項羽不費吹灰之力就把城陽拿下，將城內屠戮一空。但是在兵臨定陶的時候，劉項大軍受挫，轉而攻打雝丘。在這裡，劉邦和項羽遇到了李由率領的一支秦軍。話說，李由率軍到了雍丘，正遇到劉邦、項羽引十萬大軍而來。

劉項軍兵精糧足，士氣旺盛。

李由見敵軍勢大，急忙一面派人向章邯求援，一面組織軍民固守。此人雖然生於當朝國相之家，錦衣玉食，倒也是條好漢，在戰場上身先士卒，拼命死守。雙方激戰到第四天中午，李由左臂中箭，血流如注。這位公子毫不退縮，拔出箭頭包紮好傷口，繼續指揮作戰。戰至下午，雍丘城破，李由率秦軍與劉項軍展開巷戰，直殺到身邊只剩下十幾個貼身護衛，仍力戰不退，直至戰死沙場。李由死後，仍然手握長矛，怒目圓瞪。劉項軍中有人見此情景也不禁落下敬佩的淚水。項羽素來敬慕好漢，當即令人把李由的屍體送回其上蔡老家安葬。

劉邦項羽取得了巨大戰果之後，項梁率領大軍來到了定陶。對於劉邦、項羽的戰績，項梁非常滿意。

「連李由都死在了我侄子手裡，秦軍不過如此啊！」項梁有些飄飄然。

但是驕兵必敗，出奇制勝是章邯的拿手好戲，趁著項梁自我陶醉的時刻，他決定把攻打魏國的那齣好戲再重演一次。

夜色深沉，濮陽城內，章邯軍人銜枚馬裹蹄，蓄勢待發，只見章邯猛地一揮手，千萬人組成的大軍驟然而動，直撲定陶。楚軍根本沒有防備。他們絲毫沒有想到章邯還有出擊的膽量。驕傲的楚軍被秦軍肆意屠戮著。被驚醒的人如同無頭蒼蠅一般四處亂撞；來不及起身的人則被堵在營帳裡亂刀分屍；那些奮勇拿起兵器抵抗的，在揮刀的瞬間就被數支羽箭射穿。

就在這個淒美的夜晚，新楚國的締造者、陳勝和吳廣之後最著名的一代猛將項梁，在亂戰中窩囊地戰死了。他的屍體只是與士兵們倒在一起，沒有顯得更壯烈、更高貴。死亡面前，從來沒有高低貴賤的分別。

【知識連結】

周朝分封天下，姜太公姜尚被封在今山東省北部，建立齊國。姜太公是姜姓呂氏，所以姜太公這一脈齊國，稱為「呂氏齊國」。西元前三九一年，齊國國相田和把姜太公後裔——呂氏齊國第三十一代國君齊康公請到一座海島上養老，自立為齊王。田氏是偽姓田氏，從齊太公田和開始，稱田氏齊國，傳到齊王田建手上後，西元前二二一年，齊國被秦國滅亡。

翻身楚懷王把官封

楚國的一杆大旗在獵獵風中折斷。噩耗傳來，正在奉命攻打陳留的項羽、劉邦目瞪口呆。項梁死了，陳留久攻不下，他們該何去何從？來不及悲傷，來不及祭奠，考慮到項梁之死對楚軍士氣的打擊，劉邦、項羽立即倉皇東撤，項羽軍撤至彭城之西，劉邦軍撤至碭縣。

陳勝手下原來有位大將呂臣，陳勝遇害之後，趁著章邯率領秦軍轉而攻魏的時候，在新陽組織隊伍，與英布重新奪回了陳縣，殺死了莊賈，重建陳楚政權。呂臣得知項梁兵敗而亡，也感到局勢危急，率領軍隊棄守陳縣，歸順了懷王，駐紮在彭城之東。三路人馬嚴陣以待，準備抵禦秦軍。

而楚後懷王熊心乍聞項梁戰死的噩耗，心中欣喜若狂！這哪裡是什麼噩耗，對他熊心來說分明是個天大的喜訊！項梁的存在，使熊心一直籠罩在死亡的陰影中，熊心當然不甘心卻只能被動地等著死亡。誰能想到沒有忍耐多久，機會就這樣意外地到來了！熊心很激動，他要迅速把權力掌握在自己手中，不讓任何人再掌握自己的生死。為此他做出決定：北上遷都彭城。來到彭城之後，他立即傳出幾條命令：收回項羽、呂臣的兵權，拜呂臣為司徒，拜呂臣的父親呂青為令尹，封劉邦為武安侯，以平衡其他將領與項羽的勢力。曾經的一個區區亭長，僅僅幾千人馬起家，今日的劉邦已成為堂堂侯爺，在熊心有意為之之下逐漸進入了楚國統治集團的中心。當然，對項羽也有必要安撫一下，以免項氏強烈反彈。懷王熊心封項羽為長安侯，稱魯公。

此時，楚國盟友姬豹也在西線密切注意著章邯軍隊的動向。帶著熊心撥給的幾千人馬，姬豹一路橫衝直撞，沒幾個月，竟然從秦軍手裡奪回了二十幾個城池。楚懷王立即封姬豹為魏王。項梁戰死後，項羽、劉邦、呂臣在彭城一帶準備迎擊，姬豹準備從後方夾擊。兩國各就各位，靜候章邯。結果，消滅了項梁軍的章邯對楚國的殘兵敗將不屑一顧。他沒有追剿楚國有生力量，而是揮師直奔趙國而去了。

警報暫時解除。熊心感到迫切需要一個可以依靠的心腹輔佐自己。那麼，誰才能成為熊心的左右臂膀呢？就在熊心考慮這個人選的時候，高陵君來到了楚國。聽取了宋義建議的高陵君果然躲過了一場殺身之禍，不由得對宋義佩服之至。因此，在得到熊心的召見後，高陵君向熊心提起了這件事：「我奉命去見武信君，恰好遇到出使我國的宋義將軍。宋義對我說武信君不久必敗。沒過多久，武信君果然兵敗身死。還沒交戰就能看到失敗的徵兆，這說明宋義將軍是熟知兵法的軍事專家。大王有這樣的人才，我真替大王高興。」一聽了高陵君的讚譽，熊心聽得心裡暗暗稱奇，立即把宋義招來問對。君臣相見之後，對當前形勢、應對戰略等大事進行了深入討論。熊心對宋義非常滿意，當即拜宋義為上將軍，賜封號為卿子冠軍，命他統帥諸將。「卿子」是公子的意思，是一種尊號。宋義為上將軍，全軍中級別最高，所以又稱冠軍。同時，為了安撫項羽，他又拜項羽為次將，范增為末將。

在熊心抓緊時間掌握權力的時候，章邯軍已經以凌厲之勢渡過黃河，一路斬殺，勢如破竹地攻入了趙國都城邯鄲。章邯打下邯鄲之後，做了兩件事：一是掠奪人口，把趙國的百姓遷到河內（今河南武陟西南），減少趙國人力資源；第二是毀掉城池，把邯鄲徹底破壞，夷為平地，讓趙國失去東山再起的根基。趙王歇被人扶上王位沒多久，就被章邯追得四處逃命，一直逃入鉅鹿城。章邯這回執意要斬草除根，咬定趙王歇毫不放鬆，派率領北方軍團前來增援的副將王離軍隊團團圍住鉅鹿，他本人率軍在鉅鹿城南屯軍準備打援。

為了保住趙國這個盟友，高瞻遠矚的熊心命令宋義率領楚軍主力營救趙王歇。西元前二〇七年，秦二世二年閏九月，楚後懷王熊心命令卿子冠軍宋義率項羽、范增、英布等將領北上救趙，命令劉邦獨領一軍西進攻秦，沿路收集陳勝、項梁餘部，並與諸將對天盟誓，約定「先破秦入咸陽者王之」。項羽不願意北上，希望跟劉邦一道西進伐秦，為叔父項梁報仇。熊心以前倍受項梁欺壓，早就跟項家結下了仇，哪能讓項羽如願？於是說項羽為人太霸道，太殘忍，經常幹屠城、坑卒的事。當初陳勝和項梁也總這麼幹。他們最終失敗就是因為這一點。所以，項羽這樣的人堅決不能中選。要選就得選為人寬厚、大度、仁慈的。劉邦就是這樣的人。所以，西進路線，非劉邦不可！項羽碰了一鼻子灰，這時候大權都在熊心手裡，項羽只好從命。

西元前二〇七年，秦二世三年十月，辭別了楚王熊心，宋義和劉邦分別率軍出發了。宋義行至安陽，讓軍隊就地駐紮聽候命令。此時，安陽離鉅鹿直線距離只有不到五百里地。全軍做好最後的準備，士兵們都相信，決戰的時刻就要來了。

【知識連結】

熊心（前二〇六—前二〇二年）為戰國時楚懷王熊槐的孫子，楚亡後，逃匿在民間為人牧羊。項梁起事，立熊心為楚懷王，以便號召。項梁在定陶敗死，懷王以宋義為上將軍，項羽為次將，又令劉邦西向略地入關，與諸將約，先入關中者王之。後來劉邦先入關中，項羽使人還報懷王。懷王答覆照原約辦，項羽因此怨恨懷王，於是佯尊懷王為義帝，徙長沙郴縣，並暗中令英布等人殺楚懷王於長江中。

指鹿為馬，逼走良將

胡亥討厭造反，恐懼造反。胡亥在這一點上隨他父親。他父親秦始皇「惡言死」，他是「惡言反」。早在陳勝吳廣起義的時候，信使向二世胡亥報告，說有暴民造反。胡亥勃然大怒，當即就把信使關進了監獄。再有使者來，下人就撒謊說不是造反，只是一群強盜而已，都被抓住了。然而造反就是造反，不是掩耳盜鈴就能平復。起義愈演愈烈，直到陳勝手下的大將周文快打進咸陽了，胡亥這才知道著急，讓毛遂自薦的章邯帶著一群苦力迎擊，暫時解除了燃眉之急。

西元前二〇八年，秦二世二年，雖然陳勝吳廣起義已經被鎮壓，但這場起義點燃的星星之火卻越燒越旺，逐漸有燎原之勢。右丞相去疾、左丞相李斯、將軍馮劫覺得不能由著皇上胡鬧了，得趕緊集中精力解決起義，於是聯名上書，要求胡亥停建阿房宮，停止徵調壯丁戍邊。

胡亥特別討厭別人提意見，不願意聽這些。心想，當皇帝圖的是什麼呀？那麼多人都想當皇上，不就是為了享受嗎？越想越火大，一拍桌子下令把去疾、李斯和馮劫下入大牢。就因為這麼一次進諫，秦朝當朝三大忠臣全部下獄。去疾和馮劫有骨氣，面對審訊怒不可遏：「身為當朝丞相、將軍，豈能受刑訊逼供的羞辱！」二人留下這句話，一起自殺了。而素來「熱衷名利」的李斯，雖甘願受刑等著胡亥開恩，但終抵不過趙高的折磨，胡亂認罪，腰斬而死。

朝廷的官職都是一個蘿蔔一個坑，老蘿蔔被拔掉了，自然得種上新的。於是，趙高坐上丞相的位子。自從幫助胡亥取得皇位之後，趙高充分盡到了奸臣的本分，專門教胡亥吃喝玩樂。

趙高坐穩了丞相之位以後，為了驗證自己的影響力，也為了進一步蒙蔽胡亥的視聽，這一天，趁著胡亥在園子裡玩，趙高牽了一頭鹿走了進來，說：「皇上，我有一匹好馬，特來獻給您。」胡亥雖然是個糊塗蟲，但是鹿和馬總還認識，當即說：「丞相，你糊塗了吧？這明明是頭鹿，你怎麼說是馬呢？」

「皇上，這確實是匹馬。」趙高非常肯定地說。

胡亥樂了，對左右近臣說：「丞相真能說笑話。大夥說說，這是馬還是鹿？」

這些近臣裡，有想獻媚趙高的，急忙連聲說「是馬」；有不想欺瞞皇上又不敢得罪趙高的，一聲不吭；有幾個人忠於胡亥，不肯附和趙高，直言「是鹿」。趙高在一旁看著，把直言的這幾個人一一記在心裡，回頭分別找了藉口，或下獄，或殺頭，收拾了一遍。

縱觀中國歷史，像趙高這樣敢在光天化日之下如此戲弄皇帝的，可以說絕無僅有。就是歷朝著名的有兵有權又有野心的權臣，也沒有誰做出過與「指鹿為馬」相仿的事。由此可見趙高是何等的倡狂。也就在此時，項羽鉅鹿之戰大勝。秦軍大傷元氣之後，項羽統帥的諸侯聯軍士氣大漲，秦軍則士氣低落。當時，章邯軍隊駐紮在棘原，諸侯聯軍駐紮在漳河之南。兩軍對峙，暫時停戰。

章邯在戰鬥中面對楚軍連連退卻的舉動引起胡亥的不滿。他不管章邯有什麼戰略意圖，只知道現在有人造反，他這個皇帝當得不安穩。因此，胡亥接連派使者斥責章邯。章邯也是胡亥身邊的宦官出身，屬於近人，知道胡亥的驢脾氣上來不講半點情面。就連兄弟姐妹胡亥都殺，更別說他這個外人。於是，章邯派長史，也就是他的秘書司馬欣去咸陽跑關係，疏通疏通。

要見胡亥，先得見趙高。司馬欣求見趙高，趙高則是閉門不見，不聽解釋。司馬欣一看這情形，知道事情不妙，一刻也沒停留，掉頭就跑。他也是夠機靈，沒敢順原路返回，特意繞了個彎路。司馬欣此舉可謂有先見之名，他逃走沒多久，趙高就派人去抓他，幸虧他繞道而行，撿了一條命。司馬欣一溜小跑跑回軍中，拉著都尉董翳向章邯報告：「現在是趙高當權。趙高是什麼人？嫉賢妒能之輩，最怕別人爬到他上頭。有他在一天，您仗打輸了肯定掉腦袋，這您也知道；可是仗打贏了，您還是肯定掉腦袋，這您也能想明白。何去何從，您好好考慮一下吧！」董翳更是直截了當，勸章邯背秦降楚。

但是章邯還是拿不定主意。原因就在於項羽軍中許多人原來是陳勝的屬下，而車夫莊賈就是在他章邯的誘惑下害死陳勝的，項羽的叔叔又是死在他章邯手裡，這深仇大恨能輕易化解嗎？於是先派了個心腹去見項羽求和。項羽當場予以拒絕，並且先派蒲將軍兵渡過三戶津，側攻秦軍自己率軍進擊，在汙水大破秦軍。章邯本來就沒心思打仗，這一戰敗更著急了，再派使者誠心誠意地要求結盟反秦。

項羽之前拒絕和談也只是為了立威。就是想讓章邯服氣，讓諸侯服氣，然後再和談。於是西元前二○七年，秦二世三年夏天的六月，章邯跟項羽手拉手做了好朋友，封章邯為雍王，封司馬欣為上將軍，帶領歸順過來的秦軍做先鋒，其實也就是敢死隊。反正秦軍不是他項羽的嫡系部隊，死多少他也不心疼。大秦王朝最後一支成規模的抵抗力量就這樣消失了。

【知識連結】

宦官自古以來就是專門負責伺候皇室、王族的人。先秦和西漢時期宦官並不一定是閹人，這一殘忍的舉止是自東漢一朝開始的，所以後來東漢因為宦官惑主而大亂，似乎也是一種因果循環。許多書上煞有介事地說趙高是中國第一個太監。其實不然，中國歷史上沒有閹人能入朝為相的，趙高不是閹人。

第二章：楚漢爭霸在今朝

兵刃碰撞的聲音似乎猶在耳邊，亂世之中必然有人隕落，陳勝有鴻鵠之志、項羽力拔山兮，也未能成為這亂世的勝者，落得個隕落的下場；亂世之中亦有人成王，劉邦看似幸運，實則步步為營，最終得到了天下。

霸氣外露殺宋義

宋義奉命救援趙軍，走到安陽駐紮下來之後再也不見行動。這一待，就是四十六天。趙王歇就像久旱盼甘霖一樣眼巴巴地盼著楚軍的到來，宋義卻悠然自得地在安陽看風景。

宋義不著急行動，項羽著急，忍不住怒言：「我要西進，你們不讓我去，而讓我北上。今我隨軍北上，宋義偏偏賴在這裡不走。打又不打，退又不退，安的是什麼心！」實在無法忍受的項羽氣衝衝地去找宋義：「將軍，秦軍現在將趙王困在了鉅鹿城，我們奉命援救，應該迅速渡河發起進攻。趙、楚兩軍內外夾擊，秦軍必敗。時機稍縱即逝，您怎麼還不出兵呢？」

宋義看是項羽，暗自撇了撇嘴，甚是不屑，但還是擺出一副和藹可親的面孔：「賢侄，你所言差矣。牛虻厲害不？叮得老牛毫無辦法。可是這麼厲害的牛虻，偏偏就拿蟣子蝨子沒辦法。秦國好比牛虻，趙國好比蟣子蝨子。秦國想一口氣拿下趙國，哪那麼容易啊？我之所以命令大軍駐紮在這裡，就是為了等待時機。如果秦國勝了，必然士卒疲憊，我就乘他疲憊的時候打過去。如果秦國敗了，那更好了，我直接引兵西征，一舉滅掉秦朝。這就叫以逸待勞。衝鋒陷陣，我不如你；運籌帷幄，你不如我。這仗該怎麼打，你就不用操心了。」跟項羽這邊客客氣氣地說完，宋義轉過臉去就陰沉地對親兵下令：

「傳我的命令，今後凡是有對將士兇猛如虎、對上司違逆如羊、對財物貪婪如狼、倔強不聽指揮的，斬！」

鑼鼓聽聲，說話聽音，這道命令明顯就是專門沖項羽來的。項羽平素性格暴躁，對手下張口就罵，抬手就打，對宋義也是一點不服氣，不聽指揮。宋義此刻正是指著和尚罵賊禿，說項羽的不是。言下之意項羽再有意見，就要他的腦袋。

好在項羽也不是莽夫，他知道只要找到藉口，宋義真的敢殺他。於是，他決定暫時忍耐。

震懾了項羽，宋義算是出了口惡氣。這時，齊國田榮為了討好宋義，請求宋義讓兒子宋襄到齊國做國相。這種好事宋義怎麼會不答應？當即親自為兒子送行，從安陽直送到無鹽，送出四百多里地。前邊說過，安陽到被秦軍圍困的鉅鹿也不過就是四百多里地。宋義此舉甚是囂張，不僅來了一場「四百里相送」，還在無鹽大擺酒宴，跟兒子喝了頓餞行酒。當時正是深秋時節，天氣寒冷，又下了大雨，楚軍糧草不夠充足，全軍將士又冷又餓，宋義卻陪著兒子喝酒吃肉，大家不由得心生怨言。

有史家分析，根據宋義的種種表現來看，很可能表明以楚懷王為首的楚國保王派此時是在謀求絕趙聯齊，以徹底根除項氏一族的威脅。因為收留了田假、田角和田間，以田榮為首的齊國對楚國的項氏集團和趙國非常不滿。宋義奉命援趙，卻敢在安陽逗留四十六天，還敢送兒子去齊國為相，很可能正是得到了楚後懷王熊心的同意，是示好齊國之舉。有人認為，宋義以項羽不聽調遣等為藉口頒下軍令，就是為誅殺項羽預留藉口，以免熊心落下誅戮功臣的口實。

不管熊心到底有沒有絕趙聯齊的計畫，事實證明，熊心派系中的主要人物宋義是親齊的。而對趙國和項羽，他絕對是虛與委蛇，不懷好心。

宋義的囂張令項羽再次爆發。他恨恨地罵道：「我們本是來救趙伐秦的，但是宋義這老匹夫卻止步不前！今年本就鬧饑荒，老百姓沒飯吃，將士們也靠吃芋艿摻豆子過活！我們軍糧短缺，這老匹夫卻在那大擺酒宴！士兵們沒飯吃，他不說帶著大夥進入趙國取得補給，跟趙國合力攻秦，反而說要等秦軍疲憊了再出兵！憑秦國的實力，滅掉趙國有什麼困難可言。趙國一旦被攻佔，秦國更加強大，到那時，還談什麼利用秦國的疲憊！我們剛剛打了敗仗，大王憂心忡忡，把全部的兵卒糧餉交給他，對他寄予厚望。國家安危，在此一舉，可他倒好，不體恤士卒，反而徇私舞弊！他還算是個人嗎！」

項羽越說越激動，越想越生氣，胸中的殺意充塞肺腑，久久難平。

第二天一早，醒了酒的宋義擂鼓聚將，在帥帳內開早會。見諸將到齊，宋義清了清嗓子，剛準備說話，只見項羽突然抽出寶劍，帶著呼呼的風聲撲到宋義面前，舉劍就砍。劍光一閃，宋義的頭顱咕嚕嚕滾落在地！

諸將驚叫聲一片，個個呆若木雞。帥帳內的空氣彷彿凝固了。項羽冷笑一聲，抓住宋義的頭髮，將頭顱提起，對諸將高聲說：「大家不必驚慌。宋義與齊國密謀反楚，楚懷王秘密令我來鋤奸！」

項羽一手提人頭，一手提寶劍，眼裡凶光四射，身上殺氣四溢。諸將全被項羽震懾，沒有一個敢出聲質疑，反應快地則說：「當初扶持楚懷王上台的，是您項將軍一家。今天您誅殺這個叛逆，這是您的家事，我等不敢干預！」餘者也跟著一片恭維聲，於是有人提議讓項羽暫時代理上將軍之職。

項羽毫不推辭，立即就發布了代理上將軍一號令：追殺宋襄！這道命令被堅決執行。負責追殺的將士一直追到齊國境內，才追上毫不知情的宋襄，將這位公子哥的人頭帶了回來。

手握兵權的項羽當即派大將桓楚給楚王熊心送信，名為彙報事件經過，實為向熊心討要正式任命。

熊心聽說宋義被殺幾乎就要昏倒。他心中暗暗想：完了，全完了！寡人所託非人，才脫虎口，又入狼窩。天意如此啊！

無奈之下，熊心正式拜項羽為上將軍，授予印信。但是，趁自己說話還有點力度的時候，熊心還是給項羽設置了點障礙。除了當陽君英布和蒲將軍這兩員大將沒辦法調走，其他將領按照熊心的命令，全都不歸項羽管轄。因此，此時項羽能夠任意調動的兵力只有五萬。

項羽心裡卻是做了另外的打算：楚國是自家的地盤。楚懷王、卿子冠軍都不作數，還不都是要聽他項羽的。若是誰敢不聽，他殺了那人便是。

雖然已經站在了權力的巔峰，但是項羽的能力足不足，還需要實戰來檢驗。不管是出於何種考慮，奉命救趙的項羽已經不能回頭。

【知識連結】

趙歇，戰國時趙國貴族。西元前二〇八年，張耳、陳餘立其為趙王，定都信都。西元前二〇八年秦將章邯攻趙，以重兵圍攻鉅鹿。項羽率兵來救，才得以解圍。前二〇六年，張耳投靠了項羽，被封為常山王，趙歇被徙為代王。後來，陳餘擊走張耳，趙歇才復為趙王。漢楚戰爭中，陳餘為漢將韓信所敗，被殺，他逃回信都後被殺。

鉅鹿之戰成霸名

被王離困在鉅鹿已經數月之久，趙王歇絕望了，張耳也絕望了。就在這緊要關頭，項羽來了。項羽接掌了上將軍印信之後，謀士范增開始輔佐項羽，被項羽尊為「亞父」，相當於「乾爹」。范增對項羽是忠心耿耿，絞盡腦汁地出謀劃策。正所謂，兵馬未動糧草先行，打仗，打得就是錢糧，王離統帥二十萬大軍。如果讓他們吃飽喝足，對兵力過少的各路諸侯來說，絕不是一件好事。而一旦糧草供應不上，王離軍必會士氣低落、軍心不穩，這就要好對付多了。於是在范增的建議下，項羽首先撥給當陽君英布和蒲將軍兩萬人馬，讓兩人率領大軍隊渡過黃河，專門破壞王離軍的運糧河道。

英布和蒲將軍也都是當世猛將。他們渡過黃河後，在章邯開挖的河道兩岸神出鬼沒，各種手段無所不用其極，徹底破壞了王離軍的糧草供應，斷了王離的糧道。自從有了漕運河道，王離軍就沒注意囤積物資。漕運一毀，圍攻鉅鹿的秦兵開始餓肚子了。暫時性地糧道斷絕並不能使王離退卻。王離相信章邯不會坐視不管，自己只要安心對付鉅鹿就行了。

章邯得到報告，果然立即派人追擊楚軍。英布和蒲將軍不愧是項羽麾下的猛將，不僅牽著章邯軍的鼻子走，還屢屢進攻得手，逼得章邯軍頻頻後撤。

西元前二〇八年，秦二世三年十二月，項羽得知英布和蒲將軍順利執行了預定戰略、王離軍已經斷糧之後，立即揮師渡過黃河。軍隊剛剛成功登岸，項羽就傳下一條十分決絕的命令：把渡船全部鑿沉，飯鍋全部打破，每人只准留三天的口糧。採用「破釜沉舟」這個對自己夠狠的辦法斷絕了包括自己在內的楚軍的後路，項羽成功地使士兵們由驕奢陷入絕望，又因為絕望而變得兇狠。

三萬人馬一個不留，在項羽的率領下傾巢而出，殺向鉅鹿。

正所謂置之死地而後生。在沒有後勤可做保障的情況下，楚軍沒有了僥倖心理，只能選擇拼命。三萬楚軍氣壯如山，帶著絕望的眼神，咬著森然的鋼牙，揮舞泛著寒光的兵器，怒吼著衝向王離軍，如同虎入羊群一般瘋狂砍殺。

百戰百勝、兵驕將傲的北方軍團已經很多年不曾見過如此兇殘的對手。愣的怕橫的，橫的怕不要命的。眼看著楚軍被開膛破肚猶在盤腸大戰，失了兵器仍然撲上去用牙咬用手掐，全是不要命的打法，秦軍自然害怕，發抖了，逃避了。王離軍越打越混亂，越打越恐慌，越打損失越慘重。

就這樣，一日之內，項羽軍與王離軍九戰，連戰連捷。秦軍主帥王離被俘，副將蘇角被殺，另一名副將涉間在楚軍包圍之下不肯投降，自焚而死。

項羽軍在戰場上奮勇衝殺的時候，「鉅鹿圍觀團」主要人物陳餘、臧荼、田都、張敖等人繼續保持圍觀，看著三萬楚卒以螳臂當車的勇氣追殺二十萬秦軍。這些人看得都呆了：三萬打二十萬，人少的追著人多的殺。此仗簡直是驚世駭俗。幾員大將爭先恐後地下命令，圍觀了數月的援軍們如山崩地裂般衝了出來。那真是，人如殺神再世，馬如挾翼重生，矛似蛟龍出水，刀似猛虎帶風。

鉅鹿之戰，戰果是輝煌的。項羽以少打多，一舉影響了秦末歷史走勢，在中國戰爭史上留下了又一次經典戰役。

戰爭結束後，項羽端坐中軍大帳，傳令召見各路援軍將領。諸將戰戰兢兢來見項羽。沒等進項羽的帥帳，剛到軍營就全跪倒了，膝行至項羽面前，頭都不敢抬，趴在地上大氣都不敢喘。

項羽本來心裡有氣，可是一看見諸將這幅服服貼貼的模樣，他又高興起來，把大夥拉起來好言安慰。自此以後，天下諸侯、大將都尊項羽為上將軍，服從項羽統帥，甘做項羽的馬前卒。

鉅鹿之圍已解，趙王歇在張耳的陪同下走出鉅鹿城門，兩個人不由得同時長出了一口氣。趙王歇向趕來救援的各路人馬表達了謝意，尤其是對項羽致以最崇高的感謝。

在各路將領之中，張耳一眼就把陳餘盯上了，怒衝衝地把陳餘拽到一邊，質問陳餘為何忘了兄弟之情。

陳餘面有愧色，聲言自己不是不想救他，而是心有餘而力不足。

但張耳卻一聲冷笑，大罵陳餘不是東西，質問他是否把張黶和陳澤害死了。陳餘覺得自己冤枉，也忍不住火了，掏出將軍印綬，往張耳懷裡一推，乾脆辭了將軍一職。

張耳一愣，覺得兄弟二人鬧成這樣挺沒意思，趕緊把印綬推了回去，堅決不收。陳餘也不好意思就這樣順手再揣回去，先把印綬放在一邊。倆人之間充滿火藥味的緊張氣氛也因此有所緩和。說來也巧，就在這時，精神放鬆了的陳餘內急憋不住了，急急忙忙跑去小解。

事情毀就毀在陳餘這趟小解。本來，陳餘雖然說不幹了，但是他料定張耳不會這麼絕情，交出印綬的舉動只不過是自我表白的一個方式。張耳也確實不好意思就把印綬收了。他知道陳餘不出兵確實是有難處，也知道陳餘不至於把張黶、陳澤殺了。男人之間有了衝突經常會大吵大打，但是吵過打過之後往往就沒什麼事了。偏偏陳餘這時候去解手了，張耳身邊還有一個小人在場。這個小人是張耳的一個門客，他看陳餘出去了，連忙低聲對陳耳說：「相國，古人云，『天予不取，必受其咎。』這印綬又不是您要來的，是陳餘自己交出來的，你若是不收，恐怕有違天意啊！趕快收起來，還客氣什麼？」

張耳本來心裡就有氣，聽了門客的話，心想也對，立刻把將軍印掛脖子上，當場派人去收編陳餘的部隊。陳餘解手回來，沒想到張耳經真的收自己的兵。一句話沒說，陳餘掉頭就走。

從此以後，張耳獨攬趙國軍政大權，陳餘則帶著跟自己要好的數百將士呼嘯於山川河澤之中，以打獵捕魚為生。生死之交的張耳、陳餘，從此成了不共戴天的仇敵。

【知識連結】

張耳（前二六四年—前二〇二年），大梁人，項羽封其為常山王，漢朝建立後受封為趙王，謚曰景王，人們習稱趙景王。立為趙王後一年去世，由其子張敖繼承趙王位。《史記・張耳陳餘列傳》中有其生平的詳細記載。

我狂故我在

西元前二〇七年，秦二世三年二月，帶著進攻昌邑失利的惆悵，乘著尚有寒意的春風，劉邦一路西行，路過高陽。在高陽休整部隊的時候，一位老者走進軍營。

這老者姓酈，名食其，魏國高陽人，周朝陳留侯的後人，是個儒生。雖然祖上富貴過，但是到了酈食其這一代，別說封地早就沒了，家道也破落不堪。博覽群書的酈食其生不逢時，一直活到六十歲，都沒遇上發家致富的機會，勉強在當地謀了個里監門的小差事糊口。雖說職低位卑，除了高談闊論不會別的營生，可老酈頭卻是狂得在縣裡都出了名，再加上他嗜酒如命，人稱其為「高陽酒徒」。就因為這個，衙門裡的人根本不敢使喚他，成天像養老人那樣養著。

別人不用酈食其，酈食其也看不上衙門裡這點爛差事。他覺得自己這一肚子學問不能帶進土裡，總得找一個可託付的主公，幹一番大事業。

自從陳勝、吳廣打頭起義，一波又一波的英雄豪傑從高陽經過。酈食其冷眼旁觀，沒一個看上去能成大器的。等到劉邦到了高陽，酈食其出山了。別看劉邦實事沒幹多少，可是名氣不小。所以酈食其對劉邦是早有耳聞。根據別人的講述，酈食其分析了一下劉邦，覺得這個人雖然比較傲慢，經常看不起別人，但是有雄圖大略，能成事。比起其他人來，酈食其還是願意跟著劉邦。

但是出山也講究方法，主動上門投靠恐怕就不會受到重視，怎麼辦呢？酈食其有辦法。

酈食其認識劉邦的近衛軍中的一個人，與老酈同為高陽人。趕上大軍駐紮在高陽附近，這位老鄉請了假，回家探親。得知後，酈食其連忙去找小老鄉，表達了自己的投靠之意，請老鄉幫忙引薦。酈食其告訴老鄉：「千萬別說我想見沛公。你沒事的時候就當閒聊，就說『我老家有個姓酈的儒生，六十多歲，但是身子骨結實，身長八尺。別人都說他是狂生，他自稱不是狂生。』你就這麼說就行了。」

老鄉很為難：「老爺子，您還是別費勁了吧？您不知道，我家沛公最討厭的就是儒生。凡是有戴著儒生的帽子來見沛公的，沛公就立刻把人家的帽子拽下來，往裡邊撒尿；跟他們說話的時候也是動不動就破口大罵。我看您就別觸這個霉頭了吧！」

酈食其一皺眉：「我讓你這麼說你就這麼說，怕什麼的呢？」

老鄉沒辦法，回去之後就照著酈食其交代的說了一遍。然而，平時最討厭儒生的劉邦偏偏就對酈食其有了興趣，立即派人去請。請是請了，劉邦對酈食其也沒重視，一邊等，一邊坐在床上，讓兩個侍女打洗腳水幫他洗腳。酈食其興沖沖趕來，劉邦就這樣洗著腳接待他。面對如此無禮的劉邦，他並沒有甩袖而走，反而上前象徵性地作了個揖，然後問：「足下此來，是要幫助秦國打諸侯呢，還是要幫著諸侯打秦國呢？」

劉邦是真不客氣，開口就罵：「豎儒！」豎儒，就跟現在罵別人是「混蛋」一樣，是當時典型的髒話。緊接著劉邦就說了：「天下苦秦久已，所以諸侯團結一致奮起反抗。你竟敢說我幫著秦國打諸侯，你這是在侮辱我！」

酈食其陰陽怪氣地嘿嘿一笑：「您也知道您是來反秦的呀？推翻秦朝豈是說說而已？難道不是應該聚合民眾、召集義兵來一起幹這事嗎？有您這麼倨傲無禮地接待長者的嗎？是我侮辱您還是您侮辱我呀？您這不是把人才都往秦朝那推嗎？這不是助秦，難道還是攻秦？」

劉邦挨了一頓批，立即改正錯誤，穿戴整齊，將酈食其請到上座。就這樣，賓主雙方在友好的氣氛下，就當前國內形勢進行了廣泛而深入的探討，並取得了多項共識。

行家一出手就知有沒有。聽酈食其這一番縱論天下，大談戰國七雄合縱連橫之道，劉邦知道自己是真遇上人才了，當即請酈食其吃飯。一邊吃，劉邦一邊問自己該怎麼辦。酈食其當即說：「您目前不過是糾集了一幫烏合之眾，收納了一群殘兵敗將，手下不滿萬人。就憑著這些人就想打秦國，等於是把腦袋伸進老虎嘴裡。您現在最重要的是趕緊提升實力。而要達到這個目的，眼前的陳留就不能不取。陳留地處天下要衝，是四通五達（義同四通八達，五達指東西南北中五方）之地，城中糧草充足。我跟陳留縣令關係不錯，如果您同意的話，我可以替您出使陳留，勸他投降。如果他不降，我做內應，您領兵從外攻，奪取陳留也就不難了。」

聽了酈食其的話，劉邦高興不已，馬上依計而行，果然佔領陳留。陳留是個大城，也是劉邦到目前為止自己打下來的最大的一座城。這對於劉邦來說意義格外重大，既鼓舞了士氣，補充了給養，也提高了知名度。

酈食其幫助劉邦佔領了陳留，他的弟弟酈商得到消息，也帶著四五千人來投奔了。這一下，劉邦的軍力增加了不少，怎麼說也是個「萬員戶」了。大喜之下，劉邦封酈食其為廣野君，專門負責外交工作；封酈商為將，統帥陳留兵，跟自己一起去搶地盤。

【知識連結】

酈食其（前二六八年—西元前二〇三年），酈蟠十一世孫，戰國末期人。魏國被秦滅亡後，酈食其因家貧落魄，淪為陳留門吏。劉邦兵臨陳留之時，招賢納士，酈食其乃跟隨。曾獻計攻陳留、堅守滎陽等，是助劉邦功成的功臣之一。因招淮陰侯韓信嫉妒，故意發兵襲擊齊國，齊王田廣認為被騙，於是烹殺酈食其，時年約六十有五，墓在雍邱。

咸陽我來了

劉邦四處亂撞，運氣不錯，實力日漸強大。算著日子，分析著形勢，他迫不及待地要兵發咸陽。

西元前二〇七年，秦二世三年八月，劉邦留韓王守陽翟，帶張良等人先克下宛，準備直撲武關。這時，趙高已經害死了胡亥，秘密派人來跟劉邦談判，願意開關讓劉邦進咸陽，但是要求劉邦封他做關中王。趙高為人老奸巨猾，貪得無厭，劉邦根本信不過。再說，劉邦如果進入咸陽，按照懷王立下的約定，關中就應該是他的地盤。把關中給趙高，他劉邦豈不是白白辛苦，為他人做了嫁衣？於是，一半是因為不信任趙高，一半是因為趙高無恥抬價，劉邦對趙高的請求不予理睬，執意要打武關。雙方談判破裂。既然如此，那就沒有什麼好說的了，武關再難打也要把它拿下。

武關雖不如函谷關險要，也是關中咽喉，重要性不言而喻。但這座雄關還是被劉邦攻克了。武關之後，還有嶢關。所謂關，大抵都是居於「一夫當關，萬夫莫開」的險要之地，嶢關也是如此。劉邦沒辦法，硬著頭皮就要發兵。

張良連忙阻止：「沛公切莫著急。秦軍實力還是很強的，不能小視。宜智取，不宜強攻。我聽說嶢關守將家裡本來是殺豬賣肉的。商賈之徒重利輕義，可以利用。沛公您先不要動，派一夥人偽裝五萬人的規模，大張旗鼓地慢慢向嶢關進發，同時在山林裡邊多設幾處疑兵。然後您再讓酈食其和陸賈多帶金銀財寶去賄賂嶢關守將。這樣，有疑兵作威脅，有財寶做誘惑，應該能達到不錯的效果。」

劉邦對張良的建議深以為然，馬上照辦。陸賈和酈食其一樣，也是能言善辯、善於外交的人才，跟劉邦比較早。兩人到了嶢關，巧舌如簧一番遊說，守將果然中計，與酈食其和陸賈推心置腹，表示願意降楚，跟著劉邦一起打咸陽。劉邦得到好消息，馬上就要接受嶢關守將的投降。張良這時候又站出來阻止了：「沛公，您別高興得太早了。嶢關守將願意投降，這只是他個人的意思。我看其下的士卒恐怕大多不肯跟著他投降。如果士卒們不肯，我們冒冒失失跑去接管，恐遭不測。莫不如趁著嶢關將士離心、主將失去警惕的時候，咱們立即進攻，必能大獲全勝。」

劉邦對張良言聽計從，果然不費吹灰之力拿下嶢關。劉邦攻破嶢關之後，先於各路諸侯趕到咸陽，駐軍於灞上，派人向秦王子嬰下書，以保證人身安全為條件，要求子嬰投降。剛剛在王位上坐了四十六天的秦王子嬰環顧四周，內無可用之將，外無救亡之兵。一聲歎息過後，他乘坐白馬素車，自縛出城，攜皇帝印璽向劉邦投降。這是秦國歷史上的第一次，也是最後一次。

劉邦軍中有不少人深恨秦國，建議劉邦將子嬰殺掉。劉邦堅持要展示自己寬容仁慈的一面，想展示仁義之師的風采以安撫秦人的情緒，因此，他力排眾議，接受了子嬰的投降，將子嬰交給屬下看管，自己則率軍直入咸陽城。

西元前二〇七年，秦王子嬰元年十月，正好是秦國的新年。咸陽城卻毫無節日的喜慶氣氛，籠罩在一股淡淡的哀愁之中。

從秦始皇稱帝以來，秦朝歷經兩帝一王，總共十七年，是中國歷史上最短命的封建大一統王朝。至子嬰出降，秦的統治就此徹底宣告結束了，一個新的王朝即將來臨。這一年，被史家稱為漢高祖元年。

咸陽城是秦國財富的聚集地。劉邦軍一進城，就被那無盡的財富晃花了眼睛。只有從沛縣起義就一直跟隨劉邦的蕭何與眾不同。別人搶金銀，搶珠寶，搶女人，蕭何搶的是秦國丞相府和御史府內的律令圖書、戶籍、地圖。

對於屬下的瘋狂搶劫行動，劉邦沒有制止，因為他自己也醉了，醉倒在這黃金屋，醉倒在這溫柔鄉。對劉邦的墮落，樊噲看在眼裡，急在心頭。他苦勸劉邦放棄這種驕奢淫逸的生活，立即出宮主持工作。張良也勸劉邦以大局為重，莫被暫時的安逸衝昏頭腦，莫忘記脾氣暴躁的項羽的威脅，趕緊撤回灞上。

樊噲、張良的勸說，讓劉邦清醒把宮中的金銀財寶全部封存起來，帶著幾分不捨走出了皇宮，帶著士兵返回灞上。

雖然名義上暫時還不能做咸陽的主人，但是劉邦沒有就這麼放棄。他以臨時佔領者的身分，把關中諸縣說了算的地主、豪強、鄉老召集到一起商議大事。

在會上，劉邦大聲說：「諸位父老鄉親，你們受秦朝嚴刑峻法之苦太久啦！秦朝的嚴刑峻法諸位也都知道，誹謗朝廷和皇帝的，要族誅；就連兩個熟人見面說個悄悄話都可能被砍頭。現在咸陽被我佔領，秦朝已經滅亡了。我起兵的時候，跟諸侯有約，誰第一個佔領咸陽，誰就做關中王。我僥倖佔了先，將來關中這塊地方就是我的地盤了。我不像秦朝那麼霸道。今天，我跟你們約定，我定的法律就三條：殺人者，死罪；傷人者按情節輕重論罪；盜竊、搶劫者按照情節輕重判刑。這些都按照秦朝原本的規定來。其餘的，所有以前秦朝規定的法律，全部廢除！所有官吏職位不變，即刻履行職責，百姓們請安居樂業，不要恐慌。總之，我到這裡來，是要為父老們除害，不是來侵犯你們的利益的，所以請不要害怕！我現在把軍隊撤回了灞上。等各路諸侯到來，我們再共同制定規矩，然後我再來領導大家共建關中！」

劉邦有心在關中為王，老百姓也擁護。可劉邦眼大肚子小，說了不算。他想當關中王，還得看項羽答應不答應。而項羽的意見只有兩個字：休想！

【知識連結】

約法三章原文：「十一月，召諸縣父老豪傑曰：『父老苦秦苛法久矣！誹謗者族，偶語者棄市。吾與諸侯曰；先入關者王之，吾當王漢中。與父老約，法三章耳：殺人者死，傷人及盜抵罪。餘悉去秦法。諸吏人皆案堵如故。凡吾所以來，為父老除害，非有所侵暴，無恐！且吾所以還軍灞上，待諸侯至而定約束耳。』」摘自《史記‧高祖本紀》。

後入咸陽亦是王

就在劉邦與關中父老約法三章受到熱烈擁護的時候，項羽在寂寞地挖坑。

項羽率領的諸侯聯軍中，從將領到士卒，幾乎都曾經受過秦朝勞役和刑罰之苦，比如說英布，就是受過黥刑還被抓去做勞役的。大家對秦朝恨之入骨，對秦的士卒當然也沒有好感。項羽派秦軍做先鋒，本來也沒安好心。項羽不喜歡秦軍，手下人就更肆無忌憚。在行軍的過程中，聯軍將士直接就拿秦軍降卒當奴隸對待，隨便使喚恣意羞辱。一回兩回也就忍了，天天如此，秦軍受不了了。人最怕的就是沒有歸屬。這些降卒已經背叛了秦朝，又不被聯軍善待，時間久了自然生怨。

私下裡，項羽軍中的秦軍就悄悄抱怨，責怪章邯把他們誆騙到項羽這裡，但他們的妻兒都在秦國。諸侯聯軍的將軍們無意中聽到了秦軍私下裡的抱怨，連忙報告項羽。這可不是小事！豈不是軍中要出現了嘩變、造反的苗頭。一旦處理不好，二十萬秦軍一同倒戈相向，聯軍全軍覆沒都有可能。

項羽又驚又怒，立即把英布和蒲將軍招來商議對策。商量來商量去，項羽的最終結論是：不能放任這種隨時可能爆發的危機在身邊滋長。況且軍中沒有充足的糧食養這麼多人。因此，除了章邯等幾個可以留用的秦軍將領，其餘的秦軍必須全部殺掉，堅決不留禍患！

西元前二〇七年，秦王子嬰元年十一月的一天，聯軍在新安城南將秦朝降卒三面包圍，只留了一條出口，而這條出口則有項羽早就命人挖好的大坑。埋伏了半天的聯軍潑灑下遮天的箭雨，礌石也像冰雹一樣砸下。不一會兒，泥土飛揚，大坑被逐漸填滿，降卒的最後一聲哀鳴戛然而止。曾經縱橫了半個中國的二十幾萬虎狼之師，就這樣成為了泥土下的冤魂！

卻說除掉降卒這個腹心之患後，項羽心裡的一塊石頭落了地，快馬加鞭直奔函谷關。

到了函谷關，只見雄關城門緊閉。項羽派人邀戰，卻發現函谷關上是劉邦的人馬。雖然是自己人，但是看見項羽來了，守關將士拒不開關放行。

原來，劉邦在灞上駐紮，手下也不知道是哪個謀士，閒著沒事找劉邦獻計來了：「沛公，關中這塊地方太富裕了，簡直比天下其他地方強上十倍，而且地勢還好，易守難攻。按照當初的約定，這塊地方就該是您的。可是我聽說前些日子章邯降了項羽，被封為雍王，封地就是關中。要是讓他們到了咸陽，這塊地方恐怕項羽不會給您。我建議沛公趕快派人去把守函谷關，堵住項羽，不讓他進來。同時您再從關中徵兵，壯大實力，抵抗諸侯。這樣，關中就是沛公您的了！」

這人出了個餿主意。以劉邦的實力，想堵住項羽談何容易！可是劉邦覺得這個建議相當好，合自己的心意，於是沒跟張良等人商量就馬上照辦了。

項羽在函谷關前聽說劉邦已經拿下咸陽，還派了兵在這堵他，氣得差點吐血，當即傳令，命大將英布立即強行攻關。

封堵函谷關可以說是劉邦的一個不智之舉。項羽原本並沒有把劉邦視為對手。他不覺得劉邦敢跟自己分庭抗禮，也不覺得劉邦有這個實力。項羽自認為是滅秦主力，牽制住了秦國最後一支大規模抵抗力量並將其消滅，而諸侯對他也是服服帖帖，又敬又怕，從沒人敢對他說半個「不」字。函谷關前的被拒，讓自尊心、佔有欲和支配欲都極強的項羽十分憤怒。這個行動過早地暴露了劉邦的野心，讓兵微將寡、實力不濟的劉邦過早地站在了項羽的對立面。

項羽軍兼程而行，很快於十二月中旬抵達戲水，在新豐鴻門就地紮營。在項羽軍西面，就是駐紮在灞上的劉邦軍。兩軍相聚僅有約四十里地。

項羽此時僅僅是生氣，倒沒有非要把劉邦怎麼樣的想法。哪知道不怕沒好事，就怕沒好人。劉邦手下有個叫曹無傷的人，是劉邦軍中的左司馬，負責執掌軍政，生性趨炎附勢，熱衷名利，愛攀高枝。曹無傷得知了項羽在函谷關大發雷霆的消息，眼珠一轉，肚子裡壞水翻湧，當即給項羽寫了封信：「項將軍，我在沛公軍中任左司馬之職，發現一些情況。我發現沛公想做關中之王。他沒向您請示就擅自做主，封原秦王子嬰為丞相，將咸陽的金銀財寶全都納入自己的囊中。我認為沛公這樣做是不對的，出於一片赤膽忠心，故而向您彙報。」

曹無傷的這封信基本屬於誣告信，劉邦確實想做關中王，但是沒有任何史料證明劉邦封子嬰做了丞相，他也沒有這樣做的理由。而且，根據《史記》的記載，劉邦根本沒敢動咸陽宮裡的財物。曹無傷之所以誣告，就是想攀項羽這條高枝，得到封賞。

項羽看了信之後，早就暴跳如雷，哪裡會去調查信裡的內容是否屬實？而且，亞父范增早就看劉邦不是久居人下之人，將劉邦視為項羽的大敵，立即趁機對項羽說：「我曾經瞭解過，劉季這人是出了名的貪財好色之徒，聽說在老家當亭長的時候，明明有老婆，還養了個情婦，另外跟兩個開酒館的女人也不清不楚，還總欠酒帳不還。就是這麼一個無賴自從進入關中後，聽說就像變了個人一樣，也不貪財好色，這不是很奇事嗎？由此可見，劉季是故意作秀，野心可不小啊。我曾請人夜觀天象，發現劉邦頭上有天子才具有的五彩斑斕的龍虎之氣。將軍應該趕快除掉劉季，以免養虎為患！」

范增為了讓項羽下決心殺劉邦，都不惜胡說，竟以劉邦頭上有天子氣為名，要求項羽擊殺劉邦。項羽聽了更加著急——劉邦當天子，他項羽作何去？於是，項羽傳下軍令：今晚飽餐戰飯，明天一早隨他消滅劉邦！

【知識連結】

函谷關是中國歷史上建置最早的雄關要塞之一，素有「衡要無雙」之稱。秦國掃平天下之前，函谷關一直是秦國一大門戶，就算在秦朝建立後也是拱衛咸陽的東大門，因此備受秦國重視。函谷關城牆堅固高大，地勢險要，絕不是現在只有兩萬蝦兵蟹將的劉邦可以覬覦的。

誰是老大，飯桌上聊聊

項羽傳下軍令要攻打劉邦的當時項羽有百戰精銳聯軍四十萬，劉邦有烏合之眾十萬，要打劉邦那是難逃一死。但也算劉邦命不該絕，有貴人相助，此人正是項伯。

項伯是項羽最小的叔叔。當年項梁四處逃亡之時，項伯也殺了人，逃亡在外，且曾經到下邳投奔張良避難。因此項伯很感激張良。此時聽項羽要舉兵攻打劉邦，心想：大軍一出，恩公張良恐怕凶多吉少啊！思及此項伯悄悄牽了一匹快馬，趁著夜色溜出軍營奔到灞上，道明原委之後拽著張良就走。

得知消息的張良怎能棄劉邦不顧？於是推說要跟劉邦辭行，而後急忙去見劉邦，把項伯的話學了一遍。劉邦大驚失色，連聲問該如何是好。張良肚子裡憋著火，問：「誰給您出的封函谷關這個主意？您怎麼就不跟我商量一下？」

劉邦此時自是慌了，連聲向張良求救。事已至此，張良也顧不得和劉邦計較先前的事，思索片刻道：「這事還得著落在項伯身上。您趕緊跟項伯解釋解釋，讓他幫您說說話。好歹他也是項羽的親叔叔。」

劉邦當即讓張良把項伯請進來，用對待哥哥的禮節對待項伯，先是敬酒祝壽，越說越熱絡，還把自己閨女許給了項伯的兒子，倆人成了親家，把項伯說得不知所以然。都成了親家，項伯哪能看著劉邦死？當即拍著胸脯答應幫劉邦說情，並叮囑劉邦：「我一會回去就跟項羽說。你明天一早就到鴻門請罪。你可一定要聽我的，一定要來。這樣我才能保住你。」

項伯連夜又趕回鴻門來見項羽，為劉邦解釋了一番後，說：「劉邦先破關中，關中你才得的如此容易，劉邦那是立下大功的。你現在要殺他，太不仗義了。你別聽別人胡出主意，反倒應該善待劉邦，免得大家寒心。」

項羽從來都是好面子，又耳根子軟的，聽叔叔這麼一說，自是不好意思再說殺劉邦，氣的范增直跺腳。

第二天一早，劉邦便帶著張良、樊噲，在百餘人的護衛下，戰戰兢兢地來到鴻門，一見項羽，當即拜倒說：「將軍！我對您是絕無二心啊，關中我是為您守著的，金銀珠寶我是分毫未動的等著您呢，希望您能信任我，千萬別聽謠言。」

項羽被劉邦說得老臉一紅，立馬就把曹無傷賣了：「誰說不是呢？都是你的左司馬曹無傷對我胡言亂語，要不我哪能懷疑你呢？」於是項、劉二人盡釋前嫌。項羽一聲令下，鴻門大帳裡頃刻間擺滿酒菜，項羽、項伯、范增、劉邦四人分賓主落座，張良作陪。坐在一邊的范增哪有心思喝酒，對著項羽連連使眼色，再三的把自己佩戴的玉玦舉起來在項羽眼前晃，提醒項羽儘快決斷，不要猶豫。

范增的小動作，項羽自是清楚的，只是項羽素來愛面子，如果劉邦今天沒來見項羽，范增背後再說上二三，項羽肯定發兵。可是劉邦來求饒服軟，這種情況下再殺劉邦，各路諸侯怎麼看他？天下百姓怎麼看他？於是對范增的暗示視而不見。

范增心知項羽好面子指望不上了，只得找項羽的堂弟項莊幫忙。項莊按照范增指示走進帳來，裝作為眾人助酒興，提出舞劍。項羽心知為何，也樂得別人來背這個黑鍋，立即表示同意。項莊拔出寶劍，閃轉騰挪地舞動開來，一邊出招，一邊往劉邦身前湊，準備下手。幾招下來，在旁邊坐著的項伯，也看出了項莊的意圖，又不能明說，於是也拔劍而起，用自己的身體護住劉邦，跟項莊對舞。項莊哪敢連叔叔一起砍，只好兜著圈子尋找機會。

眼見著項莊不殺劉邦誓不甘休，張良急忙出去找樊噲。樊噲聽說沛公有危險，按劍持盾，硬生生撞倒守衛，闖入大帳，睜著兩隻豹眼惡狠狠地瞪著項羽。項莊看見突然闖進來一條惡漢，嚇得趕緊收劍。項羽也嚇了一跳，挺身問張良：「這位是誰？」張良頭一次見項羽受驚，心裡偷著樂，嘴上沒忘了回答：「將軍，這是沛公的侍衛，名叫樊噲。」

聽了張良的介紹，項羽稍微放下心來，讚歎道：「真是一位壯士！來人呀，賜這位壯士一斗酒！」樊噲也不推辭，接過酒來一飲而盡。

項羽就喜歡這樣的，連忙吩咐：「再給壯士來個肘子！」侍者立即給樊噲端上來一個大塊生豬肘。樊噲沒含糊，接過肘子，以盾牌為砧板，以佩劍為刀，邊切邊吃，吃得不亦樂乎。

項羽連連讚歎：「真是條好漢！壯士，還能再飲一斗嗎？」

樊噲抹了抹嘴，滿不在乎：「我死都不怕，還能怕喝酒？不過，喝酒之前，我有幾句話，不說出來心裡不痛快！想那秦王胡亥，心如虎狼。他殺人無數，就怕殺不絕，給人用刑，就怕不夠狠。就因為這個，天下人才起來反抗。當初起兵的時候，懷王跟大家約定『先破秦入咸陽的人為關中王。』如今我家沛公先到了咸陽，分文都不敢動，封閉宮室，駐軍灞上，就為等將軍您來接收。之所以派人守函谷關，那也是為了防備流寇啊！沛公如此勞苦功高，不僅沒給封賞，還聽信讒言要誅殺功臣！這不是走秦朝的老路自取滅亡嗎？我認為項將軍您不應該這麼做。」

項羽的臉皮薄，被樊噲這樣搶白，還真覺得自己對不住劉邦，臊得無言以對。劉邦趁這個機會裝內急逃出了軍帳，只是這一走就再也沒回來。將自己帶來準備送給項羽的一對白璧和準備給范增的一對玉斗轉交給張良，讓張良代為送禮，並且一再叮囑：「子房，你先不忙進去啊，我抄小路回去，不過二十里地。你估計著我到了軍營，再回去見項羽！」

說完，劉邦也顧不上那一百來個隨從了，棄車騎馬，在樊噲、夏侯嬰、靳彊、紀信四個人的護送下順著小路借尿遁，跑了。

【知識連結】

鴻門宴，發生在西元前二〇六年於秦朝都城——咸陽郊外的鴻門，主要參與者為當時兩支抗秦軍的領袖項羽和劉邦。這次宴會無論是對秦末農民戰爭，還是對後來楚漢戰爭都有重要的影響，歷來被認為是項羽敗亡和劉邦成功建立漢朝的關鍵事件。

千古奇冤：項羽火燒阿房宮

劉邦逃回灞上之後，張良這邊估算時間差不多了，帶著禮物回去見項羽，謊稱劉邦不勝酒力，無法面辭，先行告退，留下自己代為獻上禮物。項羽接過兩塊白璧，頗為滿意。范增氣得胸悶，接過玉斗丟在地上，拔出劍來砍得稀碎，跺著腳罵道：「我真是沒辦法跟你們謀劃大事！天下必將被劉氏所奪，我們將來都要成為俘虜！」

以後的事，項羽看不到那麼遠。劉邦討饒之後，項羽的心思全在眼前的咸陽。

咸陽城始建於西元前三百五十年，為秦孝公渠梁所建，到此時已經有一百四十四年歷史。近一百五十年的累積，咸陽自然是富有非凡。這麼一塊肥肉放在嘴邊，項羽怎麼能不吃？

西元前二〇六年，秦王子嬰元年十二月，項羽率軍開進這座秦國古都，第一件事就是搜捕嬴氏宗族，將已經投降的子嬰以及秦國王室的其他成員全部斬殺！與此同時，項羽下達了屠城令，一邊殺人，一邊放火，同時搶劫財富、女人和壯勞力！一場浩劫席捲咸陽城，項羽軍所過之處都成了一片廢墟，據說項羽一把大火燒咸陽，還包括著名的阿房宮，據傳火燒三個月才止。

阿房宮什麼樣，今人難以想像。唐代詩人杜牧寫過一篇《阿房宮賦》予以描述：阿房宮佔地三百多里，高聳的樓閣遮天蔽日。從驪山之北開始構築，再向西折，一直修到咸陽。渭水和樊川水波蕩漾，直流入宮牆。五步一樓，十步一閣；長廊寬而曲折，飛簷像鳥嘴啄向蒼穹；樓閣各依地勢互相環抱，彼此間又鉤心鬥角。盤旋地、曲折地，像蜂房，像水渦，矗立著樓閣不知有幾千萬座。長橋橫架，宛若游龍，通道凌空，如同彩虹。起起伏伏，使人迷眩，不辨西東。歌台上傳來婉轉的歌聲，充滿暖意，如春光融融。舞殿裡飄起輕盈的彩袖，帶著涼意，如同秋雨淒冷。一日之內，一宮之中，氣候竟會如此不同。

這就是唐朝人眼中的阿房宮。可惜的是，「戍卒叫，函谷舉，楚人一炬，可憐焦土」華麗的阿房宮被項羽在冬天裡放的一把華麗大火給燒了。後世提起項羽縱火，不恨其毀了咸陽，獨恨其燒了阿房。究其原因，概因阿房宮足以與古巴比倫的空中花園媲美，成為又一世界奇蹟。項羽就這樣焚毀了中國人可以引以為榮的一大建築奇觀，教人如何不恨？

其實，在焚毀阿房宮這件事上，項羽倒是冤枉了。

據阿房宮考古工作隊對現存的秦代阿房宮前殿遺址歷時兩年多的全面考古勘探，結果僅發現秦時城牆的遺跡和大量的秦、漢瓦片，卻沒有發現殿址、明柱、廊道、排水設施，甚至連基本的建築材料瓦當都沒有。這不能不說是一件怪事。更為奇怪的是，在這些遺跡中，並沒有發現焚燒過的痕跡。

如果說項羽當年真放了那麼一把火，是絕對不會找不到痕跡的，比如考古人員就曾在咸陽宮遺址發現大片的紅燒土遺跡，驗證了項羽火燒咸陽的記載。阿房宮遺址沒有火燒痕跡，表明阿房宮並非毀於大火。而且司馬遷《史記》中的記載，也沒有提到項羽火燒阿房宮的事。《史記・秦始皇本紀第六》記載：「（項羽）遂屠咸陽，燒其宮室，虜其子女，收其珍寶貨財，諸侯共分之。」《史記・項羽本紀第七》記載：「居數日，項羽引兵西屠咸陽，殺秦降王子嬰，燒秦宮室，火三月不滅；收其貨寶婦女而東。」《史記・劉邦本紀第八》記載：「項羽遂西，屠燒咸陽秦宮室，所過無不殘破。」這裡提的都是火燒咸陽秦王宮，均沒有提到火燒阿房宮的記載。只不過杜牧的《阿房宮賦》一出，概括性的比喻句被後人視為史實，把這種冤案栽到了項羽頭上。

其實，根據考古學者的考證和研究，項羽所燒的是咸陽宮，秦王的居所。

那麼，項羽為什麼沒燒阿房宮呢？是他突然發善心因而手軟了嗎？很顯然不是。根據《史記・秦始皇本紀》記載，阿房宮從秦始皇三十五年開始規劃施工，嬴政駕崩的時候一度停工，到秦二世元年四月開始修建，到胡亥被逼自殺時停止修建，算起來最多也就四年的時間。而且，這麼大一個工程，規劃設計就需要一段時間，再加上徵集壯丁，實際施工時間還要短得多。如此規模浩大的阿房宮，這麼短的時間是無論如何不可能建成的。根據記載，秦始皇、秦二世和秦王子嬰三位秦王在咸陽的居住、辦公地點都是咸陽宮或望夷宮，沒有去過阿房宮。這也表明阿房宮當時尚未建成。

沒有建成的阿房宮工地上，當然只有建築材料和土坑，不可能堆放金銀財寶，也不可能住著美麗的宮女，當然不會引起項羽的興趣。所以，說項羽燒了阿房宮，這是一大歷史冤案。

【知識連結】

阿房宮，遺址位於三橋鎮南，其範圍東至皂河西岸，西至長安縣紀陽寨，南至和平村、東凹里，北至車張村，總面積十一平方公里，在現轄域內七點八平方公里。據記載，始建於西元前二一二年，秦惠文王在位時在此建離宮，未及建成已亡。西元前二一二年，即秦始皇三十五年時，再次開始修建阿房宮，中間曾經停頓，西元前二〇九年，秦二世胡亥元年，繼續修建。現經考古研究證實，直至秦滅也沒有建造完成。

我是霸王，我做主

秦朝既滅，自認為是諸侯領袖的項羽，自然要論功行賞。

但是在分封之前，項羽打算先給自己定個名分，禮節性的派人回去向楚懷王熊心彙報，意思是讓熊心給項羽封王。楚王的回覆只有兩個字：如約。然而這個約定卻是「先破秦入咸陽者王之」，這豈不是要封劉邦為天下之王，沒他項羽什麼事了。

項羽恨得咬牙切齒，遂決定不再理會熊心。於是，在史稱漢高祖元年的正月，將懷王的約定變成一紙空談，開始分封天下。

頭一個要封的，當然是自己。項羽自立為西楚霸王，以九個郡為封地。項羽的地盤是當時最大的。熊心是楚王，項羽也是楚王。一個楚國出了兩個王。楚懷王的日子可想而知。

第二個是劉邦。雖然項羽和范增對劉邦身上的那些神異怪事非常顧忌，但是在鴻門大家已經和解了，項羽又好面子，不好明目張膽的廢除懷王的約定，讓諸侯寒心，所以只好把劉邦封為漢王，封地為巴郡、蜀、漢中三郡，都城在南鄭（今陝西漢中）。

但是就這樣項羽還是不放心，又把八百里秦川一分為三，封三個秦朝降將為王，目的就是把劉邦死死地堵在巴蜀，不讓他出來：封章邯為雍王，封地為咸陽以西，緊挨著劉邦，都城為廢丘（今陝西興平東南）；封司馬欣為塞王，封地為咸陽以東至黃河，都城為櫟陽（今陝西富平東南）；封董翳為翟王，封地為西至今甘肅正寧、內蒙古毛烏素沙地中部一線，北至今內蒙古鄂爾多斯市以北，東至黃河，南至今陝西銅川王益區、黃龍一線，都城市高奴（今陝西延安北）。

其他諸侯，也各有分封：

魏王姬豹改封西魏王，封地為河東（今山西），建都平陽（今山西臨汾西南）；

瑕丘公申陽是張耳的男寵，曾經率先攻下河南郡（今河南黃河以南，靈寶以東，中牟以西）接應楚軍過黃河，有功，被封為河南王，封地就在河南郡，都城為雒陽（今河南洛陽東）；

韓王韓成仍舊統治韓國土地，都城為陽翟（今河南禹縣）；

趙國大將司馬卬平定了河內樹立戰功，封為殷王，統治河內，都城為商朝故都朝歌（河南淇縣）；

趙王歇改封為代王，統治代郡（今河北省西北部、山西省東北部），都城為代縣（今河北蔚縣東北）；

張耳有賢名，又一路跟著項羽入關，因此被封為常山王，統治原來的趙國（今山西北部、河北西部和南部一帶），都城為襄國（今河北邢臺）；

當陽君英布勇冠三軍，戰功赫赫，封為九江王，封地為淮南（今安徽淮南一帶），都城為英布的老家六縣；

番君吳芮，也就是英布的岳父，率領百越精兵跟隨諸侯入關，被封為衡山王，都城為邾縣（今湖北省黃崗北）；

義帝熊心的柱國（僅次於令尹、相國的高官，是楚國最高武官官職）共敖率兵攻克了南郡，有戰功，被封為臨江王，封地就是南郡，都城是江陵（今湖北江陵）；

燕王韓廣被改封為遼東王，統治遼東（約為今遼寧省），都城為無終（今河北薊縣）；

燕國大將臧荼救趙有功，並且跟隨項羽入關，被封為燕王，統治燕國（今北京及河北中、北部），建都薊縣（今北京西南）；

當前的齊王田市，被改封為膠東王，封地就是膠東（山東膠萊谷地以東，東、南、北三面環海半島地區），都城為即墨（今山東平度東南）；

齊將田都自發救趙，跟著項羽入關，被封為齊王，封地就是齊國（今山東北部和東部），建都臨淄

（今山東臨淄東）；

原齊王田建的孫子田安曾攜濟北（轄境相當於今山東省德州、茌平以東，東平、泰安、萊蕪以北，鄒平、信陽以西及河北省滄州、海興以南）數城歸附項羽，被封為濟北王，統治濟北，建都博陽（今山東泰安東南）；

成安君陳餘雖然棄將印而去，沒有跟著項羽入關，但是有賢名，對趙國也有功，項羽聽說他現在正在南皮（今河北南皮）隱居，就把南皮等三縣都封給了他；

番君吳芮手下大將梅鋗功勞很大，封十萬戶侯。

齊國相國田榮也是一個人物，但是因為對項梁不夠意思，不派援兵，也不肯帶兵跟項羽入關，所以不給任何封賞。連帶他的侄子也被調到了膠東。

對劉邦和三降將的分封使得項羽雖然沒佔據關中，實際上已經等於把關中收入囊中。對除了劉邦、章邯等人以外的新舊貴族和割據勢力，項羽的分封打壓了舊貴族、安撫了新勢力，將根深蒂固的舊貴族割據勢力調離各自的地盤，讓親近他的新興勢力取而代之。同時製造了諸侯間的矛盾，讓他們互相攻擊、怨恨，無法對項羽構成威脅。這次分封的最終結果就是：對項羽可能造成妨害的，打壓、排擠，扔根骨頭讓他們啃去；對項羽唯命是從的，則都能有口肉湯喝。分封諸侯封地的設置，也是本著互相牽制的原則，防止某一個諸侯突然崛起。

但是，這只是他和范增一廂情願的謀劃。他的封賞真的能讓親楚勢力滿意嗎？被打壓的諸侯真的甘心受欺負嗎？項羽種下的矛盾太多了，卻並沒有控制這些矛盾的能力。天下戮力抗秦的暫時聯盟至此終止，諸侯大混戰的序幕悄然拉開。

這正是：一人得道，雞犬升天。項羽掌權，天下地分。近者得利，遠者寒心。恣意妄為，種下禍根。

【知識連結】

九郡，自古至今考古者說法不一，據清朝學者姚鼎等人考證和分析，這九郡是梁地二郡加楚地七郡，也就是碭郡、東郡、陳郡、薛郡、泗水郡、東海郡、東陽郡、鄣郡、會稽郡，範圍基本上相當於今天的河南省東部、山東省西南部、安徽省淮北及江南部分、江蘇省全部、上海市全部和浙江省大部分地區。

支走老范救漢王

被封到巴蜀，劉邦要是高興那是氣話。巴郡、蜀郡基本上就是今天的四川，是少數民族聚居之地，雖然土地肥沃，氣候適宜，在秦朝的開發下有「天府之國」的美譽，但外地人到了那，非常容易水土不服甚至死亡。劉邦當然不願意，本來先入咸陽的自己應該稱王的，結果現在卻被發配邊疆，真是赤裸裸的羞辱。自己好歹也是十萬大軍的統帥，對項羽的委曲求全，卻換來這麼個結果。在極度憤怒之下，劉邦傳下號令，準備攻打項羽。劉邦一說要拼命，手下真不含糊，以周勃、灌嬰、樊噲為首的武將們紛紛請戰，要打頭陣。大家都是寧肯跟項羽死拼，也不願意去巴蜀。

就在大夥激動之下一致要動手之際，張良又捎信來了，在信中力勸劉邦暫時忍耐，養精蓄銳以圖將來，並且告訴劉邦，自己已經用重金賄賂項伯，請項伯幫助劉邦從項羽手裡拿到漢中。

原來，張良在得知分封計畫後，將劉邦送給自己和項伯的禮物全送給了項伯。請求項伯幫劉邦求取漢中。項伯本就跟張良是過命的交情，跟劉邦又結了姻親，自鴻門宴以來一直自視為可憐的劉邦的保護者。現在張良拿著重禮代劉邦求助，當場便答應下來。

項伯送走張良，立即就趁范增不在場的時候去找項羽，指責項羽苛待劉邦、把劉邦封到巴蜀的行為，要求項羽將漢中加封給劉邦作為補償。耳根軟的項羽竟然就同意了。很快，項羽對諸侯的分封公布了，劉邦輕而易舉地得到了漢中郡。可惜的是，雖然劉邦在項伯的幫助下，趁老范不在取得了漢中封地，但是老謀深算的范增也有後手，他索性讓項羽不放諸侯回去，爭取找機會多收拾幾個，也好減少未來的隱患。

剛剛為得到漢中而喜上眉梢的劉邦，又愁上心頭了，生怕讓項羽抓到殺他的藉口，急忙又派人向張良問計。無奈張良也有黔驢技窮的時候，想不出什麼好主意，但是他想到了一個人，陳平。

陳平，陽武（今河南原陽東南）人，出身貧寒，自幼酷愛讀書，而陳平的哥哥心疼弟弟，就讓他專心求學，家裡所有的工作哥哥都包了。陳平的嫂子看著不高興，就在一邊說風涼話：「天天讀那些文章有什麼用，還不照樣全家跟著吃糠嚥菜！有這麼個小叔，還不如沒有！」陳平的哥哥一聽這話，當時就把妻子休了。

哥哥本是出於愛護弟弟的一片真心，可是他這一休妻，卻把陳平給坑了。雖然當時休妻不講究七出，但也要有個理由，鄉親們不知道做哥哥的為什麼休妻，暗地裡揣測，覺得必然是當媳婦的有大錯。什麼大錯呢？有人就猜：別是陳平和他嫂子通姦了吧？說著說著，猜測就說成了真事，陳平平白無故背了個「通嫂」的惡名。所以，雖然在哥哥的支持下，陳平學業優異，十里八村都出了名。可家裡又窮，還有「通嫂」的名聲，鄉里無論貧富貴賤，都不願意把閨女嫁給他，陳平就一直沒有娶妻。

幸運的是當地有個富戶叫張負，有個孫女先後嫁了五個丈夫，而五個丈夫都是成親沒多久，年紀輕輕就死了。自然落個剋夫的名聲。而張負也是個有遠見的，到陳平家考察了一番，發現陳平雖然窮，家門口車轍特別多，說明許多有地位、有名氣的人總來拜訪他。因此，張負認定陳平的未來不可限量，就做主把孫女嫁給他。得此有錢又有遠見的好丈人做後盾，陳平的仕途似乎亮了起來。

西元前二〇九年，大澤鄉起義爆發，姬咎被立為魏王。陳平趕奔臨濟投靠，不得姬豹賞識，轉投到項羽手下做謀士。卻因項羽偏好身材魁梧的武將，而自己是細皮嫩肉的美男子而不得賞識而鬱鬱寡歡。

而此時張良前來拜訪，兩人一見如故，相談甚歡。而張良表明意圖之後更讓陳平心裡歡喜，頓覺劉邦才是他應該追隨的人。於是主動接下救漢王回蜀中的重擔。

第二天，陳平向項羽獻計一條，封懷王為義帝，遷都彬縣，自己佔據彭城為都，而後逐漸名正言順地號令天下。此計甚得項羽之心，立刻謊稱自己所想說與范增。老范喜得老淚縱橫，以為天開眼，項羽的腦袋開竅了，立即請纓去辦，成功被陳平支走。

等范增走遠，陳平又對項羽說：「諸侯聚集咸陽，花費巨大，我們勞民傷財，不趕快讓諸侯們回國，只怕要出亂子！」

項羽思索一番，覺得有道理，於是下令讓各路諸侯立即回國。但項羽也不傻，且范增走時也叮嚀他切不可放走劉邦。於是令漢王暫留在咸陽，與楚王共商大事。不過陳平還有後招，在他授意下，劉邦突然向項羽請假，要求回故鄉沛縣省親。項羽猶豫了。不讓劉邦回去，是不近人情；讓劉邦回去，不知道劉邦此舉有什麼圖謀。

這時張良故意站出來反對，說：「漢王回去，肯定是要接取家眷或者佔據沛縣稱王。您不能讓他回去，莫不如以巴蜀急需安定為由命他趕緊去漢中，同時派人去沛縣取他的家眷做人質，讓他不敢有異心。」

陳平也在一旁接道：「大王既然封劉邦為漢王，而且已經布告天下，如果硬是不讓他上任，恐怕不足以取信天下。倒不如依張良的計策而行，既可以保全信用，又可以約束漢王。」項羽想了想便同意了，好一個呆霸王，如此便被陳平賣了尚不自知。

【知識連結】

巴蜀，是先秦時期的地區名和地方政權名，大部分地區在今四川境內。根據《華陽國志》所記，先秦巴蜀地區的民族有濮、賨、苴、龔、奴、獽、夷、蜑、滇、僚、僰等族稱，其中大部分是百濮支系。巴國和蜀國，則是秦以前由當地少數民族建立的，東部為巴，西部為蜀。秦惠文王在位期間，巴國、蜀國才被秦國吞併，並得以發展。

蕭何月下追韓信

劉邦帶著美麗的夢想走入關中。可劉邦的手下們並不都知道主公做著什麼樣的美夢。在他們看來，被封到巴蜀的劉邦，尤其是自動燒絕了棧道的劉邦，已經沒有重出江湖的機會，帶著對家鄉的眷戀，帶著對父母妻兒的思念，從將領到小兵，每天都有人悄悄逃走。

面對此種情況，劉邦也無法。可是忽然有親兵慌慌張張地跑來報告蕭何丞相逃跑了。這可讓劉邦頓覺眼前天旋地轉。蕭何的背叛，讓劉邦又是憤怒，又是絕望。誰知沒過兩天，蕭何又回來了。劉邦如見久別的親人，既生氣又歡喜地問：「我對你哪點不好，你怎麼就逃了？」

蕭何趕緊說：「大王誤會了，我沒逃，我是追一個逃跑的人去了。」

劉邦很吃驚：「你追誰去了？」「韓信！」

原來，韓信投奔了劉邦之後，劉邦也沒拿他當回事，讓韓信做了連敖。後來因為夏侯嬰的推薦，劉邦任命韓信為治粟都尉。治粟都尉就是掌管生產軍糧等事的將軍，與連敖相比屬於實缺。這個官職也就是看夏侯嬰的面子給的，劉邦這時候還是沒把韓信當一回事。可韓信也沒把小小的治粟都尉之職放在眼裡。

韓信在治粟都尉這個職位上，難免要與丞相蕭何打交道。蕭何因此也發現韓信是個人才，時不時地跟劉邦提起。這時候劉邦帶著大夥還在往南鄭行進的路上，心裡正是煩悶之際，就沒有在意。這一路上，有不少將士找機會溜了。等到了南鄭，韓信暗自琢磨：蕭丞相和太僕肯定沒少在漢王跟前提我，到現在還沒動靜，看來漢王是不打算用我。既然如此，我另找出路算了。想到這，韓信當機立斷，不辭而別。蕭何一直關注韓信，聽說韓信跑了，來不及請示劉邦，便急忙去追，終於把韓信勸了回來，這才立即面見劉邦稟報。

這邊劉邦聽蕭何說是去追韓信，又生氣了：「逃了多少將軍，也沒見你去追，偏偏去追韓信。分明是你在騙我！」

蕭何一樂，道：「大王，那些將士逃就逃了，但韓信不一樣。他是獨一無二的人才，國士無雙！您要是安心做漢中王，不用韓信沒關係。你若是真想爭天下，除了韓信，再沒有能輔佐您成就大業的人選了。現在就看大王您是怎麼想的了。」

蕭何把話說到這份上，劉邦不能不重視了，當即痛快地說：「好吧，看在丞相的面子上，我拜韓信為將軍。」蕭何搖了搖頭表示不行。劉邦咬牙道：「拜他為大將軍可否？」

蕭何趕緊道：「大王英明！」

正式拜將時，劉邦對韓信當眾問對天下時事：「蕭丞相跟寡人提起大將軍不是一回兩回了。寡人一直有逐鹿天下之心，今天拜你為大將軍，不知道大將軍有何良策讓寡人得償所願？」

韓信剛剛被拜將，自然要當眾立威，聽劉邦問起，韓信先謙虛了一番，然後反問：「大王，您要逐鹿天下，對手非霸王莫屬吧？」

劉邦點點頭：「當然。」

韓信又問：「大王覺得如果單論悍勇、仁義、強大這三方面，您與霸王誰強誰弱？」

劉邦想了想，還是選擇說真話：「寡人不如霸王。」

劉邦話音剛落，韓信立即起身拜賀：「大王您能認清自身和對手的長短之處，這不是一般人能做到的。就像大王你所說的，臣也認為在這些方面您不如霸王。但是，霸王雖然有優勢，卻有更多缺點。霸王性情剛烈，勇猛無敵。可是一個人本事再大，不能放手任用賢能，也只能是匹夫之勇，不足為懼。

霸王雖待人也恭敬仁愛，但也婦人之仁，不足為懼。霸王獨霸天下，諸侯稱臣。可是他卻不待在關中而建都彭城，違背義帝當初的約定，名義上是天下的領袖，實質上已失去民心，所以他的強大很快會變成衰弱，不足為懼。

霸王有這三不足懼，而大王您第一個到關中的時候，秋毫無犯，廢除了秦朝的殘酷刑法，與大家約法三章，秦地百姓沒有不希望您在關中為王的。關中百姓都知道，按照當初諸侯的約定，大王理當在關中稱王。可被迫來到漢中，秦地百姓無不怨恨霸王。況且，關中的三秦之王本來都是秦將，率軍征戰數年，麾下秦國子弟死傷無數。後來他們帶將士投降霸王，被項羽用欺詐的手段坑殺二十餘萬，唯獨章邯、董翳、司馬欣三人生還。秦人對這三人恨之入骨。現在只是項羽以武力強行封這三人為王，實際上秦國百姓都不擁戴他們。

綜上所述，大王如果現在起兵，收復三秦絕不是難事，可傳檄而定。」

韓信當堂一番論證，把敵我雙方的優勢劣勢講得清清楚楚，自劉邦以下，無不佩服。劉邦尤其高興，直埋怨得到韓信太晚了。至此，劉邦自己居中調度；以蕭何為後勤，以韓信打前鋒。漢軍上下摩拳擦掌，準備兵進關中。

【知識連結】

因為「敖」字有「糧倉」的意思，所以許多人把「敖」這個職位解釋稱糧倉管理員。然而事實卻不是如此，《史記》的三家注中，晉代的徐廣在這個詞後面的注解明明白白：典客也。典客主要是負責與各諸侯國、少數民族的交往的官吏，與糧倉管理員毫無關係。

明修棧道，暗渡陳倉

早在送劉邦到漢中的時候，張良在告別之前，除了留下「火燒棧道以安項羽之心」的計策，還給劉邦制定了「積巴蜀之財富，取道陳倉還定三秦」的計畫。陳倉，今陝西省寶雞市，位於八百里秦川西端，是關中與漢中之間的咽喉。漢中到陳倉之間，曾經有一條崎嶇難行的小道。後來，因為棧道的鋪設，這條小路漸漸荒廢，逐漸被人遺忘。因此，對於這個方向，章邯等人是沒有設防的。

要出漢中，必先得陳倉；要得陳倉，現在只有這條被忽略的小路可走。但是，如果漢軍明目張膽地從這條小路殺出去，章邯等人的斥候也不是吃素的，肯定能及時察覺。到時候，三秦大軍蜂擁而來，結果就只能是把漢軍死死地堵在陳倉之前。所以，奪取陳倉的行動，必須要做到神不知、鬼不覺，容不得半點閃失！

對此，大將軍韓信早有算計。他首先把臨武侯樊噲、威武侯周勃找來，命其帶一萬人馬修復棧道，限期一個月內必須修完。樊噲和周勃一聽大為著急，去找韓信說：「大將軍，你此舉是作甚？這條棧道咱們燒起來是沒花幾天，可是修起來沒三年哪修得完啊？這都是幾百年才鋪出來的路，你讓我們一個月修完，還不如現在就把我們殺了！」

韓信把臉一沉：「讓你們修你們就修，哪那麼多廢話！大王要出漢中奪天下，等你們修上三年，還奪什麼？現在這個任務就交給你們了，不得有誤！」

軍令如山，樊噲、周勃也沒辦法，點起了兵馬，日夜開工，輪班搶修棧道。樊噲、周勃這邊剛一開始施工，消息就被探子急急忙忙報告給了章邯。章邯聽了哈哈大笑：「漢王是不是受刺激變糊塗了？早知道今天，誰讓你當初燒來著？任你修去，等你修過來，我再把你打回去。不僅如此，我還要順著你們修好的棧道殺進漢中，讓你們死無葬身之地。」

章邯被韓信蒙蔽了，真以為漢軍打算從原路殺出來，把注意力全放在棧道這。

西元前二〇六年，漢高祖元年八月，劉邦和韓信率領大軍從南鄭出發，穿過被荒草覆蓋的羊腸小徑，神不知鬼不覺地抵達陳倉，不費吹灰之力地打敗了毫無防備的陳倉守軍，佔領了這座事關漢中生死的咽喉之城，並派軍從陳倉古渡口渡過渭河，倒攻大散關。

於是，韓信和章邯在陳倉開戰了。漢軍將士在漢中被困四個月，思鄉之情不可遏制。強烈的返鄉欲望讓這些經歷過無數次戰鬥的漢軍更增添了不要命一般的悍勇。反觀章邯軍，大都是秦人子弟，果然如韓信所說，一直怨恨章邯、司馬欣、董翳這三個叛徒，哪肯效死？

此時，明修棧道的樊噲、周勃也接到命令，順山路殺了出來，與韓信會師。敵我雙方交纏在一起，陳倉古城變成了絞肉機，無數個鮮活的生命在戰場上消逝。猛將章邯如今成了被屠戮的羊，在漢軍的追殺中倉皇向好時方向逃跑。漢軍銜尾追擊，無奈之下，章邯帶著殘兵敗將逃回了廢丘城，堅守不出。

精神抖擻的劉邦一面派重兵圍困廢丘，一面命令其他大將分別攻打塞國、翟國。連章邯都擋不住漢軍，司馬欣和董翳更不是對手。沒交手幾回，漢軍就打得塞軍、翟軍丟盔棄甲，直殺得塞王司馬欣、翟王董翳開城投降，塞國滅國，成為漢國的渭南郡和河上郡，翟國滅國，成為漢國的上郡。沒用多長時間，除了廢丘之外，八百里秦川全都落入了劉邦的掌握之中。

然而，章邯並沒有絕望，堅持防守，拒不投降。章邯認為項羽絕不會坐視劉邦重返中原，一定會派大軍前來支援。可是章邯沒有想到的是，與他有血仇的項羽根本沒有管他的死活，直接帶著大軍去打田榮了。

早在得到田榮造反的報告後，項羽派蕭公角等人攻打彭越，自己則整頓人馬，準備出兵。就在這時，劉邦兵進漢中的報告也送到了。本來，田榮與劉邦相繼行動，項羽一時也難以決斷先打哪一個。但是，考慮到范增一直堅持除掉劉邦的要求以及自己對劉邦的厭惡，項羽更傾向於先打劉邦。正在這時，蕭公角等人被彭越打敗的消息傳來，張良突然來信了。

張良在信中說：「漢王發動戰爭，目的是為了取回自己應該有的封地，而不是針對您。只要能夠像當年約定那樣成為關中的主人，漢王也就滿足了，根本不會再做他想。當務之急是在您的北邊，齊國和趙國現在已經結盟了，我這有他們煽動諸侯企圖造反的書信，作為證據一併呈給您。他們兩國是公開向您嗆聲。請您早做決斷。」

張良這一封信，項羽看了之後臉紅了。項羽是個好面子的人，他自己也知道，不管怎麼說，劉邦先進了關中，自己卻把人家攆到巴蜀去，這事做得不仗義。現在劉邦自己去取，合情合理。更何況，章邯是殺死了伯父項梁的人，犯不上為了救章邯背上負義的名聲。再說，劉邦在鴻門宴上對項羽服服帖帖，鴻門宴之後更是叫他往西他不敢往東。而田榮和陳餘呢？不僅在項家需要的時候從來不曾施以援手，而且一直沒對項羽表示過臣服，如今更是煽動諸侯反項。應該打誰，顯而易見？

天下瞭解項羽性格的人太多了，但是像張良這樣善於抓住項羽心理弱點的人，少之又少。項羽非常配合的中計了。

張良把寫給項羽的信送出之後，開始了人生中的第二次逃亡，投奔了劉邦。帶著對項羽的憤怒，張良要幫助劉邦手刃楚霸王，項羽的死敵從此又多了一個。

【知識連結】

棧道，在險絕處傍山架木而成的一種道路。《戰國策・齊策六》：「（田單）為棧道木閣而迎王與後於城陽山中。」《史記・高祖本紀》：「楚與諸侯之慕從者數萬人，從杜南入蝕中。去輒燒絕棧道，以備諸侯盜兵襲之，亦示項羽無東意。」

霸王不仁義，咱去找漢王

面對如此足智多謀，又恨他甚深的張良，項羽華麗的中計了，他放棄了西進支援章邯的計畫，準備北上攻打田榮了。就在這時，漢將王陵率一路人馬即將抵達陽夏（今河南省太康縣）的消息傳來，使項羽對劉邦產生了一絲警惕。他連忙封好友鄭昌為韓王，讓他抵擋劉邦，同時又派出一路精兵在陽夏攔阻王陵。

王陵此人是個妙人。他與劉邦也是同鄉，乃沛縣人。雖然同在一縣，但是他和劉邦的身份天差地別。當年劉邦不過是個百姓，勉強算是富農，王陵家卻是沛縣屈指可數的豪強。劉邦還沒做亭長的時候，總是跟在王陵身後，如同跟班，像對親哥哥似的伺候王陵。王陵的性格跟劉邦截然不同，劉邦是個市井之徒，王陵卻是個讀書人，而且脾氣倔，心直口快。雖然劉邦總是討好王陵，但是王陵根本看不上劉邦。後來，劉邦跟著起義，「買賣」越做越大，成了一路諸侯，一直打到了咸陽。差不多跟劉邦起義同時，王陵也起義了，收羅了數千人馬。當時很多人都去投奔劉邦，王陵卻根本不想跟著劉邦，自己帶著幾千人馬佔據了南陽自成一派。

可是，形勢比人強。天下豪傑反秦之時，隨便糾集人馬也算一路義軍。可是現在秦朝沒了，天下是各路諸侯的天下。大魚吃小魚，小魚吃蝦米。王陵想再佔著南陽過自己的日子已經不現實，正巧這時劉邦從漢中殺了出來，大有奪取天下之意。王陵想：投奔誰不是投呢？好歹跟劉邦有交情，還能照顧自己。於是，他帶著自己的人馬歸順了劉邦。

劉邦對王陵自然是看重的，於是欣然接納。這時候他正在關中忙著滅章邯，脫不開身，就讓王陵直接去沛縣接自己的家眷。出來這麼長時間了，父親、妻子和孩子還在項羽眼皮子底下，現在劉邦沒公開打項羽，倒也罷了，以後要是打起來，難保項羽不拿劉家人要脅他，所以必須接出來。

要接劉邦家眷哪那麼容易？王陵剛有動作，項羽就得到消息，直接派兵把王陵攔住。

秦漢時代，哪個郡縣有豪強，可以說全國都知名。項羽自然是對王陵的大名早有耳聞，而他生平最佩服那些豪強，也最愛與之結交。聽說王陵降了漢，項羽就想著怎麼才能策反王陵，讓他跟著自己打天下。想來想去，項羽想起王陵的老娘還在沛縣，眼前一亮，趕緊命人把王老太太接到軍中，並且派人給王陵傳話：「你的母親現在在我的手裡。如果你能背漢降楚，可保你的母親安然無恙；如果你一意孤行，就別怪我不客氣了！」

王陵是個大孝子，一聽說老娘被項羽抓到，心當時就亂了。他急忙派心腹使者去見項羽，表示只要保證母親的安全，一切條件都好說。項羽聽使者轉達王陵願意投降之意，心裡很高興，設宴款待使者，同時把王陵的母親也請了出來，安排在上座就坐，自己在下首用兒子輩的身分作陪。項羽玩這麼一手，實際上就是想借使者之口讓王陵知道：我對你的母親特別好。

吃飽喝足之後，要送王陵的使者回去，王陵的母親要求單獨送一送，順便叮囑幾句。項羽當然沒有多想就同意了。王老太太把使者拉在一邊，說了心裡話：「以前在縣裡，我也見過漢王。別看當時不怎麼樣，可我也看出來不是一般人。現在我落到項羽軍中，也觀察過，這個小子絕不是漢王的對手。以後，天下遲早是漢王的。你這次回去，替我給我兒子捎個口信，讓他一定要好好跟著漢王，別因為我分心。我都一把年紀了，不想拖累兒子，今天我就死在這了，你趕快走。」說完，老太太突然拔出使者的佩劍，自殺了。

王氏倒在血泊之中，把項羽氣壞了，後者一聲令下，將王氏扔進油鍋。可憐王氏已死，屍首又遭油烹！

在這一點，項羽做得的確是過分，無論從道義還是從自身利益上來說，都是極為愚蠢的舉動。從道義上來講，王氏為長者，又已經自殺了。項羽作為晚輩，與王氏、王陵都沒有深仇大恨，油烹王氏的屍體則太過慘無人道。從自身利益來講，雖然王氏自殺與項羽挾持王氏為人質有關，但是人畢竟不是項羽親手殺的。如果項羽有劉邦的手段，這時候趴在王氏的屍首前灑幾滴眼淚，厚葬王氏，即便是王陵不感激，起碼也不至於恨項羽入骨。人都死了，烹之，對項羽而言沒有一點好處；厚葬，起碼還能挽回一部分印象。可是項羽放著好事不做，偏偏要做蠢事。

使者逃回王陵軍中，將王氏託自己帶的話以及王氏死後的下場講了一遍，王陵痛得當場暈倒。醒過來之後，王陵咬碎了鋼牙，從這以後鐵了心跟著劉邦打項羽，幫助劉邦安定天下，因功被封為安國侯。劉邦死前安排後事，就提到王陵之才可以擔任丞相。雖然史書裡沒有詳細記載王陵的功績，但憑此兩點，可見王陵為劉邦的漢室江山立下了多少功勞。這樣一個人才，項羽生生地把他逼到了自己的對立面，白白便宜了自己的對手。

【知識連結】

王陵，沛縣人，西漢初年的大臣。劉邦起兵攻陷咸陽時，王陵曾聚眾千人據南陽，不願歸順劉邦。後來因為太祖劉邦與項羽作戰，王陵的母親在項羽營中，因其不歸順劉邦而伏劍自殺。項羽大怒，竟將王陵之母烹煮。王陵悲痛下，堅決的歸順了劉邦。後來官至右丞相，因為反對呂后封諸呂為王，罷相，改任太傅，西元前一八一年病死。

楚王殺義帝，漢王買人心

就在項羽的軍隊走在討伐田榮的征途上時，在風景婉約的深秋江南，正上演著一幕淒涼的慘劇。手持利刃的楚將用猙獰的表情掩飾著自己的不安與不忍，將寶劍猛地刺去。羋氏家族最後一位王義帝熊心，就這樣瞪大著雙眼，帶著詭異的微笑，倒在了血泊之中。殺死義帝熊心的，是九江王英布的屬下。而命令英布殺死熊心的，正是熊心昔日的臣子、今日的西楚霸王——項羽。

在分封天下的時候，因為熊心不肯開口立項羽為天下之主，項羽極為憤怒。在陳平聲東擊西的建議下，項羽佯尊熊心為義帝，將熊心的國都改到了郴縣。郴縣，今天的湖南郴州，距離彭城兩千多里，地處五嶺北麓，位於湘江幹流耒水上游河谷，在先秦時期是苗蠻百越等南方尚未開化少數民族的居住地。

相比之下，彭城在堯帝時期就是大彭氏國的國都，據說之前的黃帝也曾以這裡為都城，其繁華程度哪裡是郴縣可以比擬的？因此，雖然項羽宣布更改熊心的國都，熊心卻不肯離開彭城。

當天下諸侯紛紛到封地就國時，項羽也急於「衣錦還鄉」。一城不能容二主。西元前二〇六年二月，項羽派手下部分將士先行趕到彭城，以兵戎脅迫。被逼無奈的熊心流著委屈的淚水攜文武官員出發了。跟著熊心遷徙的官吏留戀彭城的舒適生活，實在不願意到郴縣去，一路上頗多怨言，行進緩慢。項羽將這種情況歸咎於義帝熊心，秘密向九江王英布、衡山王吳芮、臨江王共敖下達了殺死義帝的命令。西元前二〇六年十月，這一年被稱為義帝元年，又被稱為漢高祖元年、漢高帝元年，就在趙王歇復位、張耳投奔劉邦的同一個月，剛剛渡過長江的熊心被英布手下趕上殺死，命喪江南。

熊心就這樣悄無聲息的死了。項羽並沒有聲張，大搖大擺地回到了彭城。

對於項羽而言，熊心是個沒用的廢物。其實，對於剛剛起兵反秦的項氏家族而言，熊心曾是一把保護傘，是一面聚將旗。有熊心坐在楚王的位子上，才使得項梁、項羽能夠順利地招兵買馬，得到楚人的擁護。其實，項氏與熊心之間，不存在誰對誰有恩、誰對誰負義的問題，而是彼此利用的關係。無論對其中哪一方而言，另一方都既是戰友又是敵人。當秦國這個第一目標消失後，項羽和熊心就只能是你死我活的局面。顯然，熊心並不具備反戈一擊的實力。

對於楚後懷王熊心，歷史上有很高的評價。宋朝大文人蘇軾在《論范增》一文中就曾稱讚說：「吾嘗論義帝，天下之賢主也。獨遣沛公入關，不遣項羽。識卿子冠軍於稠人之中，而擢為上將。不賢而能如是乎？」

雖然被選出來做傀儡，但是聰明的熊心顯然發現了自己的處境極為危險。在項梁掌權期間，沒有機會反擊的熊心非常能忍，沒有輕舉妄動。項梁剛死，熊心就抓住這個機會出擊，迅速剝奪了項羽以及呂臣的兵權，又拉攏呂氏，用呂青、呂臣父子為重臣，制衡項氏勢力。同時，他提拔對項氏不滿而且沒有根基的宋義為上將軍，又讓劉邦獨領碭郡兵卒，以進一步打壓項羽。這些充分證明熊心胸中有城府，行事很果斷。在接下來的反攻秦國行動中，懷王熊心也堅決不給項羽機會，讓劉邦負責西進咸陽，讓宋義帶著項羽在安陽吸引秦軍主力，拒絕了項羽「願與沛公西入關」的請求。

重新被項氏控制的熊心很清楚自己的命運。所以，他以毫無商量餘地的語氣應對項羽的試探，杜絕了項羽借大義名號佔有天下的可能。這一行動顯然使熊心死亡的時刻被大大提前了，但也顯然給項羽製造了巨大的麻煩。

熊心就這樣匆匆登上歷史舞台，又匆匆退場。

也許是受項羽驅逐義帝的啟發，西元前二〇六年八月，因被項羽遷為遼東王的燕王韓廣不肯就國，受封為新任燕王的原韓廣部將臧荼舉起屠刀，將韓廣殺死，佔據燕國、遼東兩地，即燕王之位。

至此，義帝死，義帝之楚國併入西楚；膠東王死，濟北王死，膠東、濟北兩國併入齊國；遼東王死，遼東併入燕國；塞王、翟王降漢，塞國、翟國併入漢國；原韓王死，新韓王立；代王歇復趙王位，趙王張耳降漢，陳餘即代王位。包括自己在內，項羽封過的二十二位帝、王、侯，此時滅了六國，死了一帝四王，反了三王一侯（田榮、趙王歇、劉邦、陳餘），降了三王。由此可見，項羽的分封相當失敗，是導致天下大亂的一大因素。

自從暗害了義帝熊心之後，項羽就陷入了馬不停蹄四處平亂的麻煩中。後世許多人在評價項羽時，都認為項羽是因為謀殺懷王熊心才使得諸侯奮起討伐。這是一種很荒謬的、一廂情願的皇權思想。

在項羽分封的諸侯中，除漢王劉邦、臨江王共敖之外，都不能稱得上與熊心有深厚感情。諸侯根本不會把熊心的生死放在心上。共敖參與了追殺熊心的行動，既沒有阻止項羽，也沒有搭救熊心，可見也不算什麼忠臣。劉邦志在天下，與熊心也是相互利用的關係，不存在君臣之義。事實上，在漫長的中國古代歷史上，隨處可見權臣弒主、奸臣篡權的事件。如果諸侯真的如此擁戴熊心，怎麼會眼看著項羽奪走熊心的都城？所以，諸侯反項羽為的是自己的利益，而不是義帝熊心，雖然他們中有人以替義帝報仇為藉口。

自己種下了因，就得自己來吃這個果。項羽四處救火，開始了疲憊的征程。可是，按倒葫蘆浮起瓢，想平定天下，哪那麼容易！項羽對形勢判斷錯誤，又因為自身失誤導致大量人才流失。他的命運，已經在此時確定了。

【知識連結】

五嶺又稱南嶺，指的是橫亙在江西、湖南、兩廣之間的大庾嶺，騎田嶺，都龐嶺，萌渚嶺，越城嶺，其間不僅密布著曲似羊腸的河道，山路也是崎嶇升降，艱險難行。可想而知，即便是在民國時期，五嶺仍然是共軍長征路上的險阻，何況是在兩千多年以前的古代？有五嶺阻隔，又可以想像出郴縣當時是何等偏僻。

天下漸歸一

韓信解決了被圍十月之久的雍王章邯並將其斬殺，隨後揮師東進，直擊降而復叛的西魏王姬豹，殺之於滎陽。首戰告捷，漢軍士氣大振。韓信軍乘勝追擊疏漢親楚的代國、趙國二國。

漢高祖二年閏九月，韓信以迅雷不及掩耳之勢揮兵東攻閼與，一舉擊敗代軍。正欲取趙國時，劉邦在滎陽主戰場卻遭到項羽的凌厲圍剿。無奈之下，劉邦緊急抽調了韓信的大部分精兵，投入滎陽主戰場，僅為韓信留下不到三萬新兵。而在趙國方面，趙王歇與陳餘已經在井陘口重點布防，號稱二十萬的趙軍在此靜候漢軍到來。

趙國，實力遠遠超過魏、代國。以三萬戰鬥力低下的軍隊攻打井陘口，縱使是項羽來統帥，恐怕也要一敗塗地。可是韓信沒有退路。他唯一的機會就是速戰速決，以儘快與劉邦會師。於是派大將曹參攻下鄔城，掃除漢軍東進井陘的左翼威脅；自己率大軍距井陘口三十裡處安營，全軍休整。白天，韓信穩坐中軍，一個「打」字都沒提。

到了夜半時分，他突然開始調兵遣將，開始了歷史上著名的背水一戰，大勝趙軍，趙國從此劃入劉漢的版圖。韓信請封張耳為趙王，劉邦准。

韓信那邊打得有聲有色，劉邦這邊離間得也有聲有色，陳平針對項羽耳根子軟還多疑的個性，拿著劉邦特批的黃金四萬斤離間經費在楚軍大營，到處散播謠言，說鍾離昧等人屢立戰功卻不得封王，已與項羽離心，打算背楚歸漢，謠言越傳越廣，傳到項羽耳朵裡後，果然就對鍾離昧等人起了疑心。

另一方面，在項羽派使者來滎陽時，故意獻上佳餚後又撤下換上素菜，謊稱與獻與范增的使者的飯菜弄錯了，而如此小兒科的把戲項羽偏偏真的信了，認為范增與自己有了異心。以至於范增看項羽久圍滎陽而不攻來勸時，遭到項羽斷然拒絕，疑心范增要害他。范增甚是奇怪，一番打聽下才知事情始末，傷心欲絕，便和項羽請辭，誰曾想項羽竟毫不挽留，可歎范增一心為項家天下謀劃，回去後急火攻心，一病不起，就這樣死了。

范增死後項羽方知自己中計，怒攻滎陽，這一次可算是切中了劉邦的要害——劉邦軍中正好斷糧！緊要關頭，大將紀信挺身而出，假扮劉邦從滎陽東門而出，掩護劉邦逃走。正在這時，彭越在項羽的後方發動突然襲擊，破壞了楚軍的糧道。

項羽掉頭先趕走了彭越，又被劉邦玩弄了一番，四處亂打，直到第二年三月才得到機會回來再攻滎陽，一舉攻克，擒獲周苛、樅公和新被派來守城的韓王信。

從滎陽逃出來的劉邦回關中後，又聚集了一堆人馬，在謀士的建議下南出武關，擺出襲擊彭城的架勢，誘項羽南下，以解滎陽、成皋之急。一開始，項羽被劉邦、彭越玩得團團轉，往來奔命。到後來他已經耐不住性子，直奔劉邦殺了過來。此時劉邦已經率軍駐紮成皋，不幸又落入項羽的包圍之中。

西元前二〇三年冬，劉邦獨自坐著夏侯嬰的小車，再次踏上逃亡之旅。這一回，他是直接向脩武方向逃去，因為韓信和張耳統帥著趙軍，正在那裡駐紮。劉邦到了脩武並沒有急著去見韓信，而是悄悄在驛站住了下來。到第二天凌晨時分，劉邦坐上夏侯嬰的小車突然來到趙軍大營，用突然襲擊的方式奪得兵權。

剛剛還是一無所有的劉邦轉眼就又有了數萬人馬，其他駐守成皋的將領也紛紛棄城逃來跟隨，成皋就此淪陷。

漢高祖三年冬，酈食其在劉邦的派遣下說服了齊王田廣。田廣準備降漢，誰知被劉邦削弱之後一肚子火氣的韓信採納了蒯通的建議，不理會酈食其，興兵伐齊。齊王田廣盛怒之下水煮酈食其，但還是沒能逃過戰敗被殺的命運。連被項羽派來援救田廣的大將龍且，也成了韓信的刀下之鬼。齊國從此劃入漢的版圖。

第二年年初，韓信上表請求劉邦封他為齊王。為了平定天下的大局，在張良、陳平的勸解下，劉邦將怒火壓在心底，批准了韓信的請求。此舉使韓信心滿意足，立即忘記了奪帥的不快，將劉邦視為再生父母。

此刻巴、蜀、漢中、關中、魏、河南、韓、趙、燕、齊已皆屬劉邦，項羽的實力被削弱了許多。曾經追著劉邦屁股窮追猛打的項羽，此時已經奈何劉邦不得。

趁項羽回身再度去清理彭越這隻狡猾的老狐狸時，劉邦揮師而進，將鎮守成皋的曹咎、司馬欣、董翳引誘出城，打敗楚軍。曹咎、司馬欣、董翳自殺身亡，成皋再度回到劉邦手中。

成皋失守，楚軍的敖倉面臨威脅，糧食供給出現困難。項羽立即回頭反撲成皋！此時，劉邦已經在廣武山的廣武澗西岸安營紮寨，項羽不得急進，只好紮營於廣武澗東岸，與漢軍相持。

雙方這一相持就是數十日。漢軍糧草充足，戰鬥力弱，最願意打持久戰；項羽雖然士兵精銳，但糧草缺乏，需要的是速戰速決。這時曾經背叛劉邦投降魏國，今在項羽帳下的雍齒獻上一計，建議項羽以劉太公和呂雉為人質，脅迫劉邦投降。

於是，項羽在溝澗東邊搭了一塊極大的砧板，將劉太公和呂雉架出來，對著漢軍喊話：「劉季（劉邦字），你的爹和你的妻子現在就在我手裡。如能速速投降，就饒你爹不死。如若不從，我就把你爹煮了！」

誰知劉邦不慌不忙地回話說：「項羽，你跟我當年同在懷王駕前稱臣，約為兄弟。既然如此，我爹就是你爹。你要是非要把你爹煮了，請分我一杯肉羹嘗嘗鮮！」劉邦一番話出口，項羽氣個倒仰。

如此這般反覆互相罵陣，終於都覺得再耗下去不是辦法，於是劉、項倆人決定進行面談。

廣武澗兩岸，劉邦與項羽隔澗相望。項羽渴望與劉邦打一場，可劉邦深知自己本事，只是哈哈一笑，喝罵項羽十大罪狀。項羽暴跳如雷，當即命令潛伏的弩手放冷箭，正射中劉邦的胸口！劉邦趁項羽尚未發覺自己哪裡中箭，連忙倒地，抱著腳大叫。隨後，重傷的劉邦在眾人的保護下逃回營中。而後強忍傷痛，出來慰問將士。

西元前二〇三年，漢高祖四年夏天，劉邦立英布為淮南王，又得到了北方北貉部落（曾活動於今吉林省東部一帶）及燕王臧荼援助的騎軍兵。齊國田橫在田廣被韓信殺死後，收集殘軍投奔了彭越，也算得上是劉邦的自己人。此時的九州大地，項羽的勢力已經極為弱小。漢軍兵多糧足，項羽兵疲糧盡。天下大勢已經逐漸清晰了。

但是，項羽是決不屈從於大勢之人。他以鋼鐵意志及霸氣震懾著天下，堅決不肯俯首稱臣。劉邦覺得自己不能再繼續耗下去了，派陸賈面見項羽議和，並要求接回家眷。項羽本來不肯服輸，不同意講和，執意要打個輸贏出來。然而，就在他拒絕和談之後，彭越和韓信因為得到劉邦封賞，服從了劉邦的調遣，大軍出動了。彭越軍負責切斷楚國糧道，齊軍則西進，逼迫楚軍。在這種極度不利的態勢下，當劉邦的議和使者侯公到來後，項羽讓步了。

漢高祖四年九月，在陰沉的氣氛中，項羽和侯公簽訂了盟約：以鴻溝為界，鴻溝以西是劉邦的地盤；鴻溝以東全歸項羽；兩國就此罷兵，永不交戰。

【知識連結】

鴻溝又稱洪溝，是中國古代最早溝通黃河和淮河的人工運河，流經今天的河南省開封市西南，在滎陽縣東北注入黃河，今已枯竭。當年的鴻溝，號稱楚河漢界，最終演化為今日中國象棋棋盤上紅黑雙方的一條分界。

四面楚歌，霸王別姬

盟約訂立之後，項羽率先撤兵東還。劉邦本也開始安排撤軍，卻被張良和陳平勸止，微言大義的說天下苦戰久矣，大王應當為天下趁機結束這場浩劫，追擊項羽。劉邦本也非善男信女，在巨大誘惑面前，自是同意了張良和陳平的建議。

漢高祖四年的十月，劉邦率領二十多萬大軍追殺項羽。同時，劉邦向韓信和彭越發出命令，讓他們發傾國之兵趕到固陵與他會師，合擊項羽。

劉邦帶著興奮和忐忑的心情打到固陵時，卻發現韓信和彭越並沒有趕來！得知劉邦背約而來，項羽更是怒率十萬楚軍悍然出動，向漢軍發起猛攻，斬漢軍兩萬餘人。劉邦被打得狼狽逃竄，幸得張良及時覲見，分析韓、彭不來實為想要劉邦對其允以好處。劉邦忙依張良之計而行，給彭、韓二人劃郡封王。韓信和彭越果然大為滿意，忙不迭地率大軍前來援助。

在劉邦的部署下，齊王韓信率齊軍南下，佔領楚都彭城和今天蘇北、皖北、豫東等廣大地區，兵鋒直指楚軍側背，自東向西夾擊項羽；彭越率數萬梁軍先南下，然後西進，於劉邦軍共同逼迫楚軍；淮南王英布、劉賈、周殷率軍數萬自淮北出發，從西南方發動對楚地的進攻，先克壽春，再攻下城父；劉邦率本部人馬二十餘萬，出固陵，由西向東進逼。五路大軍、近七十萬之眾，由軍神韓帥居中調度，從西、北、西南、東北四面形成了對楚軍的合圍楚軍。面對這種不利局面，西楚霸王項羽被迫向垓下後撤。

漢高祖四年十二月，在垓下這個高崗絕岩之地，項羽第一次嘗到了被圍困的滋味。

夜深了，清冷的夜色中，兩軍營內的篝火與天上的繁星呼應，點點閃耀。正在這時，漢軍營裡傳來了楚歌聲。項羽也被楚歌聲驚醒了。他拄床而聽，心情惆悵，望著身邊美麗的虞姬項羽長歎一聲，拔劍而起，慷慨悲歌：

力拔山兮氣蓋世，時不利兮騅不逝。騅不逝兮可奈何，虞兮虞兮奈若何！

虞姬倚在項羽身邊，輕輕地和著：漢兵已略地，四方楚歌聲。大王意氣盡，賤妾何聊生。

歌罷，拿過項羽的寶劍，為心愛的男人最後一舞，然後橫劍自刎，獨留項羽站在獵獵風中，猶自心痛。

深夜，不甘心的項羽做了最後的嘗試，帶著八百騎兵，銜枚突圍，終於在聯軍的包圍圈上撕開了一條口子，向南遁去。無奈在逃到陰陵時，在空曠的田野中迷路了。兩條路，一左一右，不知哪條路通往江東？只能賭，可惜賭輸了，當他疾馳到路的盡頭時才發現，前方是一片不可穿越的大澤。項羽急忙折身返回，正好與緊追其後的灌嬰等遭遇。幾十萬人的重圍項羽尚能逃出來，又何懼這區區五千人？項羽再次殺出來，轉而向東，抵達東城（安徽省定遠縣東南二十五公里處）時，身邊只剩下二十八名勇士。而後又在這二十八人的掩護下，項羽一直逃到長江邊的烏江。渡過長江，就是項羽的巢穴——江東。此時只剩項羽一人，二十八名勇士皆已戰死。忠於項羽的烏江亭長正泊船而待。他急忙對項羽說：「大王，這一帶就唯有我這一條船。請大王隨我快快渡江。漢軍沒有船，追不上來！」

項羽望著烏江亭長，開心地、悲愴地，笑了。走投無路之時，仍然有如此忠心的人在想著他、念著他，如何不開心？八千子弟追隨項羽打過長江，如今無一人生還，如何不悲愴？項羽對烏江亭長說：「天都要亡，渡江又有什麼用？先前江東子弟八千人跟隨我出來打天下，如今只有我一人苟活而還，我又有什麼臉面見到父老鄉親們？算了，我不回去了。這匹烏騅馬，日行千里，隨著我縱橫天下。我實在捨不得叫牠跟我一起死，就把牠託付送給你吧！」把馬硬塞給烏江亭長，項羽步行，回頭迎戰追兵，又斬殺數百人，身受創傷十餘處。這時，項羽在追兵之中看見騎司馬呂馬童。項羽與呂馬童少年時相識，算是故人。因此，項羽對呂馬童說：「我聽說劉季懸賞千金、賜食邑萬戶，要我的人頭。反正我要死了，不如把這好處送給你吧！」

說完，項羽橫劍自刎，死在當場。最後，郎中騎王翳、郎中騎楊喜、騎司馬呂馬童、郎中呂勝、郎中楊武各得了項羽屍體的一部分，得到了劉邦的賞賜。

項羽自殺後，西楚全部投降，唯獨魯國，因為項羽當年被懷王封為魯公，秉承孔孟之道的忠君思想，堅決不肯投降。劉邦本欲屠城，但感念魯人的守禮義、為主死節，最終赦免魯人。魯人也在見到項羽的屍體後放棄了最後的抵抗。劉邦最後封項伯為侯，賜其姓劉，又把項羽葬在了魯國的谷城（今天的山東省平陰縣西南東城鎮），並且親自主持祭禮，放聲痛哭。這一哭，並非全是虛偽，也有對那一段兄弟情義的哀悼。

西元前二〇二年，二月三日，劉邦在汜水北岸築壇登基，給自己改名為劉邦，稱皇帝，暫時定都洛陽；呂雉為皇后；太子劉盈為皇太子；劉邦已故的母親被追諡為昭靈夫人。

西漢王朝，從此正式拉開了帷幕。

【知識連結】

西元前二〇二年二月二十八日，劉邦稱皇帝，國號漢，史稱西漢，劉邦即漢太祖高皇帝。西漢，自西元前二〇二年起，至西元九年，歷時二百一十一年，國都長安，共有十四帝，與東漢合稱漢朝。是我國古代自秦朝之後的又一大一統封建王朝。西元九年一月十日，王莽自立為皇帝，改國號為新，西漢滅亡。

第三章：打江山難，坐江山更難

天下打下了，怎麼坐的好，坐的舒服成了劉邦當下頭疼的問題。陪著自己打江山的兄弟們幾杯酒下肚就沒有個規矩。西北烽煙突起，匈奴來犯，讓劉邦的皇位看起來搖搖欲墜。看著握在手中的江山，戎馬一生的劉邦究竟會怎樣應對呢？

「漢家儒宗」叔孫通

武能定天下，文可治國安，而文在很大程度上都要歸於禮。

禮對中國古代社會極其重要，它是人們行為規範的總和。禮有安邦定國的作用，古書上都這麼說：「禮起於何也？曰：人生而有欲。欲而不得則不能無求。求而無度量分界則不能不爭。爭則亂，亂則窮。先王惡其亂也，故制禮儀以分之，以養人之欲，給人之求。」——《禮論》

禮是儒家的根本，儒生也以實現國家按禮運行為首要重任。孔子生遭亂世，說世亂國裂皆因禮崩樂壞，四處遊說，一心復禮，然而卻沒成功。叔孫通同樣遭逢亂世，同樣一生顛沛流離；可是他不口呼復禮，最終卻實現了孔子所不能實現的夢想，成為「漢家儒宗」。《史記》載，叔孫通希世度務，制禮進退，與時變化，卒為漢家儒宗。

為何孔子這位萬世師表沒成功，叔孫通這位歷史名譽不尊的人卻成功了？這其間究竟有何巧黠？史書說叔孫通是位知通達變的人，恐怕這就是他的成功秘訣所在。

劉邦初登大寶，位居九五，可是內憂外患此起彼伏。冒頓單于兵臨晉陽城，確實是一大外患。然而，朝中文臣與武將的分歧也是一件令人頭疼的尷尬事。武將策馬奔騰，征戰四方，勇冠當時，極為驕霸；文臣沒有斬將之功，但心繫朝臣禮儀，對大大咧咧的武將頗感不滿。

這一日，劉邦又大宴群臣。起初諸將恭敬有禮，開口閉口都是皇帝來皇帝去的，劉邦心裡也痛快。可是，兩杯酒下肚，諸將就滿口粗話，與市井流氓無異。再多喝幾杯，諸將就殺豬般嚎叫，踩在板凳上、蹲在桌子上劃拳，甚至拔劍擊桌，高唱黃色小曲。有幾位不識輕重好歹的，竟然攀上劉邦的龍椅，對劉邦拉拉扯扯，盡說劉邦過去的醜事。當此情境，劉邦的臉色可是越來越凝重，思前想後，一顆心煩亂難寧。

劉邦環視一圈，只見一位峨冠博帶的儒生正正地看著自己；再一看，劉邦驀地一驚，只見諸文臣都規規矩矩，頗有為臣風範。

這位儒生姓叔孫名通，諸武將都討厭他圓滑不忠，唯獨劉邦對他倒還喜愛。叔孫通是魯國薛縣人，魯國是孔子的故鄉，叔孫通又是儒生，禮儀之事是他的看家本領；再說他是秦朝的待詔博士，用今天的話講就是候補博士，有禮儀經驗。這位叔孫通有才，更有觀察別人臉色、揣摩他人心思的本領，在秦二世朝為官時就以此而為人所知。

適時陳勝、吳廣起義。朝堂上秦二世問諸儒生：「諸位，你們說說，這陳勝、吳廣大鬧，究竟是怎麼回事？」三十多位儒生異口同聲地說：「他們這是造反，皇上快派兵鎮壓。」

叔孫通一見秦二世臉色，急忙說：「聖上，始皇帝統一六國後，天下都是一家了，兵器早就毀了。再說，有像你這麼賢明的聖上，人人守法，那裡有什麼反賊。陳勝等人不過盜雞偷狗之人，只是勢力大了一點點，交給縣令處理就得了，何勞你費心。」那些不知變通的人，仍堅持反賊之說，全都被斬了；附和叔孫通之說的人都有賞。

叔孫通回到家，諸儒生就問：「你為什麼曲意阿諛奉承？」

「你們還不知道嗎？我差一點逃不出虎口了！」話剛說完，叔孫通就逃了。他逃到薛縣，跟隨項梁；項梁兵敗，又跟隨楚懷王；楚懷王去長沙，留下侍奉項羽；之後在彭城投降劉邦，投降劉邦後就沒變換過主人。這麼一來二去，叔孫通大小通吃，一共跟隨過將近十位主人，他這知權通變也就可想而知。

起初，叔孫通穿儒服，劉邦很恨，於是他就改穿短衣裳，與劉邦一樣，劉邦很高興，封他做博士，賜號稷嗣君。叔孫通沒帶他學生一起歸降，學生們都有點怨憤之意，責怪叔孫通不推薦他們入朝為官。叔孫通卻告訴他們少安勿躁，遲早有一天他會想辦法讓這些學生發跡。

後來叔孫通果然向劉邦推薦了他的學生，並建議劉邦大興禮儀，以禮安天下。但劉邦卻覺得秦朝那一套禮儀過於麻煩，他才將之廢掉，若是叔孫通的禮儀也是一套一套，不如不用。

但叔孫通卻道：「禮儀全是因世事之情況而制定，因此三皇五帝都有不同的禮儀，夏、商和周三朝的禮儀也是在此基礎上經過損益而得。你放心，我的不繁複，只採取歷朝歷代的精華，全都會符合皇帝你的心意。」

於是，叔孫通帶領他的弟子在城郊整日演習禮儀，一個多月後，他請劉邦觀賞。劉邦試演了一遍，覺得不錯，就下令群臣學習。

大漢七年，也就是西元前二〇〇年，十月，大漢的朝臣都在長樂宮，一起表演了今後延續不衰的朝禮，那規模、那排場、那氣勢，確實非同小可。

天剛亮，執禮官就引領車騎、戍卒、衛官次第而入，排禮兵，插旌旗。一聲「趨」（碎步疾走），大殿中登時站滿幾百人，人人肅靜，部隊整齊。諸將列在西方，面向東；文臣站東方，面向西。劉邦乘帝輦而出，傳警聲大作，諸官員按級別次第朝賀。朝拜完畢，群臣歸坐，又依次向皇帝敬酒。喝過九行，禮才完畢。從朝拜到敬酒，沒一人敢高聲喧嘩，甚至大氣都不敢出一口。劉邦極是滿意，威嚴地說：「我直到今天，才知道做皇帝的顯貴。」隨即便升叔孫通為通常侍，賞賜黃金五百斤。

叔孫通說：「我的學生跟隨我已經很久了，他們跟我一起演練禮儀，盼望皇上也給他們個官兒。」劉邦任命叔孫通的學生為郎中。叔孫通將皇帝賞賜的黃金全分給他的學生。他的學生很高興，都說叔孫通是當世聖人，最能知道天下事物。

司馬遷曾言：「千金之裘，非一狐之腋也；台榭之榱，非一木之枝也；三代之際，非一士之智也。」言下是說叔孫通對漢室有大功。叔孫通雖然事主眾多，言行狡獪，但這「漢家儒宗」的地位還是被歷史確定的。

【知識連結】

叔孫通（？—約前一九四年），又名叔孫何，舊魯地薛人。西漢初期儒家學家。漢高祖命其制訂漢朝的宮廷禮儀，先後出任過太常及太子太傅。後世對叔孫通的作為亦有不同看法。司馬遷稱讚叔孫通因時而變，為大義而不拘小節，稱叔孫通為「漢家儒宗」。司馬光則指責叔孫通制訂禮樂只為逞一時之功，結果使古禮失傳；又認為他對漢惠帝建原廟的建議是教導漢惠帝文過飾非。

驚心動魄白登山

韓王信是漢朝大將，勇不可當，為漢室立下不少汗馬功勞。劉邦登基後，分封韓王信一塊強兵勁旅之地，那就是太原，讓韓王信督軍晉陽城，防杜匈奴侵犯。韓王信到晉陽後上書，匈奴屢犯邊境，晉陽離邊界太遠，請求布軍於馬邑，劉邦全部允可。然而，剛到秋天，冒頓傾巢而下，三十萬大軍將韓王信團團圍住，韓王信一面派人向冒頓求和，一面發書向劉邦告急。

漢朝也發兵救急，但懷疑韓王信圖謀不軌，劉邦給韓王信一封書信，責備說你如果貪生怕死就不勇猛，就不能勝任大將之職；區區匈奴，難道可以圍困你？韓王信接到書信後，思前想後害怕被誅殺，約同冒頓攻打劉邦，讓馬邑給匈奴，兩軍合力攻取太原，兵犯晉陽城。

大漢七年冬天，也就是叔孫通排演朝禮完畢，劉邦享受到為帝之貴後，御駕親征。銅鞮一役，首戰告捷，斬韓王信部將王喜。銅鞮是通往晉陽城的關隘，銅鞮一破，漢軍洶湧而來，韓王信知道晉陽難守，當即逃往匈奴。

就在劉邦乘勝追擊之時，突然殺出一支軍馬，那軍馬打的旗號卻是趙王。原來韓王信敗北，其部屬曼丘臣和王黃等集結韓王信的散兵敗將，擁趙國後裔趙利為趙王，聯合匈奴、韓王信反擊劉邦。一波未平，一波又起，為守護大漢山河，劉邦非累死不可。

敗軍潰散，劉邦一鼓作氣，大驅軍馬，追亡逐北，直殺到樓煩；此時天大寒，中原士兵有兩三成人被凍掉手指，異常酷烈。雖然天寒地凍，晉陽因無大將據守，劉邦一鼓攻取。劉邦聽說韓王信已經逃到匈奴，十分憤怒，前前後後一共派了十多位使者前往匈奴探聽虛實。使者都回報說，匈奴人羸弱，匈奴軍疲弱，匈奴的羊馬瘦弱，要打贏匈奴不難。

劉邦謹慎，再派婁敬前往匈奴查探。風雪漫天，雪積阻路，異常難行，劉邦久等婁敬，毫無音訊，下令進軍。婁敬頂風冒雪，快步奔回，在半道遇上前進的劉邦大軍，劉邦問匈奴軍事實力如何。婁敬所見與其他使者看到的一樣，但卻說出不一樣的話。婁敬說：「大凡兩軍相交，彼此總是要讓對方看到自己的強處。我去匈奴，只見弱民、疲軍、瘦馬，冒頓這樣做，一定是想讓我們以為匈奴勢弱，他可能早已伏下精銳之師。我認為不可輕易對匈奴用軍。」

然而此時劉邦已然發兵，三十多萬大軍全在路上，聽到婁敬那使人喪氣的話後，劉邦大發流氓脾氣，厲聲大罵他一對，遂驅軍前進，囚婁敬於廣武，也就是句注山下。

冒頓見漢軍勢大，一時難以抵禦，於是領兵撤退。漢軍見冒頓兵撤，大舉追擊，勢如平原跑馬，非常高興。漢軍一路追擊，所遇全是老弱病殘，畏懼之心大去，劉邦命三十多萬大軍全力追擊。三十多萬大軍，雖然迎風冒雪，但毫無阻礙，如入無人之境，大踏步而行，毫不戒備。劉邦領著隨行部隊，輕輕鬆鬆地，比步兵先到平城。劉邦剛到平城，領兵視察白登，當即被冒頓派精銳騎兵圍困於白登，七日七夜衣食難繼。

劉邦身陷白登，只見四野全是匈奴軍。匈奴騎兵很彪悍，西方一隊，全是白衣白馬，十分威武；東方一隊，全是青衣青馬，肅然駭人；北方一隊，全是黑衣黑馬，雄壯無比；南方一隊，全是紅衣赤馬，挺首昂然。劉邦心下暗悔，懊喪難言，急欲尋思脫身之計。

「陳平，我軍被困，而大軍未至，武力是行不通的，平日你計謀最多，說說該怎麼辦？」陳平是漢家謀士，劉邦很仰仗他的計策。

「我也知道匈奴勢大，但絕沒想到如此之大，還加上那萬夫不敵的韓信。唯今之計，只有如此如此，此招雖是險招，但除此別無他法。否則我們再多困幾日，就算不被打死，也將餓死。」

陳平究竟對劉邦說了什麼妙計，司馬遷和班固亦沒有記載，後人就更不知了。據史書記載，陳平又使離間計，派巧舌如簧的使者，以厚禮卑辭遊說冒頓的妻子閼氏。這閼氏立刻就對冒頓說：

「你是賢主，白手起家；劉邦也是，甚至起家時吃的苦比你還多。既然同是賢主，又何必互相為難呢？該當英雄惜英雄，好漢愛好漢！再說，依我看，就算你佔據了漢人的土地，也守不住，你沒注意到韓王信嗎？他可是志向不小。這些天我見白登山上，整日雲纏霧繞，似有仙氣，我怕那劉邦是神人之子。如果他真的有神，我們匈奴可得罪不起！」

這幾天白登山濃霧密集，能見度極低，致使冒頓弄不清劉邦的虛實，不敢貿然發兵攻打，閼氏這麼一說，冒頓還真有點疑心。冒頓本已和王黃等人說好，冒頓以疲兵弱將引誘劉邦入伏，待冒頓困住劉邦，王黃等即刻發兵夾攻劉邦。可是冒頓的消息發出幾日，眼見約期已過，仍不見王黃等人身影。冒頓疑雲大起，害怕王黃等背約降漢，自己反遭其害。於是當機立斷，命兵將讓開一個小角，想看看劉邦虛實。

隆冬天氣，大霧彌漫，久久不散。冒頓這一小角剛移動，陳平忙命兵將彎弓搭箭，緊緊簇擁劉邦逃亡。眾弓箭手前後左右，弓拉得滿滿，每人手上都多上一支箭，心神專一，大氣都不敢多出一口。劉邦剛逃出冒頓的包圍，命夏侯嬰即刻駕車奔逃，片刻間安全逃離白登，平安躲入平城。

劉邦進入平城，大漢步軍三十餘萬也洶洶湧湧地集聚城下。冒頓見漢軍勢大，而自己苦心經營的計謀已然落空，如果硬戰，傷亡必大，因而引軍後退。劉邦經白登之圍，驚懼猶在，知道冒頓絕非善類，也下令班師回朝。劉邦被困白登，為大漢留下恥辱，匈奴漸漸驕橫，不將漢軍放在眼裡。

【知識連結】

韓信（？—前一九六年），故韓襄王孽孫也，為避免與同時期同名的淮陰侯韓信混淆，史書上多稱其為韓王信。及項梁之立楚後懷王也，燕、齊、趙、魏皆已前王，唯韓無有後，故立韓諸公子橫陽君成為韓王，欲以撫定韓故地。項梁敗死定陶，成奔懷王。沛公引兵擊陽城，使張良以韓司徒降下韓故地，得信，以為韓將，將其兵從沛公入武關。

和親，宮女變公主

自劉邦經白登之辱，當即由平城班師，留下劉仲（劉喜）和樊噲守禦代郡，封劉仲為代王，樊噲為將輔助劉仲。樊噲勇不可當，是猛將；劉仲一沒本事，二沒膽子，只會逃跑，是個草包。

十二月，匈奴大軍再次席地而來，一舉攻取代郡。匈奴軍至，劉仲竟然不請救兵，私自棄城，徑直逃回洛陽。代郡之役，不戰而敗，委實可恥。劉邦貶劉仲為郃陽侯，改封愛子劉如意為代王。劉邦自平城班師，心情既沮喪又鬱悶，經過趙王張敖的封地，罵得張敖狗血淋頭。張敖是劉邦的女婿，對劉邦極是有禮，可不知什麼原因，劉邦見張敖一次大罵一次，彷彿張敖是他的前世冤家。劉邦的破口大罵令張敖的部屬看不過去，但又不好說什麼。張敖既然無能，遇見這樣的岳父，只能怪自己命不好。

這次劉邦的大罵令張敖頭都抬不起來，張敖是張耳的兒子，他父親留下的部將勇猛彪悍，忠肝義膽，見主人受此羞辱，深感愧疚，便尋思報復。罵完就痛快了的劉邦忙於絞殺韓信部下叛軍，沒將張敖部下的事情放在心上，但這件主不言而臣憤的事差一點要了劉邦的命。

劉邦班師回朝後，忙於追殺韓信的舊部殘餘，沒理會匈奴。擊殺韓信殘部後，劉邦回到洛陽，洛陽雖然是天下大富，但劉邦仍舊被匈奴之恨所折磨。劉仲無能，代郡之失更令劉邦不悅。

面對如此難解的局面，劉邦想起了婁敬，想起自己就是因為不聽婁敬的話，因而遺留白登之恥在青史上。於是問婁敬該如何對付匈奴。婁敬想說，但又有點害怕；劉邦動問再三，婁敬才戰戰兢兢地說：「現在天下才剛剛安定下來，生產未復，兵將也受戰爭的疲累，對這天下是不能再用武力了。冒頓那廝，弒父殺君，炫耀武力，自立為王，還娶自己的後母們為妻妾，無恥至極，這種人，用仁義絕對說服不了。為今之計，我想只可以從長遠打算，讓匈奴子孫向我大漢子孫俯首稱臣。然而，這個辦法，恐怕皇上你不願意。」

「如果真的有用，朕有什麼不能做的。你這個辦法究竟是什麼，要朕怎麼做？」

「只要皇上能夠讓嫡長公主下嫁匈奴單于，贈送豐厚大禮，匈奴這等蠻族必然仰慕我漢室威儀，使長公主為閼氏。長公主為閼氏，她生下的孩子就是太子。單于死後，太子就繼承單于之位。再說，匈奴之地蠻荒得緊，他們一定貪戀我們送去的禮物，捨不得拒絕。皇上每年送他們一點點禮物，讓巧舌之士從中遊說，匈奴人蠢笨得緊，一聽就信。當此情境，如果冒頓還活，他是你的女婿；如果冒頓死，你的外孫是單于。難道你聽說過外孫與外公分庭抗禮的事嗎？我勸你還是不要再與匈奴打了，再打下去損失難計呀！然而，和親之計雖然有效，如果你嫁的不是長公主，而是用宗室、後宮，甚至平常百姓家的女兒，匈奴人知道他們娶的不是貴人，此計就無用了。」

「好，此計真妙，從此我大漢無憂也！」項羽追擊，劉邦為了性命，連長子劉盈都可以不要，現在丟棄一個女兒在劉邦心裡算不上什麼。

其實婁敬的和親只是權宜之計，他的根本大計在漢室的後世子孫身上。婁敬的提議是好的，但在施行過程中出了問題，就像中央的政策好，但官員在層級執行過程中，總將中央的政策弄得面目全非。

魯元公主是長公主，早已嫁人，所嫁之人正是張敖。劉邦從沒正眼看過張敖，對張敖，心情好時不理不睬，心情不好就大罵特罵。對劉邦而言，張敖活著礙眼，死了也算不了什麼。有此良機，張敖只能倒楣，就算不願意也要順了劉邦的意思。

劉邦將欲遠嫁長公主之事告訴呂雉，呂雉又氣又急，又哭又鬧，最後堅毅地說：「我只有一個兒子，一個女兒，你為什麼就要把我的女兒遠嫁匈奴，你這不是拋棄她嗎？」

劉邦跟呂雉說了一大通，呂雉說死說活，就是不答應讓長公主遠嫁匈奴。呂雉堅毅剛烈，鬧起脾氣來，劉邦也束手無策。別無他計，劉邦只得秘密另找一位女子冒充長公主遠嫁匈奴。而這護送假長公主遠赴匈奴之人，就是出此計謀的婁敬。理想是美好的，現實是殘酷的，從美夢中起身，婁敬帶上假公主遠赴匈奴和親。

和親後，漢朝與匈奴誓約為昆仲兄弟，雙方各安其所，互不侵犯；漢朝以宗室公主遠嫁匈奴單于為閼氏，並贈送豐厚的絮繒酒食等物品。漢朝人多物富，送人就如送泥巴，送物就如送石頭，朝廷絕不吝惜。和親也確實為漢朝帶來了間斷性的、短暫的安寧。

婁敬護送長公主和親歸來，對劉邦說：「匈奴、白羊和樓煩等族離長安很近，只有七百里，輕裝騎兵一天一夜就能到達。關中受戰爭破損，人口少，土地肥沃；現在你雖然身居關中，但人口很少，難以發展，應該充實。當初諸侯四起時，有田姓家族、楚國的昭、屈、景三族等豪強富戶，他們勢力大，應該控制住。還有，長安北近匈奴，東有過去的六國強族，一旦天下變動，家族聯合作亂，皇上你將坐不安席，臥難安寢。微臣建議，將田姓、楚國、燕國、趙國、韓國和魏國等王族後裔和豪門富戶全部遷往關中。天下無事，他們可以作為抵禦匈奴的力量；如果有變，皇上也有兵東征。這一招，叫做強本抑末。」劉邦當即採納，移民十萬充實關中。

【知識連結】

縱觀中國歷史，和親是一種經常發生的現象。據史書記載，早在周襄王（西元前六五一年—六一九年）時期，襄王欲伐鄭，故娶狄女為王后，與戎狄兵共伐鄭。這是歷史上較早出現的和親事件，此後漢唐直至明清，和親之舉不絕於書。

商山四皓為太子保駕護航

異姓王張敖因為臣下謀反之事被貶為宣平侯，趙王的位子就該換成劉姓子弟來做了。誰得了趙王的封號呢？是劉邦的寵子，劉盈的弟弟，劉如意。

雖然是庶出，但劉如意有位既年輕漂亮又妖媚的媽媽——戚姬。戚姬是定陶大美人，他在劉邦心目中的地位僅次於呂后，也許都比呂后還高。作為女人，戚姬擁有一個女人、尤其是皇帝的寵姬所擁有的一切本領，然而若論心計、智謀和歷練那都是無法和呂后比肩的。不過作為妃子，劉邦的寵愛比什麼都重要，劉如意被封為趙王，就是因為她受劉邦的寵愛。

西元前一九七年七月，太上皇劉太公死了，戚姬整日哭成了個淚人兒，趁此機會讓劉邦立劉如意為太子。劉邦見戚姬悽楚可憐的模樣就動了心，想到劉盈懦弱無能，不如劉如意，就決定廢劉盈立劉如意。劉邦剛說想另立太子，大臣們各執一詞，爭論不休，見大臣多偏護劉盈，劉邦不敢貿然廢除劉盈，但立劉如意的主意已經打定了，只等時機到來。朝臣爭執不下時，殺出一位雖不能言、但是敢言的大臣——御史大夫周昌。

周昌是劉邦的同鄉，做過秦朝的卒吏。他說話口吃，但是不怕死，想說什麼就敢說什麼。一次周昌在劉邦閒暇時進宮奏事，正好撞上劉邦抱住戚姬調情；周昌惱怒，掉頭就走。劉邦將他追回來，伸手摸著他的脖頸，問：「你說我是什麼樣的皇帝？」周昌抬起頭，嚴正地說：「你就是夏桀和商紂一樣的皇帝。」劉邦無言相對，只是笑了笑，內心從此卻忌憚周昌。

聽說劉邦要廢劉盈，周昌大怒，質問式地說：「我話說不好，但是這……件……事……就是……就是……不行……如果……如果……皇帝……你……要廢……太子……太子……我……我……就不聽……你的召喚。」劉邦聽後，笑了笑，說不廢劉盈。廢太子之事就此告一段落。

當時在隔壁聽到周昌說話的呂雉跑出來，跪在周昌面前，說：「要是沒有你，太子就被廢了！」呂雉如此剛毅的人，做出如此行為，可見劉盈的太子之位對她多麼重要，同時也可以看出此時的她十分無助。周昌幾句話只是暫時保住劉盈的太子之位，呂雉也對他感恩戴德。

廢太子的事擱淺了，戚姬的願望落空了不說，她也為自己和兒子捏把汗。儘管劉如意是趙王，可是他年紀小，自己做母親的又沒勢力，呂雉並非善類，而朝中大臣又幫呂雉母子，這周昌就是典型例子。身在皇宮，一旦扯入權力鬥爭，倘若不成功，必然被害。為了趙王和自己的安全，必須找位厲害之人保護，戚姬很犯愁，找誰呢？

劉邦也知道劉如意才十歲，擔心一旦自己身死，呂雉一定不會放過劉如意母子，天天為尋思保全劉如意母子的計策愁眉難展，還時不時悲歌一曲。

跟項羽打仗的時候，劉邦能夠耍「無賴」，但他不能跟呂雉耍「無賴」，因為呂雉比他還「無賴」。上次，劉邦欲遠嫁魯元公主，就是因為執拗不過呂雉而失敗。無賴遇上無賴，那就不能耍無賴了。

符璽御史趙堯見劉邦心憂，知道升遷的機會來了，就對劉備說：「皇上你不高興，是不是因為趙王年幼，然而戚姬與皇后矛盾深，擔心一旦自己駕崩後，沒人保全趙王？」劉邦說：「確實如此，就是不知道該怎麼辦。」

「這就簡單了，只要皇帝你在趙王身邊安排一位讓皇后、太子和大臣們又敬又怕的相國輔助就行了。」

「我也這麼想，可是大臣中誰適合呢？」

「依我看，只有御史大夫周昌能勝任，此人耿直敢言，呂后、太子和大臣無不對他又敬又懼。」趙堯盤算著，只要擠走周昌，趙堯就能接任御史大夫一職。既為皇上解憂，自己又能升遷，真是天下少有的美事。聽了趙堯一番話，劉邦覺得很有道理。

於是，劉邦對周昌說；「我想麻煩你幫個忙，你就去趙國做相國輔助趙王吧！」周昌耿直敢言，劉邦都敬他七分，懼他三分，其他人自然是懼他七分，敬他三分。只要有周昌在，戚姬母子可保住性命。

周昌一聽，流著淚說：「我一開始就跟隨皇上你，皇上為什麼在半道卻將我拋給諸侯？」讓耿直敢言之人流淚，是天下一大難事。周昌流淚，可見對劉邦忠心無二。

「我知道，這樣做你的級別就降了，對不住你。可是我真的很憂心趙國，擔心趙王被人謀害，除你外沒有其他人選，你就委屈委屈吧！」

聽到劉邦肺腑之言的周昌只好同意，最後接替他職位的正是趙堯。當初別人說接替周昌的將是趙堯，周昌聽了後大怒，說趙堯一點都不夠格。然而，趙堯只在劉邦面前美言幾句，周昌就提前走人；更沒想到，周昌走後，趙堯順利說服劉邦，接任周昌。有的事，不能只靠實力，還要看能不能美言，趙堯就是能美言的人。趙堯使計調走周昌，呂雉頓時少了一隻胳膊，對趙堯記恨於心。

周昌一走，劉盈的保護傘丟了，呂雉當即愁上眉梢，無奈只得派呂澤去求已經閉關清修的張良出馬。張良自是不願參與皇帝家事，無奈呂澤耍賴強橫，只能給呂雉指條明路，去請劉邦欽佩，卻沒能招納的商山四皓，呂后果然將那四人聘請來了。這四人一來，奇謀屢出，讓劉盈平平安安地走過一切魔障。

【知識連結】

「商山四皓」，《史記・留侯世家》中記載的漢初商山的四個隱士，分別指東園公唐秉、夏黃公崔廣、綺里季吳實、甪里先生周術。是秦始皇時選設的七十名博士官中的四人，分別職掌：一曰通古今；二曰辨然否；三曰典教職。秦末後隱居於商山，後被呂雉請出山為太子劉盈保駕。也因此後人常用「商山四皓」來泛指有名望的隱士。

成也蕭何，敗也蕭何

劉如意升遷為趙王，劉邦就封劉恆為代王。如果說劉盈因不像劉邦而不受喜愛，劉恆更加不受劉邦喜愛。劉恆的母親薄姬默默無聞，不受劉邦寵愛。劉恆仁愛厚道，也同薄姬一樣默默無聞。皇宮裡有他母子就跟沒有一樣。劉恆年幼，陳豨暫代劉恆，前往代郡管理。陳豨是宛朐人，有勇無謀。這位陳豨平素敬服韓信，前往代國上任之前，不知還有沒有機會回長安，去向韓信辭別。

這些年來，韓信一直都說自己有病，上不了朝。韓信出此招，全因害怕劉邦忌妒他的才能，可是這樣一來，朝中對他的怨言更深。韓信恃才自傲，也不管朝臣怎麼看他。他稱病居家的這些日子，就只有兩人前來看望過他，第一位是樊噲，第二位就是陳豨。

曾經叱吒風雲、橫行天下的韓信，如今不得不稱病窩在家中，一無消遣玩樂，二沒知己拜訪，自然極為鬱悶難熬。想到知己，知己就到。正當韓信鬱悶苦痛之時，陳豨登門拜訪。

有朋自遠方來，不亦樂乎？陳豨一來，韓信當然高興。他拉著陳豨的手在庭院裡走了一圈又一圈。韓信一邊走一邊仰天悲歎，歎了又歎，最後說：「你來看我，但你是可以說真心話的人嗎？我有好多話想跟你說。」韓信如此坦誠，陳豨受寵若驚，馬上回答：「將軍發令，唯命是從。」

韓信是位將兵的天才，樊噲這樣威猛的人，娶了呂雉的妹妹後，對他尚且尊稱一聲大王，敬佩之情難表。韓信要告訴真心話，陳豨自然高興得不得了。

「你將要去的地方，那裡部署天下精兵，你又是皇上十分寵愛信任的人。第一次有人告你反叛，皇上一定不信；第二次再有人告，皇上才會懷疑；到第三次，皇上一定發怒，御駕親征。皇帝一走，我在關中起事，你在外接應，天下就是我們的了。」

對於韓信的能力，陳豨毫不懷疑，甚至就這一點而言，他相信韓信勝過相信自己。能跟這樣一位曠世大將幹大事，就算失敗也會失敗得轟轟烈烈，就算死也死得氣貫長虹。陳豨信服韓信，將命豁出去，準備大幹一場。

於是，到了代郡的陳豨馬上廣招賓客，大力培植勢力。陳豨仰慕古人風範，和門上賓客布衣論交，因此他門下賓客很多，官家房子都給住滿了；一進一出，都有幾千賓客相伴。陳豨一舉一動就牽扯幾千家臣，令人不禁害怕。

周昌見事不對，上書劉邦說陳豨的家臣太多了，又帶兵在外，要防範他造反。劉邦派人查陳豨家臣的履歷，發現他們大部分都有犯罪記錄。陳豨此時已經派人私下串通王黃和曼丘臣等人，預謀造反。造反還沒發動，皇帝已經知道資訊，韓信當即命王黃勸陳豨自立為代王，即刻攻打趙國，搶佔根據地。周昌既然耿直敢言，陳豨就該讓他吃吃告密的苦楚。

趙國住有劉邦的愛子劉如意和耿直敢言的周昌，劉邦大怒，命太子劉盈征討。

結果前來保護太子的商山四皓竭力反對，他們認為，如果太子帶兵征討會很危險，對呂澤說：「太子帶兵在外征討，對他繼承皇位沒多大益處；如果沒功，從此將留下話柄，妨礙接任皇位。況且讓年弱的太子和開國功臣同去，那些開國功臣可全部都是跟隨皇帝打天下的勇將，蠻橫得緊，讓太子帶領他們，不是驅羊入虎口嗎？那些老將，他們一定不肯聽太子調遣，打仗無兵將，必然無功。戚姬日日夜夜陪伴在皇帝身邊，趙王天天見到皇帝，皇上一定會動搖立趙王為太子的。你快快讓呂后趁戚姬不在時，向皇上哭訴，說『陳豨是天下猛將，善於用兵，現在太子帶領的將士都是你的故舊部屬，恐怕他們不聽調遣，如果陳豨聽說此事，他將一鼓作氣，向西攻進，直取長安。你雖然不舒服，但打起精神坐在車裡，躺著也有人照顧，你御駕親征，那些將領有誰敢不效死力。我知道這很辛苦，但為了我們母子，你就去吧！』」

劉邦也確實想藉太子出征一事，隨便找個碴子將劉盈廢了，另立劉如意為太子，可惜被商山四皓看透了，給呂雉出這一招，看來劉邦還得御駕親征。

呂雉向劉邦一哭，死纏活賴，果如四人所料，也如韓信所料，劉邦御駕親征。打天下的是我，守天下的還是我，劉邦好不氣悶。

西元前一九六年冬，劉邦親征陳豨，群臣送到霸上。劉邦出外親征，韓信裝病沒跟隨前往。劉邦剛走，韓信私下派人到陳豨處，又和家臣計畫如何假裝大赦罪犯和奴隸，趁機發兵攻打呂雉和太子，一舉奪取長安，稱霸天下。韓信將一切布置得妥當，只等陳豨消息。

「真是天助我也！」這是劉邦到了邯鄲之後的心情。他見陳豨不據守邯鄲卻駐防漳水，很高興，心想陳豨死期不遠了。韓信久等陳豨的消息不得，卻等來了一個叛徒。正當大事之際，韓信門下一位名叫欒說的舍人得罪韓信，被抓關起來，將要問斬。欒說有位弟弟，將韓信的密謀全部告訴呂雉。呂雉想直接招韓信進宮誅殺，又擔心劉邦不在，韓信拒不受詔令，於是招蕭何密謀。韓信稱病，強橫的呂雉都如此忌憚，可見韓信威勢懾人，既使人害怕，又令人敬服。

突然，宮中大傳，說劉邦回來了，陳豨已死，朝臣全體入朝拜賀。蕭何來見韓信，說：「你雖然身體不舒服，這麼大的喜事，還是要去賀賀，解解朝廷對你的疑心。」韓信消息不通，不知真假，藉此機會，欲往宮中探聽虛實。

所謂「成也蕭何，敗也蕭何」，韓信太過相信這位老朋友了，他剛一入朝，就有眾武士跳出來乾淨俐落地將他綁了，呂雉下令立刻斬首。劊子手手起刀落，韓信死在長樂宮的懸鐘室。

【知識連結】

韓信（約前二三一年—前一九六年），西漢開國功臣，因為淮陰人，漢朝建立時受封為齊王，中國歷史上傑出的軍事家，與張良，蕭何並稱為「漢初三傑」，是中國軍事思想史上「謀戰」派代表人物，被後人奉為「兵仙」、「戰神」，曾經先後為齊王、楚王，後貶為淮陰侯。為漢朝的天下立下赫赫功勞，但後來卻遭到劉邦的疑忌，所以從最初的親王、楚王，及至貶為淮陰侯，最後被安上謀反的罪名而遭處死。「國士無雙」、「功高無二，略不世出」是楚漢之時人們對其的評價。

異姓難一心，除之而後快

韓信一死，劉邦就對那些稱病的人大起疑心，認為他們躲起來的原因就是有密謀。如果沒有密謀，就不會見不得太陽，就不會整天稱病在家。這樣一想，劉邦就想到了彭越。

劉邦領兵攻打陳豨，在邯鄲就向梁王彭越徵兵。劉邦本意不是徵兵那麼簡單，而是想讓彭越領兵相助。彭越稱病，派部屬帶兵到邯鄲見劉邦。劉邦大怒，派人前去責難彭越。彭越很害怕，想親自去向劉邦謝罪。

彭越部下大將扈輒對彭越說：「你開始不去，待皇上責備後才去，這不是明擺著心裡有鬼嗎？你這一去，必然被抓，還不如起兵造反。」彭越不用扈輒之計，也不去見劉邦，仍舊稱病居家。

彭越繼續稱病，劉邦更覺得彭越可疑，苦在證據不足。正巧彭越的太僕犯事，逃到關中，告訴劉邦說彭越與扈輒想要造反。劉邦一聽，機會來了，馬上派人突擊逮捕彭越，並將彭越押到洛陽。廷尉審訊，確定彭越稱病的性質為意圖造反，去問劉邦該如何處置彭越。這是劉邦突生慈心，念在彭越以往的功勞，竟沒殺彭越，只貶為庶人，發配蜀地青衣。彭越是山東人，被發配四川，自然極是不願意，苦苦尋思挽救之法。

發配途中，彭越等向西走到鄭，恰好遇上呂雉從長安東去洛陽。病急亂投醫，彭越竟然去求呂雉，讓他回故鄉昌邑。呂雉對彭越說：「你放心吧，你的事我全都知道。你忠心耿耿，不像韓信，我一定在劉邦面前替你求情。」

呂雉也當真一回到洛陽就面見劉邦去了，只不是幫彭越求情，而是求死。呂雉對劉邦說：「彭越是壯士，你把他發配到蜀地，不是養虎遺患嗎？依我看，不如將他殺了。你放心，我會給你省事的，我連他的人都帶來了。」呂雉心狠，劉邦手辣，彭越當真被人賣了還誇人是好人呢。

彭越死後，頭被懸掛在洛陽城上，屍身剁成肉醬，每位諸侯都送一碗。正因這一碗人肉粥，又嚇得一名開國功臣造反。

唇亡齒寒。劉邦連誅兩位開國大將，眾諸侯無不心驚，功勞越高，越是心驚。在這些膽戰心驚的人中，英布最為害怕。聽到韓信被殺的消息，英布擔心下一個就是自己。到了劉邦殺彭越的時候，英布更加擔心下一個就是自己。殺了彭越後，劉邦沒單獨對付英布，但給英布送了碗人肉粥，這人肉，就是彭越的肉。

英布一見人肉粥，馬上召集部屬集合待命，下令隔壁縣郡警備。正值此時英布很寵愛的一位寵妾病了。給這位寵妾看病的醫生住在中大夫賁赫的對門，為盡人臣之禮，賁赫帶上禮物，前去看望，還在醫生家跟那位寵妾吃了頓飯。英布得知醋意大發，懷疑賁赫同他的寵妾通姦。猜忌成性的人往往把自己推入險地。賁赫聽說英布懷疑自己與寵妾通姦，非常害怕，裝病不見英布。英布聽說賁赫裝病，怒氣更盛，馬上派人捉拿賁赫。賁赫逃至長安，告英布謀反。

劉邦聽聞大怒，拿賁赫的信給蕭何看，蕭何說：「英布應該不會謀反，恐怕是仇家誣告。先將賁赫抓起來，再派人到英布那裡暗中查看。」英布早已經是草木皆兵，他知道賁赫到長安是想告發他，懷疑賁赫說出他封國境內的秘事，劉邦又派人來，這一切都驗證了他的猜想。英布當機立斷，殺了賁赫一家，起兵造反。

劉邦聽到英布起兵造反，立刻放了賁赫，封賁赫為將軍。

英布反了，派誰去鎮壓很是為難，劉邦老了，實在沒法事事親為。汝陰侯夏侯嬰適時舉薦自己的家臣薛公。

劉邦召見薛公，薛公對劉邦講，英布造反不是怪事，英布不過有三條路可選，不必憂心。第一條路，是上計，如果英布用上計，山東就不是劉邦的了；第二條路，是中計，如果英布用第二條計，劉邦與英布的勝敗存亡就說不定；第三條路，是下計，如果英布用第三計，劉邦就可以墊高枕頭睡大覺，不必擔心。

所謂上計、中計和下計又是指什麼？薛公一一詳細講解。

如果英布向東攻吳，向西取楚，再吞併齊國和魯國，然後將戰爭檄文傳遍燕國和趙國，以此鞏固他的地盤，山東就不再是劉邦的了；如果英布打下吳國和楚國，又攻下韓國和魏國，霸佔敖倉的糧食，以成皋之險要堅守，勝敗就很難說；如果英布向東取吳國，向西佔下蔡，將輜重安放在越國，準備跑去長沙，那劉邦就可以高枕而臥，英布的造反對大漢一點影響都沒有。

「但是，英布會用哪一計呢？」劉邦急切地問。

「下計。」

「上計那麼好，他為什麼不用上計，而用下計？」「英布是驪山的一個囚犯，現在雖然是萬乘之主，但他只會為眼前的切身利益打算，哪裡會想到身後之事，所以他一定行下計。」

劉邦聽後很高興，封薛公為千戶，親征英布。

「勇而無謀，只會狠打狠殺」，這是英布留給世人的印象。英布適合做前鋒大將，不適合做王侯，更不適合當軍師。

英布果如薛公所料首先攻取荊國，荊王劉賈逃跑，死在富陵。

一路西行的英布軍，與劉邦軍在蘄（今安徽宿遷縣東南）西相遇，在甀（今安徽宿縣南）地作戰。劉邦老遠遠地喊，問英布：「我們關係好好的，你要造反，這是何苦？」英布回答：「只是想當當皇帝。」

劉邦破口大罵，大驅軍馬掩殺，英布軍軍陣被破。英布軍渡淮河，漢軍乘勝追擊，英布軍被迫停下和劉邦的軍隊戰鬥好幾次，每次都是失利逃跑，最後英布帶領幾百人逃到長江以南。在茲鄉（今江西波陽縣西北）被番陽人殺死。

劉邦雖然破了英布的戰陣，大敗英布，但他也被流矢擊中。這次受傷原本沒什麼大礙，可是劉邦老了，身體不行，路上又顛簸，人又愛發脾氣，竟然遺留下喪命的隱患。

先哲說，凡拿劍者，必死於劍刃。大漢開國武將相繼被誅，劉邦也因征討而受傷，遺留喪命的隱患。韓信、彭越、英布等開國大將都死於兵刃，只是沒為同一目標而死。

【知識連結】

英布（？—西元前一九六年），漢族，六縣人，因受秦律被黥，又稱黥布。秦末漢初著名將領，與韓信、彭越並稱漢初三大名將。初屬項梁，後為霸王項羽帳下五大將之一，被封為九江王，後叛楚歸漢，被封為淮南王，前一九六年起兵反漢，事敗因為謀反罪被殺。

赤帝遺言預未來

沒有造反天賦的盧綰造反了，對劉邦的打擊很大，可以說劉邦是被盧綰活活氣死的。當然了，這與劉邦不會控制自己的脾氣，衣錦還鄉時飲食不規律也不是沒有關係。

劉邦被英布的流矢所傷，呂雉急忙派太醫前往。劉邦問太醫他的病能不能治好，太醫說能，劉邦突然破口大罵：「我是一介布衣，提三尺劍斬白蛇就打下這天下，這難道不是天命嗎？既然我命在天，就算扁鵲在世對我又有什麼益處。」

太醫受到劉邦的封賞，卻讓劉邦攆了出去。有病不醫，就只能病死。當一個人病入膏肓時，來了位太醫可以治病，他卻說要聽命於上天，難道太醫不是上天所遣嗎？凡夫俗子只想看見奇蹟，然而，如不身體力行，哪來奇蹟？

呂雉見劉邦不行了，忙問：「你死後，倘若蕭何也跟著去了，誰能夠代替蕭何？」劉邦說曹參可以。呂雉又問曹參之後誰能擔當大任，劉邦說王陵憨直，陳平有智，加上木訥的周勃，這三人定能保全漢室江山。呂雉再問，劉邦就不知道了。

實際上，這是劉邦留給呂雉的一大難題。這幫傢伙一個比一個難以對付。蕭何勤勤懇懇，對劉氏兢兢業業，堪稱模範。如果能收為己用，蕭何對呂雉的幫助不小。曹參是個表面糊塗，內裡精明的人，呂雉想掌權不能不考慮曹參的阻礙。王陵直腸直肚，必然阻礙呂雉掌權；周勃勇猛，唯陳平馬首是瞻；陳平看去平平淡淡，呂雉偏偏測不出他有多深。更為棘手的是，陳平和灌嬰領兵十萬駐守滎陽，樊噲和周勃領兵二十萬駐守燕代，呂雉稍有不慎，馬上人頭落地。

劉邦死了好幾天，呂雉也不發喪。呂雉想掌權，擔心陳平、灌嬰、周勃等大臣反對，苦思計策。見呂雉愁眉不展，寵臣審食其建議，說：「開國功臣同皇上一樣，都是平民百姓。打贏天下後，諸將身為臣子，心裡很不舒服。皇上死了，讓諸將服從新皇帝，只有一個辦法，將他們全斬了。」

膽小的審食其所求不過是大臣臣服於劉盈，呂雉的胃口卻更大，她要朝臣臣服於她。審食其說得對，只有誅殺大臣，才能保證權力順利過渡。只要誅殺大臣，就沒人敢說「非劉氏而王，必誅」之話。只要功臣全死，呂雉就能掌管天下，劉氏天下就變成呂氏天下。

皇帝駕崩的消息傳到酈商的耳朵裡。他看透呂雉的陰謀，恐嚇審食其，說：「我聽說皇上駕崩了，然而都四天了，你們還不發喪，是想先誅殺諸位開國大將嗎？如果你們真這麼做，大漢天下就危險了。陳平和灌嬰領兵十萬駐守滎陽，樊噲和周勃領兵二十萬駐守燕代，他們聽說皇上死後，自己就要被誅，一定會領兵反攻關中。如此，內有大臣叛變，外有諸將造反，你們就蹺著腳等死吧！」

酈商此話，如軍中擂鼓，驚醒夢中的呂雉。呂雉一心掌權，心有所欲，思慮被蔽，只覺得寵臣審食其說得很對。審食其說得對，但沒有可行性，如果貿然施行，必遭武將造反、文臣叛變的禍患。一旦大臣造反，呂雉掌權的黃粱美夢就破滅了。

呂雉尋思，只有先發喪，來個緩兵之計，以靜制動，先看看陳平、周勃和灌嬰等人的舉動。如果陳平和周勃等識相，呂雉和他們暫且相安無事，否則，一場大戰避不了。

二月十八日，呂雉發喪，大赦天下。

五月十七日，劉邦葬於長陵。劉盈繼位，時年十六歲。

史記記載，劉邦死後，群臣覺得「高祖起微細，撥亂世反之正，平定天下，為漢太祖，功最高」，尊稱為高皇帝。後世稱劉邦為漢高祖，稱劉盈為惠帝。

劉邦死後，呂雉就想找大臣的過錯，借機剷除，為掌權鋪平大道，陳平恰好撞在呂雉的刀口。

盧綰造反，劉邦病重，命樊噲帶軍征討。劉邦病得頭昏眼花，聽說樊噲是呂雉的黨羽，存心誅殺愛子劉如意、愛姬戚氏，當即怒從心上起，說：「樊噲見我病重，就想殺我的兒子，斬我的美人，我先將他殺了。」令陳平和周勃前去軍中斬殺樊噲。

曾經，在鴻門宴上，勇敢的樊噲救了劉邦一命。劉邦打天下時靠他，守天下時同樣靠他。劉邦平定各路王侯的叛亂，幾乎每次樊噲都立大功。劉邦愛樊噲的勇猛，也害怕他的勇猛。樊噲是呂雉的妹夫，劉邦擔心自己死後，樊噲倒向呂雉，誅殺戚姬和劉如意。劉邦還沒死，樊噲就想殺害戚姬母子，劉邦如何不恨。

這個任務真叫陳平尷尬萬分，不殺樊噲是抗旨，殺了後患無窮。首先，樊噲屢立大功，是朝廷要員。其次，樊噲是呂雉的妹夫，倘若有人進讒，呂雉的辣手就要伸向陳平。

陳平和周勃領了聖旨前去，陳平擔心呂雉報復，對周勃說：「樊噲是皇上的故交，況且功勞不小，再加上是呂雉的妹夫，又是皇室親戚、朝廷貴人。皇上一時生氣讓我們去斬他，如果皇上突然後悔了呢？我們還是先將樊噲抓住，帶他去長安，讓皇上發落。」陳平果然厲害，這麼一來，如果劉邦斬樊噲，責任就不在他身上；如果劉邦寬釋樊噲，他就是樊噲的恩人、劉邦的好幫手、呂雉的貴人。陳平這一招，卸去了仇怨，保存了恩情，為自己留下後路。

還沒到軍中，陳平先築個壇，招樊噲前來領旨。樊噲有勇無謀，一招就來。樊噲剛到，立即被抓。周勃代樊噲督軍攻打盧綰，盧綰逃到長城下，靜觀事變。

誰想行至半途，劉邦死訊傳來。陳平擔心樊噲的妻子呂須向呂雉進讒，於是拋下樊噲慢行，隻身急去長安奔喪。果不出陳平所料，剛到滎陽，就遇見招他回長安的使者。陳平快馬加鞭，火速入宮，痛哭劉邦。呂雉見陳平哭得悲愴難抑，心先軟了。待陳平哭訴出劉邦派遣誅殺樊噲而陳平將樊噲押回長安聽候發落後，呂雉知道樊噲沒死，很高興。

陳平哭得很悲痛，呂雉也生了惻隱之心，對他說：「你不要太傷心了，注意身體。」陳平不僅有智，還很會表演。他表演得太真了，連心狠手辣的呂雉都騙過了。哭是戚姬的專長，但只能騙劉邦，哭不是陳平的專長，但竟能騙呂雉。女人的眼淚是最厲害的武器，有時男人的也是。三國時期諸葛亮哭周瑜，與陳平哭劉邦有異曲同工之妙。

為確保安全，杜絕讒言，陳平請求為劉邦守靈，暫留長安，靜觀事變，呂雉應允。陳平一計，樊噲官復原位，自己全身而退，這就是智慧。

【知識連結】

陳平，生卒年不詳，陽武人。在楚漢相爭時，曾六出奇計，協助劉邦統一天下，西漢王朝的開國功臣之一，輔佐五代皇帝，於呂雉掌權時委曲求全，為保劉氏天下鞠躬盡瘁。漢文帝時，曾任右丞相，後遷左丞相，曾經先後受封戶牖侯，曲逆侯，死後謚獻侯。「反間計」、「離間計」，均出自其手。

第四章：劉家天下，女人當家

漢闕深宮裡，藏了無盡的悲歡離合。天下初定，高祖劉邦就撒手人寰，留下一群或愛或不愛的女人和劉姓子孫，由呂雉領導。呂雉是劉邦結髮之妻，素有謀略，手段狠毒，說劉邦大漢王朝開啟的軍功章上有呂雉的一半也不為過。如今劉邦西去，大權在握的呂氏又當如何表現呢？

蕭規曹隨

自劉邦稱帝，蕭何一直擔任丞相一職。恪盡職守，為漢室盡心盡力，但是他越是盡心盡力，被疑心的危險就越大。當初劉邦進入關中，與民約法三章，深得民心。蕭何為相十年，為民謀利，輕而易舉地搶走了劉邦用生命換取的民心，劉邦不悅。劉邦認為蕭何就如一汪平靜的水面，不知道什麼時候會興風作浪。英布造反，劉邦在外征討，多次派人問蕭何在做什麼。

劉邦發問，蕭何老實回答，說：「你們回去告訴皇上，他領軍在外，我會替他安撫百姓。我會將我所有的東西全部捐獻給軍隊，就像皇上征討陳豨時做的一樣。」雖然劉邦屢次遣人問他忙什麼，蕭何從來沒有懷疑過劉邦。

家臣見蕭何如此，提醒蕭何，說：「你就快要被滅族了。你現在身居相國之位，功勞第一，一切都已到達為臣的極限。皇上之所以多次派人問你在幹什麼，全是因為怕你煽動關中百姓謀反。皇上既然如此想，擔心你深得民心，你就該順著他的意思去做，拋棄一點民心。你為什麼不強買良田，大放高利貸，讓自己失去一點民心呢？」

聰明人不會固執己見，蕭何採納了家臣的建議，強買良田，大放高利貸。密探報告蕭何的舉動，劉邦聽後，非常高興。征討英布回來，劉邦被關中軍民攔在半路。這些人伏道跪求，狀告蕭何，說他放高利貸，以極低的價錢強買好田好地好房子。

劉邦見狀告蕭何的人密密麻麻地跪滿一地，很是高興。「你的事情，你自己處理去。」劉邦將關中百姓狀告蕭何的狀紙全交給蕭何。劉邦沒殺害蕭何的心，只是看不慣蕭何將關中的民心全給搶了。

西元前一九三年，即孝惠二年，正月，這個春天有點怪。史書記載隴西發生地震。古人覺得天地忽變，人間必定發生大事。果然，劉仲死了，接著蕭何只剩一口氣。或許劉仲不重要，但為漢朝立下汗馬功勞的蕭何一定重要。蕭何要死了，惠帝劉盈去看望他。

劉盈問蕭何：「你死後，誰可以替代。」蕭何講：「瞭解臣子的莫過皇上。」

劉盈問曹參是否可以。蕭何一聽，很高興，說：「皇上知道了，我死也瞑目！」

身為丞相，蕭何勤勤懇懇，任勞任怨，是大漢朝廷的功臣，將一生都奉獻給大漢，自己只是住在一條又窮又辟的陋巷裡。蕭何沒留下什麼給子孫，唯獨留了一句話：「如果後世子孫賢，他們應該像我一樣勤儉；如果不賢，我遺留的積蓄也會被他人仗勢奪走。」老子當初也送孔子這幾句話。

可是如今蕭何走了，大漢朝還要繼續走下去，就要看看這個在劉邦和蕭何遺言中都提到的曹參到底怎麼樣了。

曹參是沛縣人，與蕭何是老相識。蕭何瞭解曹參，知道他能勝任丞相一職，因此舉薦他。曹參也確實厲害，他剛聽說蕭何去世，馬上命令家臣收拾行裝，說他就要被調任中央了。

曹參跟隨劉邦一起打天下，但位置總是次於蕭何，無論什麼好處，都是先有蕭何，再有曹參。曹參跟隨劉邦東征西討，也曾被封為丞相，但位置一直在蕭何之下。劉邦稱帝後，曹參被封為劉肥的丞相。

齊王劉肥當時有七十城，是天下最富庶的諸侯王，曹參做齊國的相國，也就相當於是天下第二丞相。曹參在齊國做七年丞相，齊國發展很好，人人都贊他是賢相。

蕭何死後，中央調曹參回長安，擔任丞相一職。

俗話說，新官上任三把火。然而，曹參一把都沒燒，他只在蕭何治國的基礎上坐享其成。首先，曹參不換蕭何的部下，用舊人辦事；其次，一切制度章程都按蕭何的實施，毫不更改；第三，他所挑選的人，全都憨厚老實，不會說官腔官話；最後，曹參日日夜夜、每時每刻都只知道喝酒。如果哪位官員的文章寫得文筆燦爛，思想深奧，曹參馬上辭退。

曹參和蕭何相比，那可一個是硬幣的正反面。蕭何勤勤懇懇，事無巨細，一概包辦；曹參懶懶散散，大事小事，一事不管。劉盈聽說曹參整天只喝酒不管事，便派曹參的兒子中大夫曹窋回家秘密打探。父子倆談古論今，品評歷代得失，漸漸進入深處，曹窋就亮出狐狸尾巴。曹窋的大概意思是：高皇帝剛死，惠帝新立，群臣需要一位表率。丞相無疑就是表率之人，但是父親你整天喝酒作樂，讓人心憂。得知兒子是來打探口風，曹參不管三七二十一，狠狠地鞭了曹窋二百鞭，送曹窋一句：「你離管理國家的資格還遠得很。」

外表糊塗，內心精細，曹參之謂也。劉盈聽說曹窋被打，心裡過意不去，責備曹參，說：「你幹嘛打他？是我讓他問的。」

皇帝下問，曹參不能再悶起葫蘆賣藥了。曹參摘下帽子，態度很是恭敬，輕輕地問一句：「皇上覺得你和高祖誰更厲害？」

「我怎麼敢與高祖相比。」劉盈恭敬地回答。

「皇上覺得曹參和蕭何誰更厲害？」

「恐怕蕭何要厲害一點點。」劉盈含糊地說。

曹參笑了，說：「皇上現在不就說對了。高祖皇帝與蕭何一起平定天下，將一切法令制度都給弄好了，皇上你只要垂起兩隻手，我只要遵行蕭丞相的安排不變，一切不都會順利運行嗎？」劉盈突然開竅，覺得曹參說得不錯，很是高興。

【知識連結】

蕭規曹隨，指蕭何去世後，繼任者曹參按照蕭何的路子，將國家治理得井然有序，首先是蕭何勤勤懇懇的努力為他鋪平了道路；其次是戰亂剛息，人心思治，各謀發展；最後則是曹參信奉無為而治，力求「治道貴清靜而民自定」的境界。然而，這三點又是合三為一，彼此不可缺失。

最毒呂婦心

人事有代謝，往來成古今。劉邦一死，劉盈繼位，呂雉就是皇太后，權傾天下。劉盈年幼懦弱，生性敦厚，呂雉剛毅無比，大權全歸呂雉。呂雉等了好久終於等到今天，她感到前程似錦，一片光明。

西元前一九四年，劉盈稱帝，史稱漢惠帝元年。

此人之肉，彼人之毒。劉邦死前就很擔心戚姬和劉如意的安危，臨死時因為樊噲有擅殺之心欲斬樊噲。劉邦越是疼愛戚姬，呂雉越恨；劉邦要戚姬活，呂雉就要她死。劉邦死後，他的擔心就變成現實。

呂雉將戚姬囚禁在永巷。這永巷，就是人們常說的冷宮。呂雉費了一番心思，給戚姬打扮得人不人，鬼不鬼。首先，呂雉將戚姬剔成光頭，脖子給她戴上鐵圈；美貌的戚姬既像尼姑，又像醜鬼。其次，給戚姬穿上囚犯的衣服，派她舂米。戚姬的美貌不在了，芊芊玉手變粗了，然而，她還剩曼妙動聽的嗓音。

遭遇如此，悲從中來，不平之氣壓也壓不住。就如唐代詩人韓愈所說，物不得其平則鳴。戚姬一邊舂米，一邊唱歌。

一位能歌善舞，受皇帝恩寵的美人，遭遇如此，都是為了孩子，她所想的當然是趙王劉如意了。可是，呂雉就是不讓他有思戀之情可寄。呂雉想，你既然想劉如意，我就將他給殺了。呂雉連派三撥使者前去招劉如意回長安，三撥使者都無功而返，因為劉如意身邊有位很厲害的周昌。周昌敢想敢說，劉邦都敬他三分，何況是呂雉。

耿直的周昌直接對呂雉的使者說：「高祖皇帝囑咐我輔助趙王，現在趙王才十二歲，年幼。我聽說皇太后對戚夫人厭恨極深，想叫趙王去將他們母子一併殺死。我不敢讓趙王隨你們去，再說趙王身體不適，不能奉詔前行。」

遇上這種頑固不化的傢伙，呂雉先是大怒，接著就尋思將他這塊大石搬開之計。周昌曾經幫助劉盈，呂雉雖然心狠，但也記恩。倘若周昌是無恩之人，即使他是大磐石，呂雉也要將他砸碎。

壓下怒氣的呂雉，以中央命令招趙相周昌回長安。身為朝臣，周昌別無他法，只得回長安。漢朝規定，各封國二千石以上官吏的任免權在中央。相國屬於二千石以上官吏，受中央的直接任免。中央下詔，呂雉四兩撥千斤，大磐石周昌回到長安。

前腳周昌剛回長安，後腳呂雉就派人去招劉如意。這次劉如意是來了，但結果更大出呂雉意料，因為中途殺出一位她做夢都沒想到的人。此人正是惠帝，他的兒子劉盈。劉盈沒有劉邦的流氓氣，也沒有呂雉的歹毒。劉盈寬和仁厚，很喜愛劉如意，知道呂雉陰險毒辣，親自到霸上迎接劉如意。

突然殺出這麼一位寶貝兒子，呂雉氣她自己的兒子不瞭解自己的心意。

兄弟情深，劉盈陪劉如意進宮，一起玩耍，一起吃飯，一起睡覺：總之，兩人形影不離。劉盈這招夠盡心的，然而，他只知道和劉如意天天在一起呂雉就無從下手，卻不知道他不能時時刻刻都和劉如意在一起。

呂雉必殺劉如意，劉盈阻撓，就另待時機。劉盈天天陪在劉如意身邊，呂雉就時時刻刻盯住他們。對呂雉而言，等待是最具殺傷力的，是消滅敵人的最鋒利的武器。她等了那麼多年才等到劉邦駕崩，劉盈即位，不急於這一時三刻。

劉盈和劉如意一起玩耍，一起吃飯，一起睡覺已有幾個月了，呂雉在旁靜靜等待時機，苦苦等待。皇天不負苦心人，機會終於來了。

這天，劉盈起得很早，要去打獵。作為皇帝，有很多必修功課，打獵就是一門。劉如意睡得很甜，劉盈叫了幾次，劉如意還是起不來。劉盈不忍擾他美夢，獨自出去打獵了。劉盈可能想，一時三刻出不了岔子，可歷史就因為一時三刻的疏忽決定命運。劉盈回來，只見劉如意硬邦邦地躺在床上，死了。劉如意好不悲慘，劉盈好不後悔。原來，呂雉見劉盈出去，讓人端了杯鴆酒給劉如意喝。劉盈很傷心，可是更傷心的還在後面。

若沒有親情，沒有家，人這一世榮辱成敗都毫無意義。劉盈這個善良的人，總是遇上親人相殘的慘事，先是劉邦踢他摔下馬車，接著就是母親鴆殺愛弟。親人不斷犯下罪行，可這痛苦卻要他弱小的心靈承擔，因為他父母都沒有犯罪的概念，更沒有親情的倫理。劉邦和呂雉犯下罪行，劉盈替他們承受痛苦，這是痛苦中的痛苦。

兒子一死，母親也跟著遭殃。呂雉命人先砍斷戚姬的手足，再挖去眼睛，毒聾耳朵，最後下藥藥啞。這麼一來，戚姬不能走，只能動；看不見東西，聽不到聲音，說不出話，深刻體悟到世界的所有痛苦。「人彘」，這是呂雉給關進地窖的戚姬取的新名字。彘在古文中是豬的意思，直譯成現代漢語就是「人豬」，意譯就是豬狗不如。

過了幾個月，戚姬也該適應在地窖當「人彘」的生活了，呂雉讓劉盈去參觀寶貝。打開一個小孔，一線光亮射入，劉盈看見一個有身體，有頭，沒有手和足；會動，不會說話的又像人又不像人的東西，心下大駭，問：「這是什麼？」

「是什麼？就是戚姬！」

劉盈一聽，痛哭不已，一病不起，這一病，病了一年多起不了床。

活著就是一種悲哀，更悲哀的是這種悲哀跟自己毫無關係，自己偏偏不得不承受這種悲哀。劉盈是悲哀的化身，是痛苦的代表。

一年多後，劉盈好不容易下床，他叫人給呂雉送去一句話，說：「你這樣做不是人做的。我是你的兒子，我絕不再管理天下！」

自此，劉盈天天飲酒作樂。

劉盈承受不住呂雉所帶來的痛苦，他以冷漠對待。如果呂雉是位多情善感的人，她一定會屈服。但呂雉生性剛毅、心狠手辣，冷暴力對這個女人毫無用處。

西元前一九三年，齊悼惠王劉肥前來朝拜，劉盈對哥哥劉肥很好。呂雉妒忌心極強，見不得別人對別人好，尤其不喜歡親人對外人好。劉邦寵幸戚姬，她就害死了戚姬；劉邦喜愛劉如意，她就要毒死了劉如意；劉盈對劉肥好，她就要整治劉肥。劉盈和劉肥同桌吃飯，劉盈讓劉肥坐上座，彼此以兄弟相稱。呂雉在旁，見他們如此，心裡不高興。呂雉叫人端來兩杯鴆酒，讓劉肥向劉盈祝酒。古時的規矩是，為表誠敬，誰敬酒，誰先喝。劉肥站起來，劉盈也站起來，欲與劉肥一齊同時喝酒下肚。呂雉看見劉盈站起來就要喝酒，一把將劉盈的酒給推翻。

虎毒不食子，此話有理。呂雉天下惡毒，但沒對子女下手。她是失去了人性，仍保存母性。

劉肥對呂雉的舉動感到奇怪，不敢再喝，裝醉離席。後來劉肥知道呂雉給的是鴆酒，憂心忡忡，害怕不能活著離開長安。

內史給劉肥出一個主意，說：「太后只生有皇上和魯元公主，魯元公主只享有幾個城池的賦稅，而你有七十多個的。如果你將一個郡的賦稅送給魯元公主，太后一定非常高興，那你就沒有什麼可擔心的了。」

呂雉是慈母，也是惡人。她的權力欲很強，害人的欲念很盛。為保存性命，劉肥將城陽郡獻給魯元公主，尊魯元公主為王太后。呂雉非常高興，賜美酒給劉肥喝。不久，讓劉肥回他的封地。

【知識連結】

人彘，是呂后獨家發明用來對付戚夫人的一種酷刑。（斷戚夫人手足，去眼，煇耳，飲喑藥，使居廁中，命曰「人彘」，事見《史記・呂太后本紀》）。具體是指把人變成豬的一種酷刑。就是把四肢剁掉，挖出眼睛，用銅注入耳朵，使其失聰，用喑藥灌進喉嚨割去舌頭，使其不能言語，然後再將其扔到廁所裡。

陳平的堅忍

西元前一九一年，即漢惠帝四年，劉盈加冠。作為皇帝，成婚事小，冊立皇后事大。呂雉是皇太后，為了權力的延續，皇后寶座不能落入他人之手。呂雉將外孫女塞給劉盈，不管劉盈願不願意，呂雉的外孫女必然要成為皇后，即使生不出太子。

親上加親，這是呂雉鞏固自己地位的手段。她為劉盈選的這位媳婦兼外甥女名叫張嫣，是魯元公主和張敖的女兒。呂雉可能是從婁敬的和親之計中獲得靈感，要不然就是她和婁敬一樣聰明。將呂氏家族全部置入皇族內部，來個立地生根，開花結果，這就是呂雉對付劉氏子弟的根本招數。呂雉想讓外孫女張嫣給她生個孫子，可是張嫣同她爸爸一樣不爭氣，專在關鍵時期出錯。直到劉盈去世，皇后張嫣沒生出一個兒子。張嫣生不出兒子，多半是劉盈將平生委屈發洩在她身上的緣故。劉盈雖不能直接抵抗呂雉，但擅長冷暴力。冷暴力是家庭危害，張嫣這種嬌媳婦怎麼受得了。皇帝對皇后施加冷暴力，皇太后是管不了的。驕橫的呂雉終於知道，有的東西是不能勉強的，就像她不能勉強劉邦不愛戚姬而去愛她一樣。

西元前一九〇年，即漢惠五年，冬天打雷，桃李開花，棗樹結果；夏天大旱，饑荒連連；秋天，曹參死，接著劉肥死，再接著樊噲和張良也走了。重要的人慢慢走了，呂雉的夢想就要實現了。

西元前一八八年，即漢惠帝七年，劉盈走到人生的終點。大概在呂雉心中，劉盈已經不是兒子，而只是一個自己抓握權柄的工具。他死了，呂雉發喪，朝臣見呂雉號啕大叫，就是沒見她的眼淚。

這些年裡，幾位厲害朝臣接二連三地故去，連妹夫樊噲也死了。樊噲忠勇無二，如果活著，這位妹夫會是她的一大靠山。活著的朝臣中，還有陳平、周勃、灌嬰和王陵，這幾座大山，壓得呂雉的心口好疼。他們不死，呂雉睡不著；他們活著，還手握兵權，呂雉更加痛苦。劉邦死後，呂雉曾和審食其密謀誅殺老功臣，現在劉盈死了，呂雉自然也有誅殺功臣的打算。

面對乾哭的呂雉，陳平猝然驚醒，呂雉心狠手辣，先誅韓信，後斬彭越，如今掌權，自己身為朝臣，稍有不慎，馬上人頭落地。皇帝新喪，與呂雉爭強沒有好處，陳平只得暫行緩兵之計，逐步放權。南北軍負責保衛中央安全，由呂氏兄弟掌握，中央的安危就在呂氏兄弟手中。丞相陳平再調諸呂入中央為官，中央機構全是呂氏家族人員。自此，中央大權落入呂氏家族手中，劉氏子弟在呂雉的眼裡猶如螻蟻。

在得知劉盈快不行了之時，呂雉知道張皇后是無論如何都生不出兒子了，於是對外宣稱張皇后懷上了龍種，而後將其他後宮女人和劉盈生的兒子抱來，說那就是張皇后生的。所以在劉盈死後，張嫣生的假兒子劉恭繼位稱帝。這位小皇帝年弱無能，所以呂雉便臨朝稱制，意思就是說她行使實際權力。

諸呂掌軍權之後，呂雉仍覺得覺得諸呂僅僅掌握兵權不夠，一旦發生大事，她的兄弟們撐不起她所構建的大廈。呂雉覺得，只有讓諸呂被封為王，割地而治，才有實力。呂雉想的美，右丞相王陵可不幹，馬上將劉邦的盟約抬出來，說「非劉氏而王，天下共擊之」，弄得呂雉三分尷尬，七分憤怒。

鑑貌辨色，陳平出頭道：「高祖皇帝平定天下，封他的子孫為王，理所當然；太后曾隨高祖皇帝征戰四方，現在臨朝稱制，想要封自己的兄弟為王，天經地義。我陳平第一個同意。」陳平說完，周勃附和。封諸呂為王，三人投票，兩票通過。呂雉臨朝稱制，諸呂被封王，完全合法。王陵傻眼了，這是怎麼回事？他不明白，為什麼陳平會同意這種無理的要求；疑惑之後他更惱怒，陳平竟然忘了高祖皇帝的誓約。

事後，王陵責備陳平和周勃，說：「當初與高祖皇帝歃血盟誓，你們不在嗎？高祖剛死，太后專權，你們就曲意逢迎，看你們死後怎麼去見高祖！」

「當朝諫諍，我不如你；保全漢朝，延續劉氏血脈，你就不如我。」這是陳平的回答。

欲剪除呂氏，必須連根拔，否則後患無窮。丞相陳平，正在為拔根之計，閉門苦思。王陵北邊，諸呂專權，朝廷沒有掌握實權的大臣，太尉周勃沒兵權，灌嬰的權力也被架空。周勃與灌嬰都是武將，不懂計謀，再說，周勃與陳平存有嫌隙，彼此難有一句好話。舉目四顧無人，歷史重任全都壓在陳平一人的肩頭。正當陳平愁上眉梢之際，一位書生的出現給事情帶來了轉機。這位書生，就是陸賈。

當年劉邦征戰四方，僅靠酈食其和陸賈這兩張利口，就消弭不少戰事。酈食其死後，陸賈陸續為劉邦立功，最大的一功就是招降南越王尉佗。後來呂雉臨朝稱制，想封諸呂為王。陸賈知道不能勸服，稱病回家。陸賈在好疇買了塊好地，將尉佗送的錢分給兒子，讓兒子們從事農業生產。

這天，陸賈身佩寶劍，領著他的侍女們來到陳平家，陳平閉門不見。陳平是漢室謀臣，見劉氏子弟被害，心憂天下，苦思解救之計。陸賈是位逍遙辯士，覺得天下有道，就入世；天下無道，就出世。他們兩個，一個面對困難，另一個逃避困難，陳平自然不願意陪他白耗時間。陸賈怎會不知道其中隱情。他來見陳平，就想給陳平指指路，陳平不見，他就硬闖。

陸賈問：「你閉門不見，想什麼呢？」

「你猜我想什麼？」

「你是丞相，有三萬戶侯的俸祿，已經達到富貴無欲的境界。你有深憂，不過是心患諸呂、擔憂少帝。」

「是這樣的。該怎麼辦呢？」

「國家安寧，就要注意丞相；國家危難，就要注意將軍。丞相和將軍相交，朝臣就會樂於歸附；一旦朝臣歸附，就算天下有變，大權也不會旁落。只要大權不分，國家就安然，一切全在將軍和丞相的掌握之中。為了國家，你何不結交周勃？」陳平採納了陸賈的建議，主動結交周勃。自此，陳平和周勃相交日深。

【知識連結】

周勃（前二四〇年—前一六九），西漢開國功臣，以軍功拜為將軍，賜爵武威侯，是秦末漢初著名的軍事家和政治家。漢高祖六年（前二〇一年），受封絳侯。又因討平韓信叛亂有功，升為太尉。劉邦死前曾經預言「安劉氏天下者必勃也」，而周勃也確實不負其所望。劉邦死後，呂后專權，呂后死後，周勃與陳平等合謀智奪呂祿軍權，一舉謀滅呂氏諸王，擁立文帝，後官至右丞相。漢文帝十一年去世，謚號為武侯。

漢王朝姓呂

俗語說一朝天子一朝臣，呂雉不僅臨朝稱制，還大力扶植勢力。她的野心，路人皆知。呂雉提拔外人，那全是鋪墊，她真正的目的在封諸呂為王。

呂雉先提拔開國功臣郎中令馮五擇為博城侯，再封張敖的兒子張偃為魯王，接著封劉肥之子劉章為朱虛侯，並將呂祿的女兒嫁給劉章，最後封呂種為沛侯，封呂柳為扶柳侯等等。封個侯，沒有多大的麻煩，命人寫個詔，玉璽一蓋就行。

不幸的劉盈留下了五個兒子。呂雉就將他們全封為王侯：劉強封為淮陽王，劉不疑封為恆山王，劉山封為襄陽侯，劉朝封為軹侯，劉武封為壺關侯。劉盈的幾個孩子小小年紀就捲入皇權鬥爭，沒有一個善終。

自臨朝稱制以來，呂雉為呂氏家族鋪了一條平平坦坦的大道。這條大道通向呂氏政權，先封開國功臣和劉氏子弟以平息眾怒，最後封呂氏諸子弟。他姓子弟在最底層，呂氏子弟壓在上面，呂雉駕輕就熟，十分輕鬆。此時的呂雉就是想取劉氏而代之，將呂氏推上歷史的舞台。

西元前一八五年，即呂后三年，夏天，長江和漢水氾濫，淹沒四千多戶人家；秋天，在大白日出現星星，接著伊水、洛水和汝水氾濫，共毀滅兩千四百多戶人家。

就在這洪水氾濫、災害不斷的一年，張嫣的假兒子，新皇帝劉恭死了。劉恭當了幾年皇帝，身體長高了，血液奔騰，呼氣吸氣都是大口大口的。常人一看，就知道他有血氣，很勇猛，不像劉盈懦弱無能。他長大了一點，但不懂事，聽說自己的媽媽被呂雉害死，他就想報仇。他不只要報仇，還嚷了出來。劉恭說：「太后竟然殺我親娘，讓我當另一個人的兒子，等我長大了，我要報仇。」

但命中註定似的，劉恭報仇的願望終於落空。這孩子藏不住心事，在一個黑暗的環境，藏不住心事的人必定保不住命。呂雉聽到這句話後，擔心劉恭將來作亂，成為自己的心腹大患，於是將這個小皇帝幽禁在永巷。自呂雉擅權以來，永巷不知道藏了多少人，為了一個人的野心，不知有多少犧牲品從此永遠不見天日。

在劉恭被幽禁在永巷之後，呂雉對外宣稱劉恭病重，為社稷著想，需要另立皇帝。呂雉大權在手，想換誰就換誰，皇帝已經有名無實，只是她發號施令的木偶，布告天下不過是形式。

由於劉恭太過剛硬，給呂雉帶來不少麻煩，因此這一次，呂雉想選一個幼小的，溫順的。最終，她盯上了劉不疑，於是削去他的王位，給他改名為劉弘。劉弘，就是後少帝。

為了記錄簡便，劉弘的年號不稱元年。呂雉知道他活不久。既然活不久，又何必麻煩大家，無論什麼都將就點。皇位是張椅子，呂雉伸長利爪，誰不聽話，就將誰丟進永巷；誰溫順乖巧，誰就能來龍椅上玩玩。除了反對呂雉外，坐在龍椅上的人可以做任何事，包括終日飲酒淫樂。

權力的本質就是暴力。呂雉不只愛權力，也愛殺人，尤其愛殺劉邦和其他姬妾生的兒子。

自從劉如意被封為趙王，趙王就成了呂雉的眼中釘。劉氏子弟，無論是誰，只要敢接受趙王的分封，呂雉必誅。新的趙王就是劉友。

大方的呂雉不只冊封劉氏子弟為王，還送他們每人一位女人。呂雉送給別人的女人，全部來自呂氏門中。誰娶了呂雉送的女人，就必須將她尊為正品夫人，否則後果自負。呂雉不會搞政治，但會搞政治婚姻，她包辦的婚姻專門進行權力嫁接。

然而劉友卻不聽話，他不喜歡包辦婚姻，他要自由戀愛。可是劉家說了算的人不是姓劉的，而是姓呂的。呂雉送了一個女人給他，他怎敢拒絕，但他視此女為虎狼，更深信此女是呂雉的眼線，所以乾脆冷落這個正品夫人，去和姬妾糾纏。

正品夫人受不了冷落，便到呂雉面前告狀，甚至說劉友曾對自己講過：姓呂的人妄想稱王，等呂雉死後，定將諸呂斬盡殺絕。

不得不說，此女非常聰明，進讒言都抓住呂雉的疼處。呂雉等待一世，辛苦半生，目的就想呂氏萬歲萬歲萬萬歲，劉友竟敢殺絕呂氏。

呂雉聽後大怒，找個碴將劉友給招到長安。劉友一到長安，呂雉就派人將他的官邸團團圍住，不給吃喝。但凡有人私自送東西給劉友的，按罪處理。

劉友最終餓死。

劉友死後，呂雉提拔劉恢為趙王。劉恢就是劉友的弟弟，他們還有一個弟弟，名叫劉建。盧綰造反後，劉邦便封劉建為燕王，此舉就是封同姓王的最佳表現。然而，劉友死後不久，劉建也走了，呂雉連劉建留下的兒子也給殺了。

呂后做事乾淨俐落，一向斬草除根，絕不留情。劉恢接連為他的兩位兄弟送葬。剛辦完葬禮，劉恢便繼承了趙王之位。

當趙王雖然比當梁王好，不過劉恢已經習慣梁王的生活，不想換環境。他想當梁王，但不敢說。自從被要求離開梁國後，劉恢整天愁眉苦臉，鬱鬱不樂，彷彿陽氣散盡。呂雉送給劉恢的女人，正是呂產的女兒。此女嫁給劉恢，帶了很多自己的心腹。由於劉恢懦弱且懼怕呂雉，慢慢地，呂女就開始了專權。身在強權壓制的環境，劉恢一舉一動都受到約束。

只有強勢的男人才降得住河東獅。劉恢生性懦弱，自然不喜歡母老虎，所以豢養了一個美人，與她如膠似漆地過日子。但善妒的呂女卻不甘寂寞，叫人毒死了美人。

美人死了，劉恢痛不欲生，終日鬱鬱，夜夜相思，唯有寫詩聊以自慰。關於劉恢所寫的詩文，在正史當中並沒有記載。但像他這種心懷內憂、身遭外患的人，其詩必然是發自肺腑，個中滋味別人是難以懂的。由於思念成疾，不久劉恢就鬱悶而死。

《漢書》中有記載，對於劉恢為了一位女人而死的事情，呂雉非常不屑。

劉氏子弟既然如此懦弱，也不能怪呂雉專權。倘若劉氏子弟人人勇猛，呂雉就不能輕易專權。正如修行，如果自己定力不夠，就不要怪妖魔勾引。

呂雉專權，是對劉氏子弟的一種大考驗。在這種以血淚為代價的考驗下，能勝出者定非常人。

【知識連結】

劉恢，漢高祖劉邦的兒子，西元前一九六年高祖誅梁王彭越後，立為梁王。呂雉當權後，因趙幽王劉友幽死，便被改封為趙王。呂氏為控制劉恢，命其娶呂產的女兒，並逼其寵妃自殺（也有文獻記載是被呂后毒死），劉恢因此鬱鬱寡歡。西元前一八一年六月，劉恢殉情自殺。死後呂雉廢其嗣，及至文帝時追謚為「趙恭王」。

呂后野心，路人皆知

權力使人滋生生根永固之心，呂雉想讓大權永遠掌握在呂氏家族手中，然而她知道自己不可能長生不老。為了掌權，呂雉一隻手封諸呂為侯為王，讓呂氏家族掌握實權；另一隻手將諸呂女嫁給劉男，讓劉氏皇族中呂姓的血脈更濃。雙管齊下，效果明顯。

此時，陳平和周勃等大臣的權力已被架空，無力觸動呂氏家族；其他朝臣全是牆頭草之輩，在呂雉面前只知道唯唯諾諾。劉姓皇子皇孫中，不是被呂雉先封官、次嫁女給收拾掉，就是將被死亡收拾掉。

放眼天下，呂雉獨掌大權，呂氏家族官居要職。

呂雉弄死了幾個不聽話的皇子皇孫後，又將利劍指向代王劉恆。劉恆一生默默無聞，劉邦不在意他，他在皇族中十分落寞。他的心中一無所有，他只求有個地方容身。

匈奴入侵，劉喜棄城而逃，劉邦封劉如意為代王。後來張敖因丞相貫高等行刺一事被廢，空下的趙王之位被劉如意取而代之。最終，劉邦將代王這個稱號送給了劉恆。劉恆受封為代王，既不高興，也不憂心，只是淡然接受。

被封為代王時，劉恆只有八歲。按大漢慣例，如果子弟年幼或者無能，可以掛名為王，另派他人前往管理。這位派去代劉恆管理之人，就是後來聯合韓信造反被誅殺的陳豨。陳豨被誅時，劉恆並未受到任何牽連。默默無聞的劉恆仍舊擔任著默默無聞的代王。

禍福相倚。劉恆的母親薄姬生前為劉邦冷落，但也因此沒有受到呂雉的迫害。薄姬起初沒有什麼能耐，只會借算命先生的話騙人。這一招，也是她母親言行身教，傳給她的。薄姬的母親是魏王宗室的女兒，叫魏媼。魏媼生得美麗，人也大膽，跟一個姓薄的蘇州人私通，生下薄姬。魏媼見薄姬越長越漂亮，便將她送進宮，可是當時的魏王魏豹身邊美女如雲，薄姬難獲寵幸。為贏得魏豹的寵幸，魏媼找了個算命先生來製造輿論，說薄姬將會生天子。魏豹聽說後，很高興，對薄姬十分寵愛，天天想方法讓薄姬生兒子。

那時天下紛爭，劉邦和項羽正鬥得難解難分。一聽寵妾能生天子，魏豹馬上就想脫離劉邦，靠還沒出生的天子當皇帝。因為魏豹的叛變，劉邦勢力大削，一怒之下，派曹參攻打魏國。曹參只使出幾招，便滅了魏國，誅殺了魏豹。魏豹一死，薄姬被俘去當了一名織工。

一個算命先生說句話，魏豹就陪上自己的性命，十分可悲。薄姬的確能生天子，但不是給她的第一個男人生，而是給第二個男人生。做薄姬的第一個男人賠，做第二個贏。

一天，劉邦去織室，見薄姬有幾分顏色，就將她招入後宮。薄姬很高興，激動難抑，認為自己翻身的日子到了，誰知劉邦將她放在後宮，就像放個花瓶，連她的身子都沒碰，自然生不了天子。希望的火焰就要熄了，但上天就是不讓它輕易枯滅；清風徐來，希望之火又燃了。薄姬這個女人，命雖然很苦，但是有機緣。她有兩個兒時的玩伴，一個叫管夫人，另一個叫趙子兒，這兩個人都得到了劉邦的寵幸。

就在薄姬進入後宮一年多後的一天，劉邦和管夫人、趙子兒一起喝酒取樂。閒聊時，她們談到過去，說和薄姬關係極好。她們三人曾約定，先富貴的人不忘後富貴的人。然而，現在她們是天子劉邦的寵幸，薄姬是後宮中的冷人，彼此天差地遠，言語中不免譏諷。

劉邦講義氣，尤其在意「苟富貴，無相忘」這一類約定。聽到兩位寵妾譏諷薄姬，當即為薄姬抱屈，打算寵幸薄姬。

盼星星，盼月亮，終於盼來了劉邦，薄姬馬上使出絕招。一見到劉邦，她便說了一句：「昨晚我夢見龍種鑽進我的肚子裡。」

劉邦想都不想，就說：「讓我來替你實現。」就這樣，薄姬生了個兒子，這兒子就是劉恆。劉邦事過即忘，從此劉恆母子就冷冷清清地過日子。

冷冷清清的日子劉恆母子早就習慣了。劉邦死了之後，其他姬妾都被幽禁。薄姬由於不被寵幸，自然不在幽禁之列。見呂雉心狠手辣，劉恆母子趁機逃往代定。劉恆當代王，薄姬當代太后。跟隨劉恆母子前往代地的還有薄昭，薄昭是薄姬的弟弟，劉恆稱他舅父。劉恆母子對薄昭極為信任。

劉恢死後，趙王一位空缺，呂雉環視一圈，眼光停留在劉恆身上。劉恆母子只求平平安安度過一生，眼見死了那麼多位趙王，當然不敢接受。劉恆表示自己絕不接受趙王之位。呂雉給了他兩條路走：第一條，劉恆接受趙王之位，接著她打出嫁一位呂女的牌，最後吃定劉恆；第二條，劉恆不接受，一旦劉恆不接受，她就封呂男為王。劉恆選了第二條，呂雉順水推舟，封呂祿為趙王。

【知識連結】

呂祿（？—前一八〇年），山陽單父人，表字不詳。其父呂釋之為呂公次子。漢惠帝七年（前一八八年），惠帝逝世，呂后臨朝專權後，與呂澤（呂公長子）之子呂台、呂產兄弟和呂祿一起被封為將，統領南北軍。次年呂雉分封諸呂為王，呂祿被封為胡陵侯。高后七年（西元前一八一年）又改封武信侯呂祿為趙王。呂雉去世，呂祿與呂產謀反，被周勃等人捕斬。

劉章真敢斬人，被斬之人還姓呂

呂雉連下殺手，但她就只有那幾招：封官、嫁女。呂雉認為劉氏子孫只有兩條路，第一是接受封賞和女人，被政治婚姻折磨捆縛；第二條是自尋死路。劉氏子弟有骨氣，選擇第一條的不多，選擇第二條的都死了，劉友和劉恢是代表。但是，人總能在沒有路的地方走出一條路，也總能在看似絕境的處境逢生。

呂氏權傾天下，劉氏子孫被呂雉收拾得畏畏縮縮，藏頭躲尾；朝臣敢怒而不敢言，明哲保身。天下平靜如同冬日的海面，然而，海底的暗流沸騰咆哮，奔流不息。在這平靜的海面，一顆小石子的墜落都能激起一圈接一圈擴散的漣漪。

在這平靜如鏡的海面，激起第一道浪潮的，就是那位差點被鴆酒毒死的劉肥的二兒子劉章。劉章有勇有謀，敢於跟呂雉拍板鬥狠、堅忍鬥智。

當時，人人都對劉肥的七十城垂涎欲滴。劉肥送一座城給魯元公主，就換回一條命，這就是明證。呂雉的野心不小，劉肥送出一座城，滿足不了她的胃口。在呂雉心中，劉肥的七十城應該全歸她。呂雉想要七十城，但不便明言，她就找藉口，東割一城，西要一城，劉肥的七十城立刻殘缺不全。

首先，呂雉封呂台為呂王，割齊國的濟南郡；其次，招劉章進長安，封為朱虛侯，嫁呂祿的女兒；再次，招劉章的弟弟劉興居進長安，封為東牟侯；最後，割齊國的琅玡郡給劉澤，封劉澤為琅玡王。劉肥有三個兒子，兩個進長安，只剩大兒子劉襄留在身邊，很是落寞。

來到長安的劉章處處受約束，時時遭監視，心中極不舒服，然而發怒使性，匹夫皆能為之。藏得住怒氣，忍得住怒火才是真英雄。呂雉封官，劉章接受；呂雉嫁女，劉章也接受。劉章不僅讓呂女坐正房，還將關係處得很好，和她如膠似漆，恩恩愛愛。

劉章不笨，他既不硬反抗，也不用冷暴力。呂雉送他一個很好的間諜，他將計就計，陪間諜玩熱情，企圖變間諜為反間諜。砍砍殺殺的熱暴力之前，都有一場驚險萬分的間諜戰，誰先獲取機密，誰就勝利。

生在困境中的人，通常都有兩張面孔，一張是真面孔，活在黑夜中；另一張是假面孔，長在陽光底下。劉章給呂女看的是假面孔，給呂雉的更是假面孔。

一次，呂雉辦個酒宴，讓劉章為酒令。

活在黑暗中的劉章早就厭倦了，他想見見陽光，或者說想讓呂氏知道劉氏的陽光還沒滅。呂雉命他做酒吏，他就抓住這個機會，開了一個條件：違令者，軍法從事。呂雉順口答應，想看看劉章的把戲。劉章於是下令：酒宴上，私自逃跑者，當斬！立軍令狀，必有斬。劉章行此酒令，眾人知道呂雉已先允可，並沒將它放在心上，都認為只不過喝幾杯酒，無論如何也不會喝出人命，更不會發生誅殺梟首之事。

喝得酒酣耳熱之際，劉章說要唱首歌，為大家助興，眾人都覺得有意思，便大聲叫好，呂雉也微笑允可。劉章便說唱耕田歌，話剛出口，有人譏笑，說：「你父親曉得耕田的事還差不多，你身為齊王之子，怎麼會知道？」劉章是劉邦的孫子，身為皇室宗親，自然不知道耕田種地之事，甚至連牛有幾隻腳都不知道。劉章卻說他知道，呂雉越發樂了，准劉章放聲唱。

走到場中，劉章喝杯酒，潤潤喉，清清嗓子，放聲高唱：

深耕概種，立苗欲疏；非其種者，鋤而去之。

耕田種地，秧苗要稀疏，果實才會豐碩，這是種田耕地的道理。然而，「非其種者，鋤而去之」一句，卻說他人處心積慮，想要將秧苗拔除。眾人一聽，大覺不妙，因為劉章的歌詞影射「非劉氏而王」和劉氏子弟被殺的現象。

劉章歌詞的大意，譯過來就是：

我劉氏高祖皇帝千辛萬苦，就像耕田種地，好不容易打下這江山。高祖皇帝與天下英雄歃血而盟，相約非劉氏不得稱王，那就如種田人將秧苗種得稀疏以使它們長得茁壯。然而，天下竟然有狠心的人，想要剷除耕種之人辛辛苦苦栽種的秧苗。

聰明人一聽就知道，劉章的歌是針對呂氏家族和呂雉的。當年戚姬就因為一首舂米歌而弄得母子俱亡，這事天下皆知。呂雉一心剷除劉氏子弟，劉章膽敢當面如此放肆，宴飲諸人都為他捏了把汗。

然而，奇怪的是呂雉聽了劉章的歌，竟然默然不語，陷入了沉思。她為呂氏家族辛苦搭建的帝國大廈，呂氏子孫能夠守護嗎？她是整棟大廈的頂樑柱，一旦她不在了，這棟華麗且雄偉的大廈能支撐多久？如果大廈傾覆，她呂氏家族必遭滅門之禍。在權力的賭桌上，權力就是生命，生命也是權力，一旦賭上，就只許贏不許輸。

場面僵了，沒關係，自會有人啟動，上流社會不缺只會打哈哈的小丑。一小會兒，場面又活躍起來了。眾人照樣喝酒，然而，一見到劉章，他們就感覺喝不下。喝不下，也得喝，因為劉章先下軍令：酒宴上，私自逃跑者，當斬！

這次酒宴，劉章整人是整定了，呂雉都被他涮了，下一個被整的人必然出現，只差名字還未公布。劉章仗劍，繞著桌子監督，眾人都必須海喝。有位傢伙，喝不了酒，偷偷地跑了。劉章提劍追出，舉劍砍死，一刀就將頭給割了。

劉章提著首級回來，表情淡定，說：「有一個傢伙，私自逃跑，我依軍法，斬了。」他人高馬大，右手持劍，左手提起一個血淋淋的頭，好不嚇人。

劉章真敢斬人，被斬之人還姓呂，宴飲諸人無比驚恐。劉章立軍令在先，呂雉允可在後，縱使斬人，呂雉也無話可說。劉章牛刀小試，諸呂對他從此心存忌憚。呂雉也終於知道呂氏子弟的資質是支撐不住帝國大廈的。

在這之後，彷彿在亂軍中看到一面大旗，不少朝臣終於看到曙光，歸附劉章。

劉章膽敢如此，首先是他為人大膽；其次，他深獲夫人芳心，而這一點，正是其他劉氏子弟所缺乏的；最後，劉章的封地殷實，物質資本充足，而且不乏外援。

【知識連結】

劉章，西漢宗室，齊悼惠王劉肥的次子，漢高祖劉邦的孫子。呂后稱制期間被封為朱虛侯，後來由於在誅滅呂氏的過程中有功而被加封為城陽王。去世後諡號景王。

呂雉西去

西元前一八〇年，呂雉去壩上祈福，經過軹道時，見一隻如蒼狗的東西飛到她腋下。呂雉驚恐萬分，撕破衣服，想找出那個東西，看看是什麼。費心費力的呂雉沒在腋下發現什麼。自從看見那蒼狗般的異物飛進腋下後，呂雉的身體一天差過一天，終日心神恍惚。在祈福回來的路上遇上這等怪事，她開始懷疑那是上天的懲罰。她請人給她占了一卦，卦象說那是劉如意的冤魂。

這可真叫人不寒而慄。呂雉怕天，也怕冤魂，更怕劉如意的冤魂。劉如意乖巧伶俐，因為和他母親有仇隙，呂雉就毒死劉如意。聽說飛到他腋下的異物是劉如意的冤魂後，呂雉很驚恐，白天見劉如意坐在陰暗處被宮女、太監硬灌鴆酒，夜晚夢見劉如意笑盈盈地向她走來。呂雉很害怕，但她仍舊將大權抓得很緊，照樣整治那些她看不順眼的人。四月，老天大發脾氣了，南方暴雨不停，長江和嘉陵江氾濫成災，洪水沖走一萬多戶人家。

表面上看來，呂雉沒有疾病，腋下的皮膚完好如脂，然而，身體卻如江河日下，一日差於一日。呂雉漸漸變得不能走動，整天只能躺在床上，但她的眼睛仍舊怒火炯炯，驕橫逼人。生命一天比一天難熬，呂雉雖不甘心，也不得不放手，因為她知道死期臨近。

呂雉一生，沒做什麼好事，壞事做的卻不少；沒真正享受天倫之樂，破壞人倫的事倒是幹很多。跟隨劉邦征戰，她吃苦多，享福少。當上皇后以後，劉邦冷落她，她更是幸福的日子少，痛苦的日子多。當上太后之後，呂雉那顆痛苦的心全神貫注於做痛苦的事，弄得天怒人怨，她大概也不開心吧！她很愛劉盈，可是劉盈不愛她，棄她而去。呂雉整死很多人，世界就像只剩他一個人，冷清，寂寞，恐怖。

呂雉一生，真似：枉費了意懸懸半世心，好似蕩悠悠三更夢。呂雉狠毒，但不失母性之心。她知道大臣們不服呂氏掌權，她要安排好後事才死。張敖和魯元公主生了個兒子，名叫張偃，張偃命也不太好，父母早死，留下他在人間孤孤單單地活。呂雉知道張偃無能，於是封張敖和姬妾生的兩個兒子為侯，讓他們輔助張偃。

她還封呂祿為上將軍，統率北軍；讓呂產統率南軍。這兩支軍隊駐紮在長安和洛陽，事關呂氏家族生命安危。呂雉又封賞了一大幫呂氏成員，希望他們能夠守住她辛辛苦苦建立的帝國大廈。

臨死之前，呂雉再三叮囑：非劉氏而王，天下共擊之。呂氏封王，大臣不服。我就要死了，皇帝年幼，你們要防大臣兵變。一定要領兵堅守宮室，挾制皇帝，萬萬不能為我送喪。

沒有人為呂雉送喪，因為她的這些親人不敢離開長安和洛陽。

呂雉死後，大赦天下。呂產升為相國，呂祿的女兒當皇后。呂產和呂祿掌握兵權，但他們並不是帶兵的料，因此呂氏註定滅亡。呂雉極力提拔呂氏家族，卻沒培養一位能夠撐起整棟帝國大廈的能人。呂產和呂祿只會看護院子，他們撐不起呂雉的大廈。

多行不義必自斃。呂氏家族倒行逆施，最終自然逃不掉倒台的命運。

呂雉企圖以政治婚姻的形式打入劉氏皇族，然而，並非每個呂氏女人都如她那麼堅定。在呂雉的一手操縱下，她給劉氏家族送去了一位極好的間諜。這位間諜，就是呂祿的女兒，劉章的妻子。呂雉本想讓呂氏女子潛伏於劉氏皇族，殊不知，呂氏集團卻被反潛伏。呂祿的女兒知道父親和呂產擔心被誅，預謀作亂，便將消息告訴劉章。

劉章即刻轉告齊王劉襄，說：「呂氏家族要造反，你快出兵西進，我和興居打內應，大家一起誅滅諸呂，你做皇帝。」

劉襄馬上召集舅父駟鈞、郎中令祝午和中尉魏勃，準備起兵西進。突然，丞相召平派士卒將齊宮團團圍住。諸侯國丞相的任免權在中央，召平是呂雉安插的密探。呂雉只會提拔人，不會培養人才，召平也是個笨蛋。平民出生的魏勃，只用幾句話就穩住了召平。魏勃對召平說：「齊王想發兵，但是他沒有朝廷的虎符憑證。沒有虎符憑證而發兵，那就是造反，軍隊就是叛軍。你作為丞相，這一點做得很好。你去休息吧，讓我替你圍住。」召平大概一時昏了頭，竟然當真將圍困齊宮的事交給了魏勃。召平剛回到相國府，魏勃便撤去圍困齊宮的兵，領兵反圍相國府。片刻之間，優劣陡轉，遭此大變，召平傷痛難抑，歎了句「當斷不斷，反受其亂」，拔劍自刎。

呂雉安插此等間諜，真要笑掉天下人的大牙，也預示了呂氏一族失敗的必然。

司馬遷說：高后女主稱制，政不出房戶，天下晏然；刑罰罕用，罪人是希。民務稼穡，衣食滋殖。意思是呂雉當政的這些年，天下太平，罪人很少，百姓務本，衣食殷實。

司馬遷對呂雉的評價不低，但呂雉時代的太平只是天下太平，朝廷並不太平。天下太平，那是天下百姓苦於戰亂多年，希望過安穩的生活，是百姓、蕭何和曹參等朝臣努力的結果。劉邦死後，朝廷就不太平，時常發生流血事件，而這些都拜呂雉所賜。

無論功業多大，呂雉都是一個極其殘酷，手段十分毒辣的女人。雖說權力總會流血，但是呂雉誅殺了很多不該被誅殺的人，那個神秘的蒼狗般的異物，其實就是殺戮過甚所產生的心魔。

【知識連結】

呂雉（前二四一年—前一八〇年），漢高祖劉邦的皇后（前二〇四年—前一九五年在位），高祖死後，被尊為皇太后（前一九五年—前一八〇年）。呂雉是封建王朝第一個臨朝稱制的女子，掌握漢朝政權長達十六年。也是中國歷史上有記載的第一位皇后和皇太后。故又被稱為漢高后、呂后、呂太后。

呂氏內憂外患，終敗落

劉襄脫困後，命魏勃為將軍，封駟鈞為丞相，拜祝午為內史，起全國之兵，浩浩蕩蕩向西進發。劉襄此次發全國之兵，大舉進發，以二弟劉章、三弟劉興居為內應，內外夾攻，呂氏必滅。呂氏滅後，他劉襄就是皇帝。

皇位，對權力欲極強的人有一種難以形容的魔力。劉襄領大部隊向皇位進發，命祝午前去遊說琅玡王劉澤，說：「齊王知道自己輩分低，年紀輕，不懂打仗的事，他願意將全齊國的兵交給你，請你前往臨淄和齊王商議，共同平定關中。」劉澤聽得心花怒放，發現能當皇帝，高興得差點瘋了。當即起行，隨祝午前往臨淄。一到臨淄，劉襄扣留劉澤，命祝午返回，率領琅玡郡兵西進。

劉澤被扣，腸子都悔青了，立刻整理思緒，尋思脫身之計。痛定思痛，他發現不只他一人想當皇帝，於是對劉襄說：「你父親劉肥，是高祖皇帝的長子，你是長孫，誅滅呂氏後，你就該當皇帝。朝臣對此狐疑不決，我在劉氏中輩分最高，資格最老，說話有分量。留我在臨淄對你無益，讓我去長安，我保你當皇帝。」

有的人膽大，有的人是傻蛋，劉襄剛摔了劉澤一跤，竟然相信劉澤會幫他。劉襄聽後，心下大樂，派一支衛隊護送劉澤去長安。

劉澤走後，劉襄大驅軍馬，攻取濟南。為加速實現皇帝夢，劉襄傳檄天下：「高祖皇帝平定天下，分封子弟為王。高祖皇帝死後，呂氏家族竟然誅殺三位劉氏子弟，割分齊國，危害高祖帝業。呂雉擅權，惑亂朝綱，弄得天災連連，民怨沸騰。呂雉死後，諸呂又擁兵自重，挾制天子，威逼忠臣。如今皇室衰微，請大家隨我，一起西征，平定叛亂，輔助劉氏帝業。」

劉襄傳檄天下，大驅軍馬，聲勢十分浩大。呂雉悲哀，家門中竟然有這幾個不成器的蠢材。呂產病急亂投醫，竟然派灌嬰迎擊劉襄，灌嬰忠於劉氏，屯兵滎陽，與劉襄約定，待諸呂叛亂，兩軍同時攻向長安。灌嬰軍屯滎陽，劉襄軍屯濟南郡，兩軍虎視眈眈，時刻注視長安。一旦長安稍有變動，兩軍齊發，諸呂必成齏粉。

城外有大軍虎視眈眈，城內有謀士陰謀密計，呂氏集團卻癡若呆子。為奪取兵權和相印，陳平和周勃劫持曲周侯酈商，逼迫他兒子酈寄遊說呂祿，稱交出兵權，歸還相印，可安枕無憂坐王位。

好友酈寄對呂祿說：「天下是高祖皇帝和高皇后共同打下的，高祖皇帝立了九位王，呂后立了三位王，這都是經朝臣同意，天下所共知的。太后剛死，皇帝年少，你身為將軍不帶兵守邊，卻集兵長安，以致被朝臣懷疑欲圖不軌。你趕快交出將軍印，將兵權還給太尉，再讓梁王交出相國印，同朝臣歃血盟誓，兩相安好，回到封地。如此，齊國必會退兵，朝廷才會安全，你也才可以高枕無憂地享受王位，這才是有利於萬世的事。」

呂產沒有頭腦，呂祿的大腦裡簡直全是豆渣。面對外患內憂，他竟然覺得酈寄說得對，去和呂產以及諸呂商量交出大權一事。

呂祿很信任酈寄，他們兩人相約一起去打獵，途中，呂祿順道去看望姑姑呂須，呂須見呂祿大而化之，毫不將外患內憂放在心上，勃然大怒，說：「你作為將軍，竟然在這個時候拋下軍隊不管，呂氏就要沒有立足之地了。」話一說完，呂須將家中珠寶、金銀、玉石等全部丟在堂下，說「不必替其他人看守了」。

父輩創業艱辛，子輩守業更難，倘若子弟無能，父輩的努力也必為他人所奪。呂須的話，深深揭示了呂雉的悲哀，說出了蕭何對子孫的教誨。呂雉力排萬難，獨力為呂氏家族建造一棟宏偉大廈，可呂氏子弟竟不能相守。有此子孫，悲哀難言！

在酈寄等人的地毯式政治灌輸下，呂祿也昏了頭，雙手呈上了相印和兵權。周勃大喜過望，奔行更速，剛進軍門，周勃大喊：「支持呂氏的，露出右臂；支持劉氏的，露出左臂。」一將士們都露出左臂，沒一人露出右臂。呂氏家族，獨木難支，孤掌難鳴，等著他們的就只有一條路：死路。

周勃佩戴將軍印，統帥北軍，命劉章監管軍門，絕不能讓呂產進入未央宮。已經交出相印和兵權的呂祿，只是廢物一個，不必理睬。周勃統領北軍，只擔憂呂產領軍相攻。呂產缺乏智謀，但不乏勇猛，倘若他狗急跳牆，拼個魚死網破，關中必然大亂。

果不出所料，宮門剛剛關閉，呂產就帶領軍士來到。呂產喊話，門內無人回應。宮門堅閉，呂產知道難以強攻進入。面對漆黑而冷漠的宮門，呂產躊躇不定，焦躁地來回踱步。軍士見呂產如此無能，知道呂氏必敗，於是軍心開始渙散。當斷不斷，其意必亂，呂產應該想想召平是怎麼死的。

曹窋把呂產在宮門外徘徊的事告知周勃。周勃擔心呂產勢大，命劉章前往護衛皇帝。陳平和周勃允諾，滅了呂氏後，劉章和劉興居兩兄弟將分別擔任趙王和梁王。

周勃給劉章的兵不多，只有一小隊人。劉章年輕力勝，血氣方剛，見呂產在宮門外徘徊，心裡很不舒服，於是領著衛隊直衝呂產大軍。

呂產大敗，劉章追擊，狼狽不堪的呂產慌不擇路，竟然藏到廁所裡。劉章追到，大腳踢開門，呂產瑟瑟發抖，劉章手起，呂產頭落。呂產不是真正意義上的窮兵黷武者，但他的死，很像窮兵黷武者的。大凡窮兵黷武者，一旦兵敗，立刻就會死於兵器。正如持劍者，必死於劍刃。

【知識連結】

劉襄（？—前一七九年），諡號齊哀王。漢高祖劉邦的長孫，齊悼惠王劉肥的長子。前一八〇年，呂后駕崩，呂產、呂祿準備舉行政變，劉章知其謀，陰告劉襄發兵入關誅諸呂，以乘機奪取帝位，遂舉兵西進。呂產聞迅派灌嬰率迎擊，嬰至滎陽屯兵，使人與齊連和。後來劉章與周勃誅滅諸呂，大臣迎立代王劉恆為帝，即漢文帝，他只得罷兵歸國，次年病死。

天下回姓劉

隨著呂雉的西去，呂氏一族轟然倒塌，天下終於又回到劉姓子孫的手裡。可是面對已經被呂后執掌七年的天下，以及周圍虎視眈眈的一族，大漢新的主人該如何再續漢室輝煌？

大凡有野心的人都很勇猛，勇猛的人卻未必有野心；劉章是前者的代表，韓信是後者的代表。劉章這個人，殺敵勇猛，也有野心。起初，劉章叫齊王劉襄發兵，打的主意是：剷除呂氏，劉襄稱帝。

大敗呂產之後，劉章獨立城門，身後站滿軍士，頗有問鼎天下的氣概。就在這高興的時刻，劉弘小皇帝遣使持節，前來犒勞劉章，誇他誅賊功大。劉章正兀自沉浸在幸福的想像裡，聽了使者之言，笑也不是，氣也不是。見使者持節立在風中，劉章幾乎是下意識地蹬腿遠跳，欲搶符節。使者見劉章撲到，勢如猛虎，勁風逼人，當即斜身矮肩，將符節緊緊抱在胸前。

符節乃是皇帝信物，見節如見皇帝本人，劉章公然搶奪，可見他心中已沒有皇帝。劉弘這孩子，久困宮中，不知形勢變化，還認為劉章真是護衛功臣。他遣使持節，犒勞軍士，用心雖好，卻行不通。一個連命都未必能保全的孩子端起皇帝架子犒勞軍士，不免可笑。劉章勢如虎撲，一搶沒中，也不好再搶。早晚都要見小皇帝劉弘，劉章順水推舟，先賣個人情，隨使者前去面見劉弘。剛進長樂宮，便立刻下令捆綁長樂衛尉呂更始和所有呂氏成員，一併就地正法。

掌控長樂宮後，劉章春風滿面地奔回北軍大營，將一切詳詳細細地告知周勃。劉章不是傻子，他不會說出撲身搶節之事。

劉章誅滅呂產，心腹之患被除，周勃十分高興，說：「我們只害怕呂產，現在呂產被誅，天下就太平了。」

權力是一座橋樑，它一頭連接恐怖，另一頭連接害怕；為了能夠有效地連接恐怖與害怕，榨乾敵人的血液就是最好的辦法。周勃大開殺戒，命人抓捕呂氏家族。在這場殺戮中，呂祿和呂通都被斬首，呂須被鞭笞致死。張偃懦弱，撿回一條小命。

呂氏家族被誅，劉襄撤兵回齊國，灌嬰領兵駐守，長安固若金湯，一切都在周勃和陳平的掌控之中。朝臣計議，覺得小皇帝劉弘是呂雉提攜登基的，為防劉弘長大後生事，一致同意廢除劉弘，另立新皇帝。

陸賈是對的，只要「將相和」，天下就是將和相說了算，陳平和周勃主持商討另立新皇帝之事。要立新皇帝，候選人不外乎在皇子和皇孫中。皇子輩中，只有默默無聞的代王劉恆和年幼的淮南王劉長；皇孫輩中，齊王劉襄一枝獨秀，在眾皇孫中就如鶴立雞群。劉章有眼光，知道他哥哥劉襄在皇孫輩中的地位，於是提議劉襄為新皇帝。

劉襄的封地有七十座富庶的城池，他二弟劉章挑戰呂雉，誅殺呂產，除去呂氏家族中最厲害的武將，護衛未央宮，功勞不薄。他三弟劉興居對誅滅呂氏家族的貢獻也不小。陳平和周勃又答應將趙王和梁王之位送給劉章和劉興居。劉襄外有精兵，內有劉章和劉興居聲援，不少人提議恭迎他入宮為帝。

劉澤反對道：「正因為呂氏家族兇狠，才差點滅絕了劉氏宗廟，立皇帝要選母舅家族不兇狠的。齊王劉襄的母舅駟均為人蠻橫，兇狠得緊，立齊王，恐怕會出現第二個呂氏家族。」

劉澤被劉襄矇騙扣留，地被搶，兵被奪，耿耿於懷。他嘴上說到長安為劉襄爭取皇位，懷的卻是一顆搗亂的心。朝臣提議立劉襄為帝，他第一個不同意，大吹劉襄母家的壞處。劉氏宗族中，劉澤身分最尊，他持此議，朝臣不便爭執。劉澤說幾句誇張的話，劉襄的皇帝夢便破了，這就是仇恨的力量。

朝臣們用心尋找母家不惡的皇子，想到劉恆時，眾人的眼睛陡然雪亮。劉恆的母親薄姬堅忍淡然，不爭強好勝，不拉幫結黨，儼然是位賢妻慈母。薄姬孤家寡人一個，她的娘家早已破散，只剩一個弟弟薄昭。薄昭和薄姬一樣，堅忍克制，安分守己。一句話，劉恆是位默默無聞的好皇子，他母親是位默默無聞的好母親，他母親的娘家更是默默無聞的好娘家。

朝臣一致認為，代王劉恆是現存皇子輩中最仁和，最寬厚，最孝順節儉的。他老娘薄氏是天下最善良的人，不會整人，只會被人整。他舅舅薄昭是天下最溫順的人，不會管人，只會被人管。劉恆品德合格，他外家的條件滿分，全體朝臣一致同意立劉恆為新皇帝。

默默無聞的劉恆贏得選舉人的全部投票。

自從魏豹死後，薄姬的一生都在等待。等待久了，判斷力遲鈍了，無論遇見什麼，薄姬都不敢拿主意。天幸，她母親教給她一項獨門功夫，求神問卦。薄姬給劉恆卜一卦，這一卦是好卦：大橫。古人卜卦，用烈火燒烤烏龜殼，依據火焰灼燒的裂痕判斷卦象。大橫，就是烏龜殼被燒裂後全成橫排，沒有豎列，也沒有斜紋。烈焰灼燒，烏龜殼竟然全是橫排，沒有豎列，還真有點奇。

據卦詞所言，大橫代表：大橫庚庚，余為大王，夏啟以光。意思是：大橫預示更替，我將為王，光大祖上基業，就像夏啟繼承大禹。

劉恆大惑不解，說他已經是王了，還要成為什麼王。巫師說：「是大王，而不是王。大王，是天子的意思。」

天子就是皇帝，他還沒出生時，魏媼就說薄姬能生天子，薄姬又跟劉邦說她能生天子。現在，卜辭預示他將成為天子，劉恆開始相信了。劉恆不是相信卜辭，而是相信天意。

面對天意，劉恆還是小心謹慎。他派舅父薄昭前赴長安求見周勃，周勃將迎立劉恆的原因細細說明。周勃不會作偽，薄昭見他真摯誠懇，即刻回報劉恆：迎立是真，可以前去，放心。熬了這麼多年，薄姬熬白了頭髮，劉恆熬垮了身體，終於熬出頭了。宋昌所言成真，劉恆拜為參乘，張武前往長安報信：新皇帝就要來了。

先派薄昭探聽，又派張武報信，劉恆這一招叫做力未到，先造勢，他不知長安虛實，只能先造聲勢，讓百姓都知道朝臣迎立他為皇帝。百姓知道他是皇帝，眾怒難犯，朝臣就不敢隨意擺弄他。

當張武來到長安，陳平和周勃聽說皇帝將到，率領群臣，前往渭橋等候。宋昌見渭橋黑壓壓的一大片，峨冠博帶，全是官員，馬上回報劉恆：十分安全，可以動身。官員全體出迎，聲勢足了，皇位龍椅被安穩了，劉恆即刻前進。

百官下跪迎接，劉恆不敢輕易地受禮，忙下車還禮，態度恭謹至誠。迎立如此謙恭有禮的皇帝，周勃心懷大暢，滿腹得意，驕傲地走到劉恆身邊，輕聲說：「我們私下談談。」宋昌見周勃臉有得色，恐他居心不良，大聲說：「如果說的是公事，就公開說；如果是私事，皇帝沒有陰私。」此言一出，群臣都吃了一驚，周勃更是冷汗直冒，退後幾步，恭恭敬敬地奉上玉璽。劉恆登基稱帝，即將開創大漢的「文景之治」。

【知識連結】

劉恆（前二〇二年—前一五七年），漢高祖劉邦在位時期，被封為代王，建都晉陽。漢惠帝劉盈弟，母薄姬。漢惠帝死後，呂后私立非正統的少帝。呂后死，呂產、呂祿企圖發動政變奪取帝位，在周勃和陳平的共同努力下，諸呂勢力被滅。陳平和周勃經過一番考察後，被擁上皇帝寶座，是為文帝，在位二十三年。在位期間，是漢朝從國家初定走向繁榮昌盛的過渡時期。

文景之治初開啟

千呼萬喚，劉恆方始稱帝，猶如琵琶女。琵琶女上場，就要為他清理現場，騰挪出表演地方。劉恆稱帝，朝臣就該為他清理現場，騰挪出大展拳腳的舞台。新皇帝要住未央宮，舊皇帝就不能住。在誅滅呂氏這場大戰中，劉興居沒大功，主動請纓，希望補功。夏侯嬰駕車，載著劉興居前往未央宮清宮。剛進宮門，劉弘的幾位侍衛持戟橫攔，不讓進入。劉興居詳細跟劉弘的侍衛道明來由，侍衛於是自行退去。

劉興居告訴劉弘，他不是劉盈的兒子，不能當皇帝。劉弘很納悶，以前他明明是劉盈的兒子，為何現在突然不是了？夏侯嬰抱劉弘上車，劉弘輕聲問道：「你要將我安置到哪裡？」夏侯嬰回答：「就在少府，路途不遠。」

大漢王朝，在載主逃亡的意義上說，是被夏侯嬰的馬車拉出來的。項羽追擊劉邦，夏侯嬰發揮超前車技，車奔如飛，保住狼狽不堪的劉邦和懦弱無能的劉盈；冒頓圍困劉邦，夏侯嬰再次發揮超前車技，潛行暗走，保住膽戰心驚的劉邦。現在，夏侯嬰老而彌堅，不辱使命，將平安送走劉弘，迎來孝文皇帝的美好時代。夏侯嬰忠於劉氏，百年不變，接送劉邦盡心盡力，送走劉邦的子孫同樣盡心盡力。

這時變故又生。劉恆入住未央宮，卻有幾個不知死活的侍衛持戟相攔，說皇帝在內，不讓進入。周勃立即曉諭，說舊皇帝是假的，被廢了；眼前的是新皇帝，是真的。侍衛聞言退讓，劉恆才得以平安進入未央宮。入宮後，劉恆封宋昌為衛將軍，鎮撫南北大軍，護衛皇室安危，另封張武為郎中令，管理宮中事務。

剛入未央宮，竟然有人持戟相阻，大大不利，劉恆心裡微有不快。為消除劉恆的顧慮，減少對將來不必要的隱憂，劉弘兄弟的死已不可避免。劉盈生的幾個兒子，淮陽王劉強、襄陽侯劉山、軹侯劉朝、壺關侯劉武，命苦如斯，可悲，可泣！

劉恆很仁厚，大赦天下。大赦天下是皇帝登基後必做的一件事，但有些人不能赦免，例如假皇子劉弘兄弟。

西元前一七九年，劉恆登基，為孝文帝，史稱孝文元年。孝文帝仁愛寬厚，廣行德政，開啟了日後被稱為「文景之治」的治世大門。

朝臣選立天子，天子也要任免朝臣，賞善罰過。人的好惡常常成為善過的標準，這對大權獨掌者尤其如此。劉恆稱帝後，先封老臣宋昌和張武，全憑個人意願。劉澤倡議迎立劉恆，功勞尤高，劉恆封他為燕王，也是個人意願作怪。劉恆遲遲不封勇猛功高的劉章和自告奮勇的劉興居，還是個人意願作祟。

急流勇退。劉恆登基稱帝之後，陳平稱病，辭去右丞相一職。陳平智深謀遠，跟隨劉邦，勞苦功高，突然辭職，劉恆十分納悶。劉恆相問，陳平坦言相告，說隨劉邦打天下時，周勃功勞沒他大；誅滅呂氏，周勃功勞高過陳平。陳平之意，欲讓周勃為右丞相。劉恆採納，封周勃為右丞相，陳平為左丞相，灌嬰為太尉。

劉恆將城陽郡、濟南郡和琅玡郡等歸還劉襄，讓齊國封地七十城得以圓滿。劉襄起兵大鬧，聲勢最響，影響力最強，最終只能復歸齊國的地盤，心中老大不爽。劉章和劉興居等了幾年的封賞，劉恆卻將趙王送給趙幽王之子劉遂，並封他的兒子劉揖為梁王。劉章和劉興居大冒生命危險，費了九牛二虎之力，大哥劉襄當不了皇帝也就算了，甚至連陳平和周勃許諾的趙王和梁王之位都沒了，心中十分鬱悶。

苦了幾十年的薄姬終於等到兒子成為天子了。薄太后讓孝子劉恆再次賞賜誅殺呂氏有功的人，這次封賞多給物質獎勵，只有劉揭例外，被封為陽信侯。周勃將此次所獲的封賞全部轉贈給薄昭。

兩年後，即孝文二年，劉章和劉興居終於等到封賞。劉恆稱帝後，知道劉章和劉興居的本意是迎立劉襄為皇帝。劉肥這三個兒子雖然勞累功高，但他們都是為自己打算，劉恆心裡不高興。因此只從齊國割兩郡給他們兄弟倆，封劉章為城陽王，封劉興居為濟北王。誅殺呂氏，他們三人率先揭竿而起，高豎義旗，最終齊國被割，封地狹小，三兄弟滿腹怨言。

劉恆稱帝幾年了，還沒立太子，大臣屢屢諫勸。劉恆多次說自己德薄功微，不配冊立太子，朝臣又再相勸，劉恆應從，立劉啟為太子。劉啟很像劉恆，仁愛厚道，孝順長輩。太子冊立，母憑子貴，劉啟的母親竇姬就是皇后，人稱竇皇后。後宮定了，朝臣定了，封國定了，劉恆的天下運行順利，賦稅少、徭役少，人民生活自然安定了下來。

寬和仁厚是劉恆的性格，在他治下，政治清明，刑罰少用，連坐之罪也被廢除。

劉恆性格溫文，心地善良，體惜百姓，打算大減刑罰，凡有罪行一律從輕發落。一次，他問右丞相周勃朝廷一年斷幾件案子，周勃答不上；又問一年收入多少錢穀，周勃還是答不上。皇上相問，周勃回答不出，後者頓時驕傲之氣全消，汗流浹背。

無奈之下，劉恆只得垂問陳平，陳平回答有專業人士管理，例如斷案就要問廷尉，錢穀就要問治粟內史。劉恆說，既然如此，丞相有什麼作用。陳平說丞相上輔助天子理順陰陽，調順四季，下鎮扶諸侯，安撫百姓，使百姓生活好，將百官管理好。陳平言人所欲言而不能言，劉恆敬服，不再相問。

退朝之後，周勃責備陳平，怪陳平事先不教他。陳平說周勃是右丞相，本該知曉，又說，「如果劉恆問長安有多少盜賊，又怎麼回答？」陳平一語，問出周勃好多心中煩惱。周勃突然頓悟，知道這類問題不能直接回答。倘若不能直接回答，周勃為人木訥，思維呆滯，口才不好，根本不能回答。

經此一事，周勃敬服陳平智慧，甘拜下風。周勃知道難以勝任右丞相一職，讓右丞相給陳平，擔任左丞相，劉恆欣然允可。

【知識連結】

劉弘（？—前一八〇年），西元前一八四年六月十五日—前一八〇年十月十四日在位，西漢非正統少帝。漢惠帝劉盈之子，原名劉山，曾用名劉義。西元前一八七年四月二十八日被封為襄成侯，前一八六年七月二十七日接封為常山王，並改名劉義。西元前一八四年六月十五日，呂雉命劉義繼任帝位，並改名為劉弘，即後少帝。前一八〇年九月，呂雉逝世。待朝臣選定代王劉恆作為新皇帝（即漢文帝）並迎入長安後，十一月十四日劉弘等被誅殺。

尉佗我是無辜的

呂雉臨朝稱制，落得個天怒人怨。呂氏家族被誅，遺留下一個大大的爛攤子，這個爛攤子就是南越。呂雉限制與南越貿易，南越王尉佗一怒之下自稱為帝，與大漢分庭抗禮。

劉恆登基後，展眼南望，尉佗稱帝的事實像一枚鐵釘嵌在大漢的版圖上，讓他心生不安。天無二日，地上不能有兩個皇帝。劉恆進入未央宮，因幾個侍衛以保護皇帝之名橫戟相攔，就下令誅殺劉盈的兒子。對待親人如此，對待尉佗就更不能妥協。

為說服南越，陸賈使盡平生所學，大費唇舌，捨命相陪蠻橫不知禮的尉佗，犧牲君子姿態，辱沒斯文，數日才將尉佗安撫住了，使其向大漢俯首稱臣。尉佗不學無術，陸賈相陪他的那些日子，遭遇滿口粗話，忍受種種無知舉動，只覺得生命虛耗，意義全無，恨不能插翅飛回長安。陸賈受盡千般苦換來大漢一方平安。劉邦死後，呂雉卻不知好歹，為了幾件貿易上的小事得罪尉佗，致使兵戈又起。

呂雉只會整人，不懂安撫之道。她擅權期間，有人進讒惡意中傷南越，她竟然聽信讒言，不賣鐵器給南越。南越乃蠻荒之地，山地崎嶇，泥土中沙石極多，沒有鐵器就不能耕種，不能耕種勢必顆粒無收。民以食為天，倘若食不果腹，南越必然大亂。鐵器對南越極其重要，呂雉禁止買賣，尉佗對她恨入骨髓。呂雉還命令只賣雌牲畜給南越，然而耕田種地都需要雄牲畜，此舉分明欲斷絕南越的經濟命脈。

國家遭此大害，尉佗難以忍受，終日痛恨縈胸。加上他又聽說，真定故鄉先人的墳墓被毀，親人屍體被棄荒野，族中兄弟被害，家破人亡，十分淒慘。陸賈為使，遊說尉佗就提到他真定故鄉，意在表明一旦尉佗歸附，漢朝必厚待他族中手足。聽說故鄉族人橫遭慘禍，尉佗當即發兵，直取長沙王。尉佗認為，長沙王國與南越相接，進讒中傷之事必是長沙王所為。長沙王中傷南越，必懷兼併南越之心。因此，尉佗進軍直取長沙，大軍所向披靡，一連攻陷好幾座城池。

漢朝限制與南越的貿易，南越百姓深受其害，軍士痛恨呂雉，個個奮勇爭先，銳不可當。南越軍勢大，長沙地寡兵疲，無力相拒，馬上發書遣使告急。呂雉派軍迎敵，大軍攻入南越境內，時逢盛夏，水濕蒸騰，瘴氣橫行，疾病多發，大軍不敢翻越山嶺前進。漢朝軍隊原地駐紮，欲待瘴氣稍減再度前進。南越軍裝備落後，不敢與漢軍正面相交，閉城堅守。兩軍對峙，不敢互攻。

呂雉死後，呂產和呂祿無能，於是撤兵回朝。漢軍撤出，危險暫除，尉佗趁機賄賂閩越、西甌和駱越，收歸南越。南越合併三地，東西綿延一萬多里，領土擴展，勢力大增。尉佗不可一世，劃界稱帝，住黃屋，用大纛，擺明與劉恆並立。

尉佗稱帝，劉恆難以忍受，但不發兵。首先，他仁愛，不願看見殺傷；其次，南越濕熱蒸騰，瘴氣橫行，出軍不利；第三，除周勃和灌嬰外，漢朝並無大將，周灌二人年老，劉恆不想看見他們死於征戰；第四，陸賈曾憑三寸不爛之舌，說服尉佗歸附，劉恆想故技重施。

時代不同了。劉邦和呂雉都不會文飾以安撫朝臣，劉恆卻很擅長。他派人到真定，修繕尉佗宗族先人的墳墓，安置守靈官守靈。尋訪尉佗宗族兄弟，提拔有能力者入朝為官，對其他人優禮相待。劉恆親筆修書一封，命陸賈帶信前往，善言勸導尉佗去黃屋，毀大纛，北向稱臣。

劉恆使人散播消息，陸賈還沒到南越，尉佗就聽說朝廷修繕他真定先人的祖墳，置守靈官守靈，提拔他宗族兄弟為為官，優禮善待他宗族人員。聽說陸賈奉漢朝之命，帶信前來，尉佗出城迎接。陸賈教訓過尉佗，尉佗知道陸賈厲害，對陸賈極為敬服。尉佗接過劉恆的信，除了虛文禮節外，信上大致說：「你我之間的事是一場誤會，全是呂雉從中作梗。呂雉死了，我給你宗族先人修墳，封你宗族兄弟為官，善待他們。你不要再侵犯長沙王了，一打兩邊都有死傷，對大家都不好。我保證，只要你承認我，北向稱臣，高祖皇帝答應你什麼，我照樣給你什麼。」

陸賈對尉佗說，呂雉不是好人，因此劉恆將呂氏家族全誅了。劉恆仁愛厚道，憐惜朝臣，愛惜百姓，是個不可多得的好皇帝。漢朝發生那麼多事，劉恆能活著下來當皇帝，那是天意，力勸尉佗北向稱臣。陸賈以自身經歷為例，證明呂雉之惡，劉恆之善，他說呂雉擅權時，他遠離朝廷，躲避禍亂；待呂氏被誅，劉恆稱帝，他才入世為官。

尉佗平素敬服陸賈，陸賈如此稱讚劉恆，他覺得劉恆不會言而無信。尉佗不想鬧事，回了一封同樣言辭懇切的信給劉恆。尉佗像劉恆一樣，將一切過錯都推給呂雉：「我尉佗是無辜的，這都是呂雉不同意高祖皇帝的貿易條件所引發的；只要繼續貿易，我同意稱臣。」

陸賈出山，又一次說服尉佗歸附，可以說是功高。

唐人許渾作了一首七律詩，《登尉佗樓》，歌詠陸賈遊說南越之功：

劉項持兵鹿未窮，自乘黃屋島夷中。
南來作尉任囂力，北向稱臣陸賈功。
簫鼓尚陳今世廟，旌旗猶鎮昔時宮。
越人未必知虞舜，一奏薰弦萬古風。

【知識連結】

尉佗，真定人。秦朝時南海郡龍川令。秦亡後，自立為南越王，實行「和揖百越」的民族平等政策，採取一系列措施發展當地經濟文化。漢高祖年間接受詔封，奉漢稱臣。呂后亂朝，憤然獨立，自號「南越武帝」。漢文帝元年，文帝親書《賜尉佗書》，派陸賈持書赴南越，尉佗遂取消帝號。尉佗卒於漢武帝建元四年（前一三七年）治越近八十年。

私生子劉長

在呂雉專權的時候，劉邦的幾個兒子相繼被誅殺，再經歲月催逼，劉邦只剩兩個兒子活在世間：孝文帝劉恆和淮南王劉長。劉長年幼，但生性乖戾，驕橫霸道，仗恃劉恆對他的喜愛，剛剛登上歷史舞台，他就演了一齣先斬後奏的大戲，那就是：斬殺審食其。

審食其是呂雉的寵臣，甚至有人說他是呂雉的相好。劉盈在位時就曾想誅殺他，後來因為寵臣閎籍美言而放過他。之前審食其能逃過一劫，全因劉盈不能當機立斷。劉長吸取劉盈的教訓，當斷則斷，先斬後奏。

當初劉邦常常辱罵張敖，為了讓自己的日子好過些，張敖送了個趙美人給劉邦。劉邦這個好色之徒，一晚上就使趙美人懷孕，而後卻拍拍屁股走人。貫高等行刺事發，趙美人也被逮捕入獄。

趙美人告訴獄卒，說她懷有劉邦的孩子。獄卒驚恐，立刻上報。劉邦正在氣頭上，便坐視不理。趙美人之弟趙兼見事情緊急，去求審食其幫忙，說趙美人懷有龍子，懇求呂雉在劉邦面前美言幾句。審食其只將事情告知呂雉，而呂雉歷來痛惡劉邦多情在外，自是不可能放趙美人出來。在獄中生下孩子後，趙美人又痛又恨，一頭撞牆而死。趙美人撞牆死後，劉邦很後悔，給趙美人的遺孤取名為劉長，交給呂雉撫養。取名為劉長，自然是希望他健康地生長，長得牛高馬大，雄壯威猛。

《漢書》記載，「厲王有材力，力扛鼎」，這厲王，就指劉長。劉長確實長得雄壯威猛，但不是健康地生長，而是憤恨塞胸、怒氣勃勃地生長，以致性格乖戾暴躁。

劉邦殺了英布後，封劉長為淮南王。呂氏家族掌權期間，劉長命懸人手，沒機會報仇。劉恆稱帝後，劉長認為他是劉恆最親的人，因此驕縱之氣日升，變得目空一切，不可一世。

劉恆仁愛，他憐惜劉長身世之慘，遭遇之悲，因此對劉長非常寵愛，劉長犯錯，不守國家法令，劉恆視而不見，於是劉長越發驕橫。

袁盎曾規勸劉恆對劉長嚴加管教，劉恆不聽。

西元前一七七年，即文帝三年，劉長進長安朝拜。劉恆帶領劉長去打獵，讓劉長同坐帝輦。劉長近親情，講血緣，開口閉口都稱劉恆為「大哥哥」，跟劉恆關係極近，連同薄姬在內，人人都對他三分敬畏，七分忌憚。

打獵回來，劉長徑直去審食其府。審食其急忙忙出迎，劉長一不說話，二不問罪，掏出袖子裡的金椎，一椎就打死審食其。劉邦進入關中時，曾與民誓約，「殺人者，死」，因此劉長命隨從捆綁自己，前去向劉恆請罪。面對袒胸露背的劉長，劉恆心下惻然，不知如何是好。

劉長說，他殺審食其的理由有三條：第一，他母親因張敖之事被捕入獄，作為呂雉的寵臣，審食其沒有極力善言相勸，致使他母親屈死獄中，審食其犯不諫之罪；第二，劉邦的寵妾愛子，劉如意母子身遭摧殘，無辜被殺，審食其不諫，坐視不理，又犯不諫之罪；第三，呂雉擅權，呂氏作威作福，危及劉氏，審食其不諫，又犯不諫之罪。作為寵臣，在呂雉擅權期間，審食其不僅犯不諫之罪，還犯了為虎作倀之罪。見劉恆面露寬緩之色，劉長知道「大哥哥」心有赦免之意，立刻大聲說：「我替天下人誅殺賊子，為母親報仇，天經地義。」心軟的劉恆同情劉長的遭遇，憐惜他的用心，顧念他是唯一存活的弟弟，便赦免了他的罪，放他回淮南。

西元前一九四年，即孝文六年，劉長和柴武的長子密謀，派七十多位壯漢埋伏於谷口，準備偷襲，同時通敵南越和匈奴，欲謀大事。劉恆知道此事，招劉長進長安。劉長膽子極大，一招就來，不稱病辭行。劉長進入長安，丞相張蒼等朝臣和宗室要員都建議斬殺劉長，棄屍街頭，理由是：預謀造反。

造反之罪極大，造反之禍極慘。然而，劉恆不忍心重處劉長，只將他發配四川，欲消磨掉他的乖戾之氣。臨行，劉恆叮囑一路上好好照顧劉長。劉長坐在有帷幔的檻車裡，外面的人看不到裡面。剛剛送走劉長，袁盎就對劉恆說，劉長有今天，全是劉恆嬌縱的結果；劉長生性剛猛，受不了打擊，如果在途中死了，劉恆就要背負殺弟之名。劉恆被稱為仁愛之君，害怕背負殺弟惡名，馬上派人追回劉長。而坐在檻車的劉長也真如袁盎所說，忍受不了打擊，對侍從說：「我是被過分嬌縱溺愛，才會落到今天的下場。」於是開始絕食，終死於檻車。

劉長死了，劉恆很傷心，也不願背負殺弟之名，於是斬丞相張蒼和御史馮及檻車經過處的沿途官吏，棄屍鬧市。罪名是：沿途沒照護好劉長，致使皇子喪生，按理當斬。並以王侯之禮厚葬劉長，安排三十戶人守塚。為了洗脫殺弟惡名，西元前一百九十年，即孝文八年，劉恆封劉長的四個兒子為侯。

【知識連結】

淮南厲王劉長（前一九八年—前一七四年），於前一九六年被封淮南王。沛江蘇人。劉邦少子，妻雍氏。相傳，力能扛鼎。因文帝的寵愛，故驕縱跋扈，常與帝同車出獵；在封地不用漢法，自作法令。西元前一七四年，與匈奴、閩越首領聯絡，圖謀叛亂，事洩被拘。朝臣議以死罪，文帝赦之，廢王號，謫徙蜀郡嚴道邛郵，途中不食而死，謚號厲，因生前封號為淮南王，故史稱淮南厲王。

洛陽賈誼治安策

賈誼是洛陽人。洛陽牡丹天下一絕，洛陽才子也是天下一絕，賈誼是傑出代表。十八歲時就以背誦《詩》、《書》，撰寫文章而聞名洛陽，《過秦論》無人不知。河南郡守吳公聽說賈誼才高，招賈誼於門下，對賈誼寵愛有加。賈誼在吳公處過了幾年大展才華的好日子，然而，天才的日子註定越過越難，除非天才退化為庸才。

劉恆登基，聽說河南政治清明，百姓富足，於是提拔吳公為廷尉。吳公惜才愛才，舉薦賈誼，劉恆便封賈誼為博士。

於是，賈誼二十出頭便進入了朝廷。此後，每當議論朝中事務，別人總是默不作聲，賈誼卻滔滔不絕。賈誼的每一句話都針鋒刺骨，常常道出朝臣們想說卻又說不出的意見，其中包括木訥的周勃，有勇無謀的灌嬰。賈誼才高如此，劉恆極為賞識，一年多後，破格提為太中大夫。

被破格提拔後，賈誼很高興，默默立志要展現自己的才華。起初，賈誼只是在朝廷上議論政治，現在，他想要做實事，改革內政。賈誼認為，大漢建都已經二十多年，這二十多年政通人和，局勢穩定，是時候創造自己的風格了。

賈誼通曉《詩》、《書》，對朝臣服飾、禮樂等儒家的那一套都懂。根據「五德之運」，推算擬定：漢朝應該崇尚黃色，數字用五，官員的稱謂都得依此更改。改動一人事小，簡單易行，要改動整個國家，就不單單是繁瑣無比，耗資也頗大。劉恆是個節儉的人，他連皇宮諸人的衣服都捨不得更換，自然不願意費心更改這些無關緊要的東西。所以，劉恆沒通過賈誼的提議。劉恆節儉，的確是好事，但他對百姓的好只是小恩小惠，他並沒有將這種好延長、擴大，在這件事上，他顯然沒有長遠地看待。

這個建議不行，賈誼又提了一個——更改國家法令，讓列侯們回封國養老。老臣回封地，能削減長安開支，又能驅逐不喜歡的功臣，劉恆何樂而不為。於是，劉恆讓周勃帶頭回封國。

回封地養老就等於退休，漢朝沒有這個規矩。賈誼被破格提拔，老臣們本已憤憤不平，現在賈誼又想驅逐他們，怎能嚥下這口氣。周勃、灌嬰、馮敬等老臣預謀伺機報復。

賈誼改革內政，精明能幹，劉恆想提拔賈誼位列公卿，此時賈誼二十六歲。老臣們聽此追封，個個心生怨恨。於是周勃、灌嬰等老臣聯名上書：「這個洛陽小子，不知天高地厚，專欲擅權，只會壞事。」呂雉擅權的淒厲回聲還飄蕩在大漢朝堂，一提擅權，劉氏子弟無人不驚，何況是文弱的劉恆。

劉恆知道擅權之禍，也害怕。自此，劉恆日漸疏遠賈誼，最後左遷賈誼為長沙王太傅，間接促成了名垂文壇的《弔屈原賦》的出現。

貶為長沙王太傅四年多，賈誼就哀傷了四年多，已是形容枯槁，滿臉哀傷。

突然有一天，劉恆招他去長安。這一道詔命，就像一星火焰，竟然重燃了賈誼那已化為灰燼的心。賈誼忙忙奔回長安，渴望被重用。此時的賈誼身負憂傷，只剩一腔熱血；劉恆卻心懷神仙之志，只求成仙入道。

召見了劉恆沒問賈誼治國興邦之道，而是問鬼神之事，這也就註定了賈誼不被重用。劉恆以前沒有魄力起用賈誼，現在他則不想。賈誼不是劉恆的重臣，更不是大漢的社稷之臣。

所以，劉恆又任賈誼為梁懷王劉揖的太傅。賈誼從長安悲傷到長沙，在長沙悲傷數年。劉恆一紙詔書招他來到長安，然而劉恆給他的仍然是悲傷。他在長沙是太傅，到梁國仍然是太傅，劉恆只喜歡賈誼做傳道、授業、解惑的太傅。

其實按理說，劉恆此次招賈誼回長安，不會如此冷落賈誼。可悲的是，在長沙的這四年，賈誼的上書得罪了劉恆的寵臣鄧通。

鄧通是蜀郡南安人，是個划船的黃頭郎。黃頭郎，就是頭戴黃帽的人。他受到劉恆的寵幸，全因劉恆的一場神仙夢。劉恆曾夢見自己升天，但是升不上去，有人相推，助他升天，劉恆回頭，只見是個將上衣束成帶狀繫在屁股的黃頭郎。劉恆癡迷於神仙之道，醒後，在未央宮西南的蒼池中找尋這人，果然見一人的穿著如他夢中所見。一問方知此人叫鄧通。癡迷於神仙之道的人聯想都很豐富，「鄧」就是登，鄧通就是登通，意味劉恆將透過鄧通而成仙，從此兩人形影不離。

有一次，劉恆讓看相的給鄧通看相，看相人說鄧通會貧死。劉恆一聽，笑了，說：「我身為一國之君，鄧通怎麼會貧死？」劉恆怕鄧通真的貧死，送鄧通一座四川的銅礦，讓鄧通自己造錢。當時朝廷允許私自造錢，劉恆這麼做，相當於給鄧通一個印鈔廠。鄧通不負劉恆所望，他造的「鄧錢」和吳王劉濞的「吳錢」馳譽天下。

賈誼知道私自鑄錢會引起違法亂紀行為，農民將不務本而重商，後患無窮。於是賈誼上書禁止民間鑄錢，結果不但劉恆沒採納，還招惹了鄧通。

賈誼辭賦寫得好，政論開漢室之先，後世的好幾位政論家都益於賈誼。《治安策》又稱《陳政事疏》，賈誼強調「眾建諸侯而少其力」，主張削弱諸侯王權力，力抗匈奴，重農抑商，宣導禮儀教化，諭教太子。賈誼覺得漢室的天下還不安穩，安穩只是表像，如果不控制住諸侯國，將來必出大事。從韓信、彭越、盧綰等人造反的事例中，賈誼總結出：實力越強，越想造反。賈誼建議劉恆對諸侯國實行分封制，將大諸侯分成小諸侯，直到依靠中央保護為止。

雖然賈誼對劉恆提了很多意見，但劉恆對賈誼並非言聽計從。有的劉恆採納，有的則沒有。賈誼和劉恆的關係，就像賣者和買者的關係。賈誼提出鼓勵自殺，鼓勵諸侯王或諸臣自殺。劉恆不只通過，還親身實踐。薄昭殺了一位漢使，被抓問罪。薄昭是劉恆的舅父，劉恆未登基前一直幫助劉恆。劉恆覺得此事棘手，既不想弄個忘恩的罪名，也不想輕易赦免薄昭。正當劉恆困難之際，賈誼的鼓勵自殺恰好指了條明路。

獄中慣例，問斬前要飽餐一頓。劉恆派一位公卿去獄中看望薄昭，陪薄昭吃好喝好，這目的就很明顯。然而，薄昭沒自殺。劉恆帶領朝臣穿著孝服去薄昭家大聲哭喪，薄昭沒招了，只好自殺。

賈誼做了太傅，不受重用，他就只能賣才。賣才，不是用才，更不是施展才華，賣才要看有沒有買主。偏偏賈誼生活時代的大財主就只有一個：文弱的皇帝劉恆。

西元前一百六十九年，即孝文十一年，夏，梁懷王劉揖墜馬摔死。劉揖死了，賈誼覺得是老師管理失職。

一年多以後，賈誼去世，年僅三十三歲。賈誼死了，那是生在夾縫中人的死法：愁苦而死，鬱鬱而終。

【知識連結】

公卿是三公九卿的簡稱，三公指丞相、太尉、御史大夫，九卿指太常、光祿勳、衛尉、太僕、廷尉、大鴻臚、宗正、大司農、少府。公卿食祿二千石，是漢朝高官。

陪嫁品中行說的報復

自婁敬提出和親之策起，不知道有多少人作為陪嫁品前往匈奴。陪嫁之人背井離鄉，也有不願意的，但無能為力。

在文帝期間，出現了一位報復心極重的陪嫁品——中行說。

西元前一七四年，即孝文六年，長安的桃花、李花竟然在十月綻放。古人相信，天現異相，必有大事。接著，驕橫乖戾的淮南王劉長造反，死在貶謫途中，劉恆悲痛傷懷。劉長絕食而死的傷心事還耿耿在胸，冒頓突然寫了封信給劉恆：「前幾年我匈奴右賢王侵犯貴境，致使兩家突生嫌隙，很是不該。為了表示對右賢王的懲罰，我命他攻打月氏。天賜福，右賢王滅了月氏後，樓蘭、烏孫等二十六國都歸附匈奴，北方已被平定，全在我的掌控之中。匈奴希望和大漢再次和好。」

稍有政治常識的人都知道，冒頓這封信表面要求交好，實質是威脅。他平定北方，勢力大增，可能效仿南越王，突然在北方稱帝。他這封簡簡單單的信，確實棘手，劉恆招朝臣商議對策。此時的大漢朝廷，真是朝中無人，軍中無將，全體同意和親。朝臣的理由是：匈奴剛統一北方，銳氣當頭；就算漢朝贏了，那片鹽鹼地也不好。

劉恆不喜歡打仗，朝臣倡議和親，正中下懷。如果賈誼在朝，必定大發出兵的宏論。曲高和寡，庸人容不下才人，才人又要遭遇鬱悶悲憤的打擊。蒼鷹落水，只能淡然地低頭、閉眼等死，如果勉強掙扎，只會讓後人徒增傷悲。

天不遂人願，漢朝的老故交冒頓接到劉恆的和親書信不久，壽終正寢。冒頓死後，他的兒子稽粥繼位，號曰老上單于。在關鍵時刻，冒頓走了，以前的努力都白幹了，一切都得重來。新單于繼位，漢朝要遣送一位和親女子。

劉恆忙選翁主，翁主指遠嫁匈奴的劉氏宗親女兒。選好翁主，也選了位陪嫁品，這陪嫁品就是中行說。中行說不想去，被迫而行，他走時留下一句話：必我也，為漢患者。中行說的意思是，如果一定要我去，我必定作亂。

中行說說得出，做得到。剛到匈奴，中行說立刻投降老上單于。中行說頭腦靈活，也會說話，將漢朝的一切詳詳細細地告知單于。匈奴人對中原地區的瞭解不深，頗有畏懼之心，中行說自陳家底，告訴單于大漢朝中無人，軍中無將，和親之弊，逐漸得到了單于的偏愛。

當初婁敬提議和親，說漢朝公主嫁給匈奴，能夠說幾句好話，使兩家和好。還說沒有女婿欺負婆婆，外孫毆打公公的道理。婁敬一定沒想到，中行說成了漢朝的奸細。中行說大肆鼓吹匈奴人擺脫漢人的影響做真正的匈奴人。中行說此舉，很像外國侵略者以經濟手段入侵時，有識有智之士發出的救亡口號：提倡國貨，反對西貨。

匈奴人喜歡吃漢人的食物，如米飯、饅頭等口感細嫩的物品，中行說教導說：「匈奴人還沒有漢朝一郡的人多，匈奴之所以強悍，勝過漢人，全因衣食不同。匈奴人所吃的能強身健體，漢人吃的只會使人萎靡不振。如果匈奴人貪圖漢食口感好，全都喜好漢物，最終依賴漢物，漢朝只出十分之二的財物就能使匈奴人歸附。漢人的衣服容易破，沒有氈毯皮袍好；漢人的食物吃不飽，沒有肉食充饑。」匈奴人覺得中行說之言有理，漸漸放棄喜愛的漢物。

匈奴人不會計數，中行說教匈奴人計數。中行說盡心盡力，宣導匈奴人使用國貨，不要用漢貨，以免根深蒂固地依賴漢人。他伶牙俐齒，深得匈奴人喜歡，漸漸改變匈奴人的想法和行為，並且他還繼續改變。

漢朝送給匈奴的所有東西，中行說讓單于全部反送給漢朝，只將書簡放大一倍，改「皇帝敬問匈奴大單于無恙」為「天地所生日月所置匈奴大單于敬問漢皇帝無恙」。

中行說一方面勸教匈奴人，力使匈奴人成為真正的匈奴人；另一方面同大漢使者辯論，滅漢人之氣，揚匈奴威風。漢使者說匈奴人輕賤老弱，中行說反駁說，如果漢軍出征，也會有老人送食給年輕的孩子，這和匈奴的慣例沒本質區別。漢使說匈奴人子娶父親的姬妾等行為不合禮法，中行說反駁說那是為了延續宗族後代。

中行說才思敏捷，無論漢使怎麼說，他都能反駁，指出匈奴人行事的好處，貶低漢人行為。漢使還想再說，中行說威脅說：「你將漢朝送的禮物量給足，否則大軍南下，漢人危險。」

西元前一六九年，即孝文十一年，匈奴在漢朝邊境搶劫。大漢迎戰，漢朝和匈奴此次打了一個多月。結果，軍隊建設遭破壞，募民實邊被毀，百姓聞匈奴而喪膽，紛紛逃回中原，邊疆空虛。戰爭打完後，匈奴想來邊境就來邊境，想搶就搶，肆無忌憚，如入無人之境。

西元前一六二年，劉恆遣使者到匈奴再提和親一事。匈奴同意和親，漢朝每年照舊送禮物給匈奴。

西元前一六一年，老上單于死，軍臣單于繼位。中行說緊抓良機，再次唆使匈奴。那是沒有制度可言的世界，新人舊人交換之際，總會發生事端，不像當今有據可行的政府運轉。在一個沒有制度的世界，小人總是趁機行事，因此政治投機者很多。

軍臣單于像他父親一樣聽信中行說，西元前一五八年，經三年準備，軍臣單于領兵六萬，大舉南下。匈奴兵分兩路，一路直取上郡，另一路攻殺雲中郡。匈奴兵一路搶掠，勢不可當，長安再次告急。軍臣單于準備很充分，兩支軍隊勢如破竹，長安如遭地震。劉恆人到晚年，就因為一個中行說，匈奴就來兩次大掃蕩，真令人頭疼。

【知識連結】

中行說，西漢文帝時人，原為宮廷太監。老上稽粥單于初立，文帝復遣宗人女翁主為單于閼氏，使宦者燕人中行說傅翁主。說不行，漢強使之。說曰：「必我也，為漢患者。」中行說既至，因降單于，單于愛幸之。後老上單于死，子軍臣單于立，而中行說復事之。

法家晁錯論縱橫

繼賈誼之後，大漢又有一位能人橫空出世，他就是晁錯。賈誼是劉恆的智囊，晁錯是太子劉啟的智囊。他兩父子都有好智囊，但兩位智囊都因他父子而死。「文景之治」如一園子的鮮花，賈誼和晁錯就如兩株參天大樹。這兩株大樹粗壯挺拔，一株招展儒家風範，正氣浩然；另一株延續法家剛正，凜不可犯。

晁錯是潁川人，為人嚴峻、剛直、苛刻；一句話，他有法家代表所要求的品行。他曾經在張恢門下學習申不害和商鞅的思想，文章博學，任太常掌故。晁錯的性格和學識預示了他今後的命運，他是政治上的強硬派，願為理想犧牲自我。讀到晁錯，不禁想起雨果筆下的沙威。沙威是雨果虛構的人物，晁錯的品行也近乎虛構。

秦始皇焚書坑儒後，《尚書》之學將近滅絕。齊國有位叫伏生的人通曉《尚書》，伏生年出九十，不可徵召，朝廷派晁錯前往學習。晁錯學成歸來，滿嘴《尚書》，就如賈誼滿口《詩》、《書》，被升為太子舍人，封博士。晁錯和賈誼才學相仿，履歷相似，只是所學不同，一個崇尚儒學，一個信奉法家。

晁錯激流勇進，上書要求太子學習術數。術數指治國方略和統治手段，多數皇帝將其偏激化，歪曲為南面之術，後發展成官場厚黑學，世人痛惡術數一詞。劉恆見晁錯才氣蓬勃，封他為太子的屬官。劉啟品行很像劉恆，智識不及晁錯，總在辯論上輸給晁錯。晁錯才勝太子，人人敬服，被譽為智囊。晁錯辯才勝過太子，他的剛嚴之氣產生了很大作用。

老上單于聽信中行說，不時派軍侵擾漢朝邊疆，軍民難安。晁錯上書陳述對策，此疏被稱為《言兵事疏》。晁錯的策論學得好，賈誼死後，晁錯就是第一。晁錯言事，見解深刻，思想精簡，滿紙剛正威猛之氣。相較而言，晁錯的理性發展得好，賈誼以感性分析見長。

晁錯指出，自漢朝以來，匈奴「小入則小利，大入則大利」，致使民不聊生。民不堪命，不能怪百姓無用，因為「有必勝之將，無必勝之民」。晁錯從地形、兵將和兵器三方面分析漢朝和匈奴的同異，指出「以蠻夷攻蠻夷」之策，要求培養一支和匈奴的作戰習性相同的軍隊。晁錯此論，很像中行說對匈奴人的勸說，都指出生活習性對人的影響。

「以蠻夷攻蠻夷」之策，劉恆開始著手培養一支鋒銳的軍隊。十年樹木，百年樹人，軍中大將在急切間難以培育。「有必勝之將，無必勝之民」，自大漢建立，朝廷都沒出現一位像蒙恬的必勝之將。大將一日不出現，漢朝消除匈奴威脅的瓶頸就突破不了。

如大江解凍一般，晁錯之才洶湧澎湃，滾滾而來，一發不可收拾。為配合「以蠻夷攻蠻夷」之策，晁錯接著提出募民實邊之策。晁錯說秦朝沒計畫地「謫戍」是種錯誤，會激發民怨，致使百姓揭竿而起。他建議劉恆以獎勵政策鼓勵百姓到邊疆定居，開發邊疆，如免去有罪之人的罪，對沒罪之人封賞。

「以蠻夷攻蠻夷」和募民實邊一旦形成氣候，匈奴就無法肆意侵擾邊境，晁錯的分析可謂鞭辟入裡。漢朝訓練軍隊，募民實邊，匈奴人很害怕，急欲破壞。這兩條政策實施沒多久，西元前一百六十六年，即孝文十四年，單于率十四萬大軍從朝那蕭關（今寧夏固原東南）到彭陽（今甘肅鎮原東），一路侵掠，打砸搶毀，殺北地都尉，火燒回中宮，驍騎直逼甘泉。

甘泉與長安的直線距離約八十公里，輕騎一天可到，長安告急。中央告急，朝臣心慌，劉恆指揮淡定，不失黃老風範。面對一幫無用的朝臣，疲弱的軍隊，也只有劉恆這種仁厚且淡然的君主能夠忍受。倘若是暴躁的劉邦，不知要砍多少人的頭。存在就是合理的，即使不合理，存在也會慢慢合理化。劉恆讓百姓休養生息，也抽離朝廷的陽剛之氣，將朝臣文弱化。一朝天子一朝臣，天子是什麼性格，臣子也要扮演天子的性格，否則遭遇就如賈誼。

匈奴此次來勢不小，劉恆命中尉周舍和郎中令張武領戰車千乘、騎兵十萬守在長安城外；封昌侯盧卿為上郡將軍；寧侯魏速為北地將軍；隆慮侯周灶為隴西將軍；東陽侯張相如為大將軍；任成侯董赤為將軍，領兵迎擊匈奴，自己也要御駕親征。

後經群臣和薄太后勸說，劉恆放棄親征，改任東陽侯張相如為大將軍，成侯董赤和內史欒布為將軍。

漢軍大出動，匈奴沒逃跑，兩軍相交一個多月。經歷千難萬苦，漢軍才將匈奴驅逐出塞。漢軍雖然贏了，斬殺匈奴卻很少。這是一場疲弱的、消耗生力軍、考驗供給的戰爭，一場戰爭打下來，兩軍各有損傷。這場戰爭將兩軍的弱點暴露無遺，匈奴兵少，漢軍無將。冒頓曾經率領三十萬進軍平城，老上單于率領十四萬南下，匈奴兵越來越少。

單于見漢軍無將，日益驕橫，揚長避短，集中優勢兵力打游擊戰，什麼時候想殺入就殺入，致使百姓死傷無數，雲中和遼東兩地最為慘重。正如晁錯所說：「有必勝之將，無必勝之民。」

此次驅逐匈奴，劉恆雖然調出很多將軍，但沒有一員猛將。劉恆的親征，也並非想贏，而只是履行皇帝的責任。他是位仁愛的皇帝，在他心中，戰爭是罪惡，他只想與匈奴和和氣氣地交往。他不明白戰爭，更不理解侵略，他只求百姓能生活好。劉恆如此，晁錯與他背道而馳，君臣異路也就預示著晁錯官場之路難以青雲直上。

【知識連結】

晁錯（前二〇〇年—前一五四年），漢族，潁川人，學貫儒法，西漢文帝重要的智囊謀士。漢文帝時，晁錯因文才出眾任太常掌故，後歷任太子舍人、博士、太子家令（太子老師）、賢文學。在教導太子中授理深刻，辯才非凡，被太子劉啟（即後來的景帝）尊為「智囊」。因建議景帝實行削藩策，引發七國之亂，後被陷害而腰斬於西安東市。

抗匈大將周亞夫

西元前一五八年，經三年準備，軍臣單于領兵六萬，大舉南下。漢朝急急調兵遣將。軍中無大將，劉恆親往霸上、棘門和細柳三地犒勞軍士。

劉恆到霸上和棘門時，兵將們熱烈歡迎，氣氛非常活躍，隨意而為，毫無阻礙。行到細柳，守門軍士竟然阻撓，不讓進入。

話說這駐守細柳的將軍是周亞夫，周勃的次子。劉恆的先遣使臣被擋在軍營外，先遣使臣說天子來了，守門軍士筆挺而立，威嚴地回說：軍中只知道有將軍的命令，不接受天子的詔令。劉恆來到，只見兵將肩披鎧甲，身佩兵器，持弓搭箭，軍容甚是威武，凜凜生風。皇帝御駕犒勞，軍士堵門，這不是造反嗎？犒勞人員臉有憂色。劉恆派人持節前去告知周亞夫，說皇上前來犒軍，周亞夫才命人打開軍門。

劉恆一行欲策馬而入，守門軍士立即說，將軍規定，軍中不能騎馬奔馳。軍士各守其位，肅然而立，甚是嚴整，劉恆按轡徐走，眼睛不離石像般的軍士。周亞夫迎見劉恆，只作揖，不跪拜，說：「穿甲戴盔，不便下跪，以軍禮代替。」劉恆當即換上嚴肅的面容，俯身憑軾，以表敬意。

當劉恆走出軍營，眾隨從都為周亞夫捏了把汗。劉恆出營，展眼四眺，彷彿在看大漢的明天，欣然說：「哎喲，這才是真正的將軍！像周亞夫這樣的將軍，有誰能夠侵犯！」巡視周亞夫的軍營後，劉恆才知道什麼是將軍，什麼是軍隊，就像劉邦看了叔孫通的朝禮後，才知道皇位之貴。

漢朝大舉發兵，終將匈奴逼走遠去。匈奴兵遠去後，接著劉恆也死了。劉恆第一次見到真正的將軍，他卻沒能看到將軍立功，可悲！可悲！劉恆一生，撞上賈誼這位大才子，卻不知重用，致使賈誼鬱鬱而死，愁苦而終，可悲！總結劉恆一生，他對百姓有恩，但沒功。他是大漢朝廷的恩人，但不是功人。劉恆是位文弱的皇帝，很仁厚。

西元前一五七年，六月，劉恆薨。劉恆留下遺言：關於喪事，一切從儉，不要浪費；關於後事，去找周亞夫。劉恆留武將周亞夫給劉啟，劉啟還有智囊晁錯，一武一文，劉啟將開啟他的時代，而周亞夫也越來越接近自己命運的終點。

話說，劉恆死後，劉啟即位，在立自己的愛妃王夫人為后之後，本就有意封賞王氏一族。恰逢此時，竇太后因王信曾為梁王求情，故對景帝提出「皇后的哥哥王信應當封侯」。景帝佯作思索後說要跟丞相商量一下。

丞相就是周亞夫。周亞夫帶兵，三個月中火速平定七國之亂，保衛漢室江山，景帝重賞，倚之為國柱。五年後丞相陶青因病告退，景帝命時任太尉的周亞夫接替相位。

景帝對周亞夫說了王信封侯的事。周亞夫卻不同意，並引述了劉邦的詔文，非劉氏不得王，非有功不得侯。不如約，天下共擊之。景帝對此默然不語。

後有匈奴王唯徐盧等五人前來投降。景帝大喜，因這是前所未有的事，長了大漢的威風，於是想把他們都封為侯，顯示漢朝的天恩和天子的懷柔手段，以此招徠、鼓勵其他匈奴人南下投降。

百官都十分贊同，這時周亞夫又站了出來：「唯徐盧背叛本族，卻得到陛下的封賞，這是利益的交換，以後若有其他人投降匈奴，陛下還怎麼去責備他們不守節操呢？」周亞夫認為，做人要講求信用，而皇帝與臣子之間的信用就是忠，為了利益而不講信用就是錯的，汙穢不堪的。周亞夫是周勃的兒子。周勃被封為絳侯，食邑萬戶，所以周亞夫實是個「生而優」、無挨餓之虞、無凍餒之患的貴族子弟，自然要講求貴族的道德。

景帝聽完周亞夫說話，心裡非常不舒服，覺得周亞夫是影射自己不講道德，於是他說：「丞相的意見不可取。」一不顧周亞夫的反對，將唯徐盧等人全部封為列侯。周亞夫哪受得了這個，他雙目噴火地退居家中，稱病不朝。

可是沒了周亞夫，景帝又回想起來當年君臣一起平叛、上下同心的日子，想起了周亞夫滿身戎裝的風采。不久，景帝就召周亞夫進宮，與他一同喝酒吃飯。我國古代一直採「分食制」，直到滿族入侵，才改風易俗，圍坐一桌食飲。宋以前沒有椅子，古人都是跪坐在席子上的。

周亞夫入宮坐定，看見自己的桌子上只放了四四方方整整一大塊肉，沒有切碎，更沒有筷子，心裡非常不高興。他性子魯直，扭頭大呼管宴席的侍從官，叫他拿筷子來。其實這並非侍者粗心犯錯，而是出自景帝的安排。他要告訴周亞夫，你能不能有飯吃，都要看我給不給你。於是笑吟吟地說：「有了肉還不夠嗎？」亞夫脫帽謝罪。景帝也起身回禮，以為他「知過能改」，誰知這個蠻牛起來後轉身就走，把景帝晾在當場，如此忤逆老闆，想必好日子是到頭了。果然沒多久，亞夫便下獄了，而且是被搬運工人告進監牢的。

古人死後，富貴的都要在墓中埋點什麼，作為殉葬品。亞夫的兒子也早早地為亞夫置辦殉葬品。全部是盔甲盾牌，共有五百套。

不知為何，搬運完畢，亞夫的兒子卻沒有給工人工錢。工人一怒之下，上書告發亞夫的兒子，說他盜買天子之物要謀反。事情自然牽連到亞夫。景帝看了上書，將其轉交給文法吏查辦。周亞夫說話又直又硬，且他自小衣食無憂，乃是富貴公子出身，如何受得了這個閒氣？所以文法吏按照「上書」上的罪狀，一條條地問，周亞夫只回給他一個閉口不言，一副隨便你的樣子。文法吏將情況報告給景帝，景帝大怒罵道：「吾不用也！」

然後景帝下令要九卿之一的廷尉來審問亞夫。廷尉的水準果然比前面那個文法小吏更高明，他直截了當地說：聽說君侯要造反？

周亞夫不答反問是誰誣告自己。

廷尉左臂支額，右手食指敲著桌子，苦思不解地問：君侯不想造反，買那麼多兵器幹嘛？

周亞夫的血色從脖子湧到臉上，怒道：「那都是殉葬用的，一折就斷，一碰就壞，怎麼能用來造反？」

不想造反？廷尉看著亞夫的眼睛道：「君侯就算不想在陽世造反，也必定是想在地下造反！」

這真是欲加之罪，何患無辭！

亞夫終於說不出話了，他見慣了戰場上的血肉橫飛，但怎能明白人的心思、構陷，可以如此精緻和惡毒？亞夫不再說話了，說也沒用。他挺身跪坐在牢中，眼睛始終盯著未央宮的方向。在絕食五天之後，他大叫一聲，吐血身亡！抗匈大將就這樣餓死了。

【知識連結】

周亞夫（前一九九年—前一四三年），漢族，沛縣人，名將絳侯周勃的次子。西漢時期的著名將軍、軍事家。在七國之亂中，周亞夫統帥漢軍，三個月平定了叛軍。但是由於周亞夫的耿直，不會講政治策略，逐漸被景帝疏遠，後冤死於獄中。

削藩之亂

劉啟登基後，智囊晁錯一飛升天，由中大夫升為內史。申屠嘉死後，晁錯獨當一面，又提削藩一事。晁錯此人比較激進，他削藩不同於賈誼的軟削，他的作風比較強硬，開始查找諸侯王的過錯，借懲過之名，中央直接收回諸侯王的封地。賈誼建議以分封的方式削藩，晁錯以強奪的方式削藩。

晁錯對劉啟說，高祖皇帝分封天下，齊王封七十多城，吳王封五十多城，楚王封四十城，天下都給分去了一半。吳王因喪子之故，稱病不朝，於法當誅。文帝寬厚仁愛，恩賜吳王手杖，劉濞不知悔改，驕橫反增，公然開山鑄錢，煮海為鹽，廣招天下亡命之徒，這就是謀反作孽。事到如今，你削藩，他要反；不削，他也要反。如果即刻削，他早反，準備不充分；如果不削，讓他準備充分，禍害就大。晁錯分析有理，劉啟答應削藩。

西元前一百五十四年，即孝景帝三年，晁錯借楚王劉戊在為薄太后服喪期間姦汙服舍，請求誅殺。劉啟赦免劉戊，削他東海郡。接著，晁錯又藉罪削趙王劉遂的常山郡，藉膠西王劉卬賣爵之罪，削劉卬的六個縣。劉戊、劉遂和劉卬實力不足，不敢挑戰朝廷，一起將目光投向實力最強的吳王劉濞。

朝廷削劉戊、劉遂和劉卬的封地後，劉濞自知有罪，擔心被削，準備舉兵造反。劉濞想除勇猛的膠西王外，諸侯王不足與謀。劉濞命中大夫應高遊說膠西王，應高不辱使命，勸服膠西王劉卬起兵。至此劉濞這次造反，共約集了六位王，分別是：楚王、趙王、膠東王、菑川王、濟南王和膠西王。七位封王一同造反，史稱「七國之亂」。七國齊聲發難，旗號為：清君側，誅晁錯。

不過造反總是有點不順利，突然齊王劉閭不幹了；濟北王城牆壞損，交兵權給郎中令修復，郎中令劫持大王，不讓出兵。於是膠西王、膠東王、菑川王和濟南王合兵一處，由勇猛的膠西王劉卬統率，全力攻打齊國首府臨淄。然而吳楚聯軍雖然人多勢大，但多邀請匪徒為將，強迫百姓參軍，只有一鼓銳氣，剛猛之威難以持續，註定失敗。

但是在造反之初，吳楚聯軍的氣勢還是很令劉啟恐懼的，因此得罪多人，削藩的發動者晁錯也註定成了犧牲品。

風聞吳楚七國造反，晁錯告訴劉啟，說袁盎收受劉濞錢財，隱瞞劉濞造反的陰謀，理當問罪。晁錯欲問罪袁盎的消息傳到袁盎耳中，袁盎很害怕，所以見七國以誅殺晁錯為名，立即求見劉啟，請求斬晁錯以平息叛亂。

西元前一五四年，即孝景三年，正月二十九日，中尉傳晁錯上朝見劉啟。晁錯身穿官服，對鏡理裝，穿著仍舊像平常一樣嚴嚴整整。他隨中尉坐車，即將上朝，認為劉啟將與他共商大事。剛到長安鬧市，晁錯被踢下車，劊子手大刀砍落，晁錯的身體由腰部斷為兩段。

晁錯被斬後，劉啟封袁盎為太常，封竇嬰為大將軍。大仇被除，袁盎和竇嬰都很高興。長安城中的賢大夫們爭相攀附袁盎和竇嬰，每天都有幾百輛車馬跟隨他倆。世人的臉就是這樣，可惜晁錯沒看見。

袁盎以太常的身分、德侯劉通以宗正的身分出使吳國。吳楚聯軍猛攻梁國，久攻不下。一個小小的梁國都不能攻取，吳楚聯軍不過如此，空有聲勢。

劉通拜見劉濞，要劉濞跪拜受詔，劉濞知道袁盎陪同前來，大笑，問：「我已經是皇帝了，還要跪拜誰？」劉濞欲讓袁盎帶兵西進，袁盎不肯。劉濞派一位都尉領五百士卒圍困袁盎，企圖殺害。

圍困袁盎的這五百人中，有位校尉司馬曾是袁盎的從吏，受過袁盎的恩情。袁盎做吳相時，這位從吏勾搭袁盎的侍女。袁盎知道後，裝糊塗，對從吏仍如平常。從吏知道袁盎發覺，害怕被誅，逃跑。袁盎騎馬追從吏回來，將侍女許配給從吏。袁盎不但不懲罰從吏，還許配侍女，從吏很感激。袁盎被困，將要被斬，從吏有心報答，買了兩石美酒給兵卒喝。天很冷，士卒們又餓又渴，從吏將西南隅的士卒全灌醉。

從吏半夜起身，去叫袁盎，勸他儘快逃走，否則，明天將被斬。袁盎不信，問從吏是誰，從吏將一切告知袁盎。袁盎更加驚恐，不想逃走連累從吏的親人。從吏說他會帶親人逃走。

袁盎逃了七十多里，天亮才見梁國的騎兵。袁盎回到長安後，將一切告知劉啟。劉啟如大夢初醒，才知道誅殺晁錯是名，搶奪帝位才是真正目的。人死不能復生，劉啟悲傷無用。面對搶奪皇位的敵人，劉啟只能打硬仗。

周亞夫率領三十六位將軍，兵力約有三十萬，與吳楚聯軍勢均力敵。

吳楚聯軍攻城極猛，梁國苦守，難以支撐。梁國首府睢陽和昌邑遙遙相望，梁國見周亞夫大軍開到，急向周亞夫求救，周亞夫拒不發兵。梁王劉武見周亞夫不發兵解圍，上書狀告周亞夫。劉啟下詔命周亞夫解圍救梁，周亞夫還是堅壁安守，抗旨不發兵救梁，親率騎兵斷敵兵糧道。

叛軍全力攻打梁國，劉武派韓安國、張羽二人堅守。韓安國生性持重，張羽勇猛善戰，他二人領兵死死擋住吳楚聯軍。吳楚聯軍攻得正急，突然傳來周亞夫斷絕糧道，眼見梁國難以攻陷，劉濞好生焦急。

劉濞下令移師直取周亞夫，雪斷糧之辱。劉濞軍行至下邑，卻撞上迎面而來的周亞夫。吳軍叫陣，周亞夫紮營堅守不出。吳軍一連叫了十幾日，周亞夫只是堅守不出。軍糧匱乏，吳軍不敢耽擱，當即採取明佯攻暗偷襲之計。

夜晚，吳軍在東南方向大舉進攻，周亞夫卻調兵防守西北。吳軍主力果然在西北，周亞夫事先安排，吳軍無法攻入。吳軍缺乏軍糧，鬧饑荒，一部分餓死，另一部分反戈相向，追隨劉濞的只有一小半。周亞夫率軍攻打劉濞，兩軍相交，劉濞大敗而逃；楚王劉戊兵敗自殺。

劉濞一路逃命，因為起兵之初曾相約南越國，這次兵敗，他想退守南越。劉啟馬上詔告天下，截殺劉濞者必受重賞；如包庇窩藏，腰斬不赦。於是當劉濞派人以厚利賄賂南越王時，南越王駱望回覆劉濞說，他願意借軍給劉濞。劉濞出城勞軍，結果被南越王派人殺害，割下劉濞的頭，傳報劉啟。

撥開雲霧見青天，劉濞一死，劉啟的好消息紛至遝來。欒布擊敗膠東、膠西、濟南和菑川四國，解救齊國；膠東王、膠西王、濟南王和菑川王兵敗伏誅，齊王飲藥自殺。欒布移軍北上，匈奴聞知，撤回漠北。酈寄久攻趙王劉遂不下，欒布兵到，引水灌城，劉遂自殺。

一場七國亂，七王就此亡，景帝的江山終於穩定下來。

【知識連結】

吳楚「七國之亂」是以劉邦之侄吳王劉濞為首發動的一次同姓王聯合大叛亂。參與叛亂的七國的國王是吳王劉濞、楚王劉戊、趙王劉遂、濟南王劉辟光、淄川王劉賢、膠西王劉昂、膠東王劉雄渠。吳王劉濞為這次叛亂的主謀。戰初景帝犧牲晁錯，以換取和平，未果。派太尉條侯周亞夫與大將軍竇嬰率三十六將軍，大破叛軍。

貪得無厭長公主

追溯往昔，但凡大人物的「出生」，照例總要附上許多傳說，否則總難叫聽者滿意。若沒有祥徵瑞兆的「加持」，這皇帝位總像是偷來的贓物，見不得光。

武帝的出生也不例外。中國人自古崇拜太陽，常以之比喻君王。武帝的母親是王夫人。王夫人懷著他的時候，曾夢見一輪紅日鑽進她的懷裡，頑皮地來回跳躍。她把這事說給景帝聽，景帝撫著她的肚子感歎：「這是貴不可言的吉兆啊！」

現在看來，「紅日入懷」的神話有可能是王夫人有意編造。武帝劉徹是景帝的第十個兒子，在他之前，皇長子劉榮已被立為太子，皇位本來輪不到他來坐，但是命運偏偏選中了他。

劉榮的母親是栗姬，栗姬是個漂亮的美人，曾經很得景帝的寵愛，連著為景帝生了三個兒子。立下如此功勞，地位自然越來越高，自薄皇后被廢，景帝一直將皇后的位子空懸著。薄皇后多病，栗姬向來領袖後宮，此時后位似是非她莫屬了。別人這樣想，栗姬心下也暗暗期盼。

栗姬怎麼也想不明白，為什麼景帝還要寵幸別的女人，他有了自己還不夠嗎？栗姬不該這麼問的。她那個時代沒有安徒生童話，但她的心中也有一幅夫妻相敬、忠於彼此的美好圖景。然而，皇帝不是普通人，後宮佳麗三千，要他把愛情投在栗姬一個人身上，根本不可能。

栗姬的脾氣越來越火暴，那張俏臉像是粘了膠水，總是繃得緊緊的，時刻準備著痙攣和抽搐，紅梅一點的誘人小嘴也被兩腮的肌肉挾持架起和撕扯，時刻準備著噴出最惡毒的詛咒。

愛的反面是冷漠，不是恨。栗姬恨景帝，但她更恨長公主劉嫖，因為她不斷地給景帝找女人，要不是她，後宮哪來這麼些個狐狸精？

劉嫖是何許人？竇太后的女兒，景帝一母同胞的親姐姐。劉嫖生在帝王家，可謂既富且貴，衣食無憂，然而她生性貪婪，總是想得到更多。誰能滿足長公主的貪欲呢？恐怕只有她的弟弟，當今天子。也許景帝劉啟是一個「渾然天成」的好色之徒，又或許他是在劉嫖的不斷「餵養」下，才漸漸變成一個縱欲無度的色鬼。總而言之，劉嫖為景帝進獻了許多美女，景帝也越來越離不開劉嫖，常常給她大量的賞賜。

劉嫖是竇太后唯一的女兒，老太太自然疼到不行，再加上與景帝的「特殊關係」，她的能量很大，時常能夠左右宮廷大事。所以劉嫖以皇姐之尊，為了討好景帝，竟然四處搜羅美女。

她是個「有遠見」的貪婪家，不僅要生前富貴，還要她的子子孫孫接著富貴下去。劉嫖嫁給世襲堂邑侯陳武，跟他只生了一個女兒陳阿嬌。男權社會裡，女人的命運取決於她婚前的父兄和婚後的丈夫，若阿嬌將來嫁給一個列侯，此後自然是離皇帝越來越遠，恐怕再難見到未央宮簷角上升起的紅日。

要幹就幹一票大的。劉嫖打算親上加親，她將目光投向自己的侄子，當朝太子劉榮，若阿嬌嫁給他，將來豈非要做皇后？婚姻講究「父母之命」，劉嫖立馬動身，入宮去向栗姬提親。

她這一路上腳步很快，裙角始終揚在身後，未曾落地。大概「保媒拉纖」這一類事，劉嫖日夜錘煉下已是熟能生巧、得心應手，她從未想過失敗的可能。劉嫖的自信是有道理的。她想，以她長公主的身分，以她劉嫖今時今日在宮廷內外的能量，栗姬肯定會歡天喜地地接受這門親事，如此一來，劉榮的太子之位將會更加鞏固，母以子貴，栗姬封后也是指日可待、手到擒來。之後她會牽著劉嫖的手商量起婚事的具體事宜，又或唧唧喳喳地說些姐妹間的私房話……

然而她沒想到的是，栗姬和自己根本不是一路人。在栗姬身上，女人嫉妒的情感淹沒了「準皇后」的政治算計，栗姬積蓄已久的怒火爆發了，竟然將親事一口回絕。具體細節已經很難知道。栗姬是關起了冷冰冰的大門，連見面的機會也不給劉嫖，還是對著她破口大罵？這不重要了。重要的是，劉嫖憤怒了，她帶著興奮和「好意」一路飛奔，越跑越快意，沒想到迎著她的是結結實實、又冷又硬的狼牙棍，聖人君子猝不及防挨了一下也要罵娘，何況劉嫖這個給人嬌寵了一輩子、翻手為雲覆手為雨的長公主？

仇恨的火苗在劉嫖心裡燒起來了。剛開始火苗很微弱，只是對栗姬的不解與怨恨。慢慢的，它獲得了源源不斷的燃料——與未來太后的交惡對這位長公主意味著什麼呢？當母親竇太后和當今天子相繼過世，自己將毫無遮掩地暴露在栗姬那瘋狂而狠毒的目光之下，到時候誰會來為自己說一句話？

火苗燒得越來越高，溫度卻越來越低，泛出藍幽幽的光來，跳躍竄動，如同毒蛇吐信，信子的方向對準了政治上極度幼稚的栗姬和她最大的倚靠，當今太子——劉榮。

【知識連結】

劉嫖，西漢皇室著名的館陶長公主。劉嫖的封邑在館陶縣，所以稱館陶公主，於漢文帝三年（前一七七年）嫁給世襲堂邑侯（食邑一千八百戶）陳午為妻，故《史記・衛將軍驃騎列傳》中又稱其堂邑大長公主。是漢文帝有史料記載的兩個女兒之一，竇皇后的唯一的親生女兒，漢景帝唯一的同母姐姐，同時也是漢武帝的姑母兼岳母。漢景帝時封館陶長公主；漢武帝時，尊稱竇太主。

寵溺幼子釀禍端

梁孝王劉武是竇太后的小兒子，景帝的同母兄弟。若說竇太后寵愛女兒劉嫖有十分，她寵愛劉武就有十二分。

梁國緊挨著中央的轄地，相較其他諸侯王，梁王來長安要方便得多。自景帝十四年以來，梁王幾乎年年入朝朝見，而且經常一待就是幾個月，有時更長達半年，可見他的受寵。

景帝二十九年十月，梁王又來朝見。不過這次他可不僅僅是來孝順母親、與景帝重溫兄弟情的，他是來爭皇位的。劉武想做皇帝，並非是「無理取鬧」，而是要景帝兌現承諾的。原來景帝二十五年（前一五四年），梁王來朝，景帝與他宴飲時，曾當眾說：「千秋萬歲後傳於王。」司馬遷描述景帝說話，用了「從容」二字，可見其並非酒後胡言。梁王卻沒當真，不過心裡也非常高興，寵溺小兒子的竇太后就更不用提了。但母親的溺愛，兄長的放縱，讓本來沒有做皇帝野心的梁王，內心起了小變化。於是當太子劉榮被廢，他認為機會來了，竇太后也這樣認為，可是景帝不幹了，於是派袁盎出來一頓辯論，上溯周朝之禮，終叫竇太后也無法再多說。

劉徹即太子位，劉武拾級而上、登得皇帝寶座的夢想徹底破碎了，他滿腔怒火，殺向那些他認為阻礙了他登上皇位的人，這其中就包括袁盎。

景帝大怒，遂派人徹查此事。於是將羊勝、公孫詭查出，後被迫自殺。派去查案的田叔還查出梁王不光是刺殺朝臣的幕後主使，他招募士卒，鍛打兵器，確有不臣之心，「按律當誅」。田叔雖然拿到了確鑿證據，卻在回來的路上把它付之一炬。景帝面露不快，正要發作，卻聽田叔道：「梁王不法狂悖，鐵證如山，若不殺他，此後大漢的律法再也無法取信於民；可是真的殺了他，太后恐怕這輩子都不會原諒您。陛下，請您聖裁！」

景帝笑了，轉身就把消息送到長樂宮中。竇太后聽了，馬上恢復生機，左右宮人連忙動手置辦飲食，給她果腹，後拜田叔為魯國相。

待景帝怒氣漸消，梁王於是上書請求朝見。一行人走到達函谷關口，一個叫茅蘭的臣屬勸道：「大王仍是待罪之身，再像以前那樣講究排場恐怕不太合適，還是改乘布車罷。」梁王於是乘坐當時出殯時採用的布車，隨身只帶兩個騎兵。饒是如此，他仍然害怕，不敢面見景帝，於是躲進姐姐劉嫖的家中。景帝派使者出關迎接梁王，而梁王已經入關，所以只見到他的隨從車馬。太后知道沒接到人，振臂號泣道：「皇上果真殺了我的梁王！」

這真是跳進黃河也洗不清，景帝只能無奈聽著老母訓斥。這時峰迴路轉，宮人報說，梁王來了，他正赤膊跪伏在宮門處，背著砧板、斧頭，請求處罰。太后這才大雨轉晴，景帝也非常高興，他抱著梁王痛哭起來。然而景帝心中始終難以釋懷，他漸漸疏遠梁王，不再和他同乘車輦了。

三十五年（西元前一四四年）冬，梁王又入京朝見。他上奏摺請求留住京師，侍奉竇太后。這次，景帝沒有答應。

梁王只得就國，如同瘋狂時毫無感覺，清醒後卻疲憊不堪，經歷了這些波折後，梁王靜了下來，但也不再快樂，每天心神恍惚。有一次到北面的良山打獵，恰逢有人獻上一頭牛。這頭牛大概是先天畸形，他的牛足竟然長在背上。那時的人還沒有生物學的概念，那頭怪牛的樣子看起來觸目驚心，梁王只道這是天降的怪物妖孽，預示著災難，厭惡的不得了，食不知味。六月中旬，梁王得了熱病，沒過幾天就去世了。後人諡他為梁孝王。

竇太后知道梁王病故，哭得死去活來，大叫道：「皇上果然殺了我的武兒！」景帝恐懼憂慮，想起以前兄弟攜手登車，一起打獵，秉燭夜談的情境，恍如隔世，一時不知道該如何面對今昔的變化，唯有黯然神傷。而後景帝將梁國一分為五，分交梁王的五個兒子掌管，個個封王。這事是與長公主劉嫖商量過的。太后知道這件事，才漸漸解開心結。其實，梁國這樣的大國一分為五，對增加中央的威權，削弱地方諸侯勢力是大有好處的。景帝此舉，算得上一舉兩得。

【知識連結】

漢朝朝見天子的禮儀。第一次入宮晉見，叫做「小見」；正月初一清晨，諸侯捧著皮墊，再在皮墊上擺上璧玉，向皇帝道賀，這叫做「法見」；又三天，皇帝為諸侯王設下酒宴，賞賜金錢財物；再過兩天，諸侯王又入宮「小見」，然後辭別天子，回到自己的封地。諸侯王都是天子的兄弟叔侄，所謂「小見」，就是親人的團聚家宴，所以可以不必嚴格拘於禮節，一般士人是沒有資格加入的。諸侯王晉見，在長安居留的時間不能超過二十天。且正月朝賀，一般是一王與四侯一起朝見，又由於那時交通不便，往往十多年才來京師一次。

阿嬌是那登天的梯

王夫人是個聰明的女人，不過劉嫖的橄欖枝並沒有直接伸給王夫人，而是伸給了她所生的劉徹。劉徹出生時不叫劉徹，而是叫劉彘。彘的意思就是小豬仔兒，堂堂皇子，怎麼會以豬為名？據《漢武故事》說法，景帝亦夢高祖謂已曰：「王美人得子。可名為彘。」可見劉徹出生不僅僅驚動了父親景帝劉啟，甚至還驚動了祖宗漢高祖劉邦。這意思就是說，景帝夢見高祖給劉徹起名字了。

劉彘幼時不僅可愛，而且從頭到腳透著一股機靈勁兒。他一天到晚調皮搗蛋，與姑姑劉嫖的女兒、表姐陳阿嬌玩個不亦樂乎。

劉嫖抱劉彘在腿上，指著自己的愛女說道，把阿嬌送給你當老婆好不好？劉彘拍手叫道，要是阿嬌做我的老婆，我就蓋一座金屋給她住。好一個漢武帝，小小年紀就有如此豪言壯語！普天下待嫁的姑娘聽了這話都要心動吧？

不管怎樣，透過把阿嬌許給劉彘，劉嫖與王夫人的手緊緊握在了一起。王夫人不像栗姬那樣不識抬舉，她那靈敏的鼻子很快嗅出了陰謀的味道！她太明白與劉嫖結親的重要性了，她要抓住這個機會，皇后的寶座就在眼前！

丈母娘為女婿說話乃是天經地義的事。劉嫖就常常在景帝耳邊吹風，說劉彘如何的聰明健壯，如何的可愛伶俐。劉嫖所言，景帝心裡是有數的，否則怎會在劉彘七歲時，為他改名為通徹、透徹之「徹」？只是，廢立太子乃是國之大事，景帝還要仔細想想。

栗姬在政治上的修為還是不夠，她拒絕了劉嫖的親事，已算是「撕破臉皮」，可是她並沒有對付劉嫖的後續手段，也不曾在夜裡睜著放光的雙眼，窺伺對付她的時機。栗姬也許並沒有想要把劉嫖怎麼樣，她的拒婚很可能只是一種情緒的發洩。但是栗姬發脾氣發錯了時間和地點，她不知道在她任性妄為的時候，有多少人對著她和太子磨刀霍霍。

劉嫖卻不一樣，得罪將來太后的恐懼逼得她只能「先下手為強」。劉嫖對景帝說，栗姬與你所寵愛的那些妃子聚會，總是讓她手下的侍者在她們背後詛咒、吐口水，以巫術害人。

武帝晚年曾經大搜巫蠱，所以栗姬的巫術詛咒是可能的，而且依照她的性格，她這樣做的可能性很大。

劉嫖卻知道「求神拜佛」是沒用的，女人之間的戰爭只能靠男人來決出勝負。大概因為很多女人都是經她之手入宮，劉嫖的消息十分靈通，栗姬可能做夢也沒想到，她的那些小把戲會傳到劉嫖的耳朵裡，再透過劉嫖的嘴傳到景帝的耳朵裡。

後宮不和往往是皇帝最頭痛的事。所以「景帝以故望之。」

「景帝」是劉啟死後，後人給他的謚號。所謂「耆意大慮曰景」，就是說不莽撞，喜歡深思熟慮。景帝雖然心裡不快，但栗姬畢竟是太子的生母，還要觀察觀察，所以沒有發作。

劉嫖的目的達到了，景帝的注意的目光已經投在了栗姬的身上。栗姬不知道，這不再只是她和劉嫖的博弈，現在連景帝也「參與」進來。可是，暴躁人性的魔鬼附了她的身，她仍然不知道收斂。

景帝的身體一向不好。有一次景帝生病，大概病得很重，重得以為自己快死了。所謂鳥之將死，其言也哀，人之將死，其言也善。他召見栗姬，體虛氣弱地開始託付後事。

「我死之後，那些孩子就交給你了，要好好對待他們。」

「栗姬怒，不肯應，言不遜。」

栗姬已經被嫉妒折磨得有些發狂。景帝的意思非常明顯，栗姬已經是他心裡的皇后。栗姬卻對此毫無反應，一口回絕了景帝。

病中的人最需要溫暖的安慰，哪怕是欺騙，景帝心裡那軟軟的一處被栗姬的惡言惡語「痛快」地碾碎了，此時他不再是那個託付後事的溫情丈夫，兩人間的氣氛迅速由「融合」轉化為「對抗」。但也許是因為心裡有愧，又或許是因為病得不再有力氣吵架，景帝選擇了沉默。沉默不等於平靜，新帳舊帳疊在一起，景帝的憤怒如地火在下面潛伏奔流著，一旦給他尋著地殼的縫隙，就要噴薄而出。

有一天朝會，大行（官名，主管禮儀）奏事完畢，接著向景帝進言道：「『子以母貴，母以子貴。』現在太子的母親栗姬還沒有封號，應該立她為皇后。」景帝大怒道，這事哪到你來多嘴！命衛士將大行拉出去砍了。其實古代君主制下，君王的家事就是國事，立太子立皇后等大事更不在話下，既為國事，大臣如何不可參議？

景帝所謂「哪到你來多嘴」，不過是因為大行所言觸到景帝的逆鱗——景帝對栗姬已經死心，怎會立她為后？而一旦大行的建議被採納，最終的得益人是栗姬，景帝遂以為大行背後是栗姬在指使。於是他廢劉榮太子之位，把其貶為臨江王；又把栗姬打入冷宮。栗姬見不到皇帝的面，想解釋也沒有機會，於是憋悶憂憤而死。

有關大行提議立后的事，司馬遷是這樣說的：

「王夫人知帝望栗姬，因怒未解，陰使人驅大臣立栗姬為皇后。」——《史記·外戚世家》

竟然是王夫人在背後搞鬼！她這招「以退為進」、「予取先與」可謂狠毒！

劉榮被廢、栗姬被打入冷宮後，景帝封王夫人為皇后，王夫人所生的劉徹（劉彘）也被立為太子。

【知識連結】

漢武帝第一位皇后陳氏其名字在《漢武故事》中國記載為嬌，故後人稱其為陳阿嬌或陳嬌。與漢武帝劉徹青梅竹馬，也因其母劉嫖地位有權勢，得以嫁與劉徹成為大漢朝身分最尊貴的皇后之一。「千金買賦」及「金屋藏嬌」等典故都與陳皇后有關。後來因為巫蠱，衛子夫被鎖長門，終世未再出。

第五章：漢武大帝

漢武大帝劉徹，風險繼位，掌握大權；用賢變法，尊王攘夷；大戰匈奴，出使西域；巫蠱為亂，罪己示民。劉徹這一生不斷在和與戰、治與亂、忠與叛、生與死、得與失、情與恨這種種矛盾中沉浮，讓當時者感歎，後世人深思。

皇帝還太嫩

後元三年，也就是西元前一四一年，漢景帝病故，劉徹即位，是為武帝，尊祖母竇漪房為太皇太后，母親王夫人為皇太后。此時，武帝年僅十六歲。西元前一四〇年，武帝以「建元」為年號，此為中國「年號」之始創。

武帝深知，個人的力量是有限的，尤其他剛剛登基，羽翼未豐，很需要幫手。於是詔令中央和地方的各級行政長官推舉人才，「舉賢良方正直言極諫之士」。滿朝文武或許在「黃老之說」的氣氛裡待得太久，毫無奮發的勁頭。所以武帝改革的第一步就是換人，換上自己的人，他要「站得穩，行得動」。漢初的官員很多是選自功臣貴族子弟，這些人很快就用盡了，到武帝時，可選擇的空間就非常的小。最有機會的是兩個外戚，竇太后的侄子魏其侯竇嬰，和王太后的弟弟田蚡，兩人都好儒術，是儒家信徒。後來武帝拜竇嬰為相，這都出自田蚡的運作。

景帝去世後，武帝封田蚡為武安侯，一時成為朝中紅人。田蚡本想自己做丞相，卻讓管家籍福勸止。籍福說，如果皇上拜您為相，您也一定要推辭，把相位讓給魏其侯。您現在剛剛發達，還無法與魏其侯相比。魏其侯是竇太后的侄子，顯貴已經很久，況且他在平亂中立有大功，天下英才都歸附他。魏其侯當上丞相，您至少也會坐上太尉。太尉與丞相同屬三公，您也同時得到讓賢的謙遜名聲。

田蚡認為籍福說的對，於是入宮向王太后說明心意，太后再把話遞給武帝，於是拜竇嬰為丞相，拜田蚡為太尉。

但要行儒道，竇嬰、田蚡都沒有這個學問，於是竇嬰向武帝舉薦了趙綰和王臧，兩人同是當時儒學巨擘魯申公的弟子，從申公學《詩》。申公當時已有八十多歲了。武帝還是太子時，王臧便是他的老師。於是拜趙綰為御史大夫，拜王臧為郎中令。股肱之臣基本敲定，武帝開始了自己的施政之路。

首先就是立明堂。

上古時政教合一，所謂「明堂」，就是古代帝王宣明政教、舉辦大典、祭祀祖先的地方。《木蘭詩》裡有「歸來見天子，天子坐明堂」。可是南北朝的明堂僅指朝堂而已，與上古之明堂相較，僅保留了行政功能。

武帝迷信，對祭祀鬼神之事特別感興趣。他本是個精力充沛、好奇心強的人，外加少年心性，對立明堂這樣的「形象工程」自然是直流口水。

可是明堂太遙遠了，趙綰、王臧也不太知道明堂是個什麼玩意兒。於是武帝派出使者，「束帛加璧，安車以蒲裹輪」，隆而重之地將申公從魯地請過來。武帝對申公聞名已久，他見申公，大概就像是在困頓迷途之中瞧見了光亮，激動地不得了。

武帝問：「我該怎麼做？」

申公滿頭白髮，打呵欠似的說：少說話，多做事。

武帝掩住失望的神色，拜申公為太中大夫，「議明堂事」。

接著是令諸侯就國。這就比較難辦了，因為各位諸侯都不願意。原來，諸侯的食邑雖在外地，但他們多數娶了皇家的公主，別說他們自己不願意回到窮鄉僻壤，身嬌肉貴的公主也不願意。其實這件事很讓人費解，因為這個「令諸侯就國」的詔令並沒有什麼實質利益，但它卻表明了武帝改革的決心。

此外的各項政令分別是：

一、除關。武帝之前，各國各有關禁，武帝廢除關禁，既是要裝出一個「不設防」的盛世氣象，更重要的是這對瓦解諸侯國的「佔山為王」的狀態很有助力。

二、仿周禮而創漢制。武帝欲行儒道，而儒道的源頭在周，故這條詔令的頒布是理之所必然。

三、貶謫諸竇宗室，其「毋節行者」，削除爵位。這就直接涉及人事的調動、豪族的利益了。這個針對竇氏宗族的法令，是武帝對竇太后的一種挑釁，一種試探。竇氏家族的人果然暗中向太后抱怨。

這時候，閩越攻打東甌，東甌遂向漢朝告急。武帝令嚴助帶兵救援東甌。漢兵未至，閩越兵聞風而退。

武帝和他的新政夥伴正忙得不亦樂乎，太皇太后竇氏居住的長樂宮看似毫無動靜，實則靜靜地觀看著這一切的發生。這時候，御史大夫趙綰上書奏請「無奏事東宮」，這激怒了竇太皇太后。她開始暗中搜查趙綰、王臧犯法的罪證。

如果說武帝是陽謀，太皇太后是陰謀，當絕對實力不足以壓制對手的時候，陽謀豈是陰謀的對手？趙綰、王臧於是下獄自殺。十八歲的武帝第一次這麼接近死亡，且死者是他的老師，他的新政的擁護人。他想起了申公。當他向申公問計的時候，這老人家只是說了句「少說話，多做事」。

武帝有些心灰意冷，太后已經從精神上擊垮了他，這是個不可戰勝的對手，至少是現在。所以，隨她怎麼樣吧！於是魏其侯竇嬰罷相，武安侯田蚡免職。申公也只能返回魯地養老。

千呼萬喚的「建元新政」就這樣暗淡收場，這裡有一種靜悄悄的尷尬，大家都裝作什麼也沒發生。日日夜夜，武帝都在回想這次挫折，他並不甘心就此罷手。政事不順也就罷了，後院也跟著起火。阿嬌整日在發脾氣，究其原因卻都是雞毛蒜皮的小事。

皇帝、皇后都在盼望著彼此的安慰和重視，然而卻不關心對方，尤其是劉徹，他已受夠了阿嬌的蠻橫，所以來她這裡的次數越來越少了，多數時間都是在其他妃子那裡過夜，又或隨便找個順眼的宮女共眠。這激起了阿嬌的妒性，每天只能拿擺設出氣。

可越是這樣，武帝越煩，對阿嬌也越失望。最重要的是，幾年下來阿嬌竟然還沒有懷孕的意思。武帝急，長公主劉嫖更急。她知道，皇后無子，那她的后位也就坐不穩了，於是長公主在全國搜羅醫治「不孕」的方子。可即使如此，阿嬌的肚子也是絲毫沒有起色。

這時候，王太后看不下去了。她召武帝來，要他善待阿嬌。武帝正煩著政事，哪裡聽得下這些，只是敷衍地點點頭。王太后揪住他的耳朵，跟他說：「已經得罪了太皇太后，現在又對阿嬌不冷不熱的，是不是想把長公主母女推到太皇太后那邊去啊？你才登基幾天，忘了自己是怎麼上來的了？沒有長公主，你現在還是天子嗎？」一語驚醒夢中人，武帝於是又去皇后那裡不時坐一坐，終於把自己和長公主的緊張關係緩和下來。

【知識連結】

明堂，據《周書・明堂解第五十五》的解釋，明堂是周公所建，目的是為明諸侯之尊卑，所以在明堂朝見諸侯。明堂的式樣為「明堂方百一十二尺，高四尺，階廣六尺三寸。室居中方百尺，室中方六十尺，戶高八尺，廣四尺。東應門，南庫門，西皋門，北雉門。東方曰青陽，南方曰明堂，西方曰總章，北方曰玄堂，中央曰太廟。左為左介，右為右介。」

生男勿喜，生女勿憂，獨不見衛子夫霸天下

陽信公主嫁與曹參的曾孫平陽侯曹壽為妻，因此又稱為平陽公主。

武帝剛一進門，平陽公主就看到他悶悶的臉色，請他入座，又找來府上所有的美女，將她們精心打扮一番，進獻給武帝。武帝掃視一遍，沒有一個滿意的。於是平陽公主又招人來唱歌跳舞。一位歌女酒窩淺淺，從眾多歌女中脫穎而出，看得武帝兩眼放光。平陽公主順勢讓這個歌女在此伺候。這個歌女，就是衛子夫。

衛子夫，代國平陽（今山西臨汾）人，她的母親是平陽公主家奴僕，嫁給一個姓衛的，生下一男三女。分別是：衛長君、衛君孺（女）、衛少兒（女）、衛子夫（女），但這衛家老太太卻不怎麼守婦道，竟然暗中與平陽侯屬下一個小吏鄭某（鄭季）私通，給衛子夫生下一個弟弟鄭青。也許對鄭青這個人你很陌生，但他後來改了另外一個聞名天下的名字：衛青。衛母真是個英雄母親，老當益壯，後來又找人生了兩胎（改姓後叫衛步、衛廣）。至於這兩個兒子有幾個父親，沒有記載。衛子夫的二姐（衛少兒），沿著母親的光輝足跡繼續前進，她也和平陽侯屬下一個小吏霍仲孺私通，生下一子叫霍去病。但

兩人只是露水姻緣，後來各自成家，衛少兒嫁給了陳掌（陳平曾孫）。霍仲孺成家後生了一個兒子叫霍光。霍去病、霍光兄弟倆同父異母，一個私生，一個婚生，都是漢朝頂天立地的人物。霍光在很久很久以後，將衛子夫的曾孫（劉病已）扶上皇位，即西漢著名中興之主——漢宣帝。就這麼一個歌女，因為一次偶遇竟然牽扯出這麼多鼎鼎大名的人物，確實有點傳奇。

當夜武帝回宮，就把子夫帶了回去。可是第二天武帝就把子夫給忘得一乾二淨。

一年以後，武帝決定釋放一批宮女回家，其中就有衛子夫。再見伊人，武帝忽然想起了車廂裡的那一夜，一時怔住說不出話。子夫淚垂如箸，請求放她回家。武帝怎會捨得她離去，就留了她下來。

或許是因為久別重逢帶來的激情，不久，衛子夫有孕的消息傳了開來。武帝高興得笑不攏嘴，於是封子夫為夫人，這是皇后以下級別最高的妃子。

阿嬌得聞更氣了。為了打擊衛子夫，阿嬌聰明地將目標鎖定在衛子夫的弟弟——衛青身上。

衛青因為是家奴所生，一生下來就做了奴僕。衛媼無暇照顧他，就把他送回給鄭季。鄭季家裡原是有妻子的，這妻子也為他生了幾個兒子，他們都不把衛青當做兄弟，只叫他放羊。鄭季也不為他說話。這樣，年少的衛青整日對著羊群，對著山上的枯風，人變得沉默起來。

衛青就這樣慢慢長大。

「您的面相貴不可言，將來定能官拜上將軍，立功封侯！」這是衛青去甘泉宮時，一個戴枷的囚犯對他說的。那人滿面狼藉，黑乎乎的，唯一能看清的是他的眼睛。「能不挨打挨罵，有口飽飯吃就已經很不錯了，我一個奴隸生的孩子，怎能奢望封侯？」囚犯還想說下去，衛青已經搖搖頭走了。

後來，衛青做了平陽侯家的騎兵，後又隨衛子夫入宮，在建章宮行走。

阿嬌與母親長公主合謀，想趁機將衛青擄走。正要下手的時候，衛青的好友郎官公孫敖和其他壯士破門而入，把他救了回來。這次鬼門關前的經歷，衛青深深藏在心底，沒有大呼小叫地說要報仇，也沒向武帝告狀。

武帝卻立刻明白了這是怎麼回事。他招來衛青，任命他當建章監，加侍中官銜，以示恩寵。他的同母兄弟們也都得到賞賜，數日之間竟累積千金之多，個個顯貴。衛媼的大女兒衛孺嫁給了太僕公孫賀。二女兒衛少兒與陳掌私通，武帝便招來陳掌，賜他官做。公孫敖救了衛青，因此也越來越顯貴。不久，武帝又升衛青為大中大夫。

從此，武帝與衛青更親近了，將他倚為助臂。

【知識連結】

衛青（？—西元前一〇六年），字仲卿，漢族，河東平陽（今山西臨汾市）人。西漢武帝時的大司馬、大將軍。衛青善於以戰養戰；用兵敢於深入，奇正兼擅；為將號令嚴明，與士卒同甘苦；威信很高，位極人臣，但從不養士。首次出征時，將傳統戰法進行革新，奇襲龍城，始破匈奴，打破了自漢初以來匈奴不敗的神話，曾七戰七勝，以武鋼車陣大破伊稚斜單于主力，為北部疆域的開拓做出重大貢獻。元封五年，長平侯衛青逝世，起塚如廬山，葬茂陵東北，謚號為「烈」。

一代大儒董仲舒

儒家的祖師爺是孔子，孔子以後、秦以前，又有許多代表人物，其中最重要的是孟子和荀子。然而這三位都是「在野」的學者——孔子做過司寇，掌管刑獄，可是不久罷官——他們的儒學都只近乎一種純粹的學術，在春秋戰國那個戰火頻繁的時代，推行仁義的他們是不會有多大的市場的。因此，孔、孟、荀這三個人的聲音都只在讀書人的圈子裡發生影響。

董仲舒則不然。他一生經歷文帝、景帝、武帝三朝，這三朝都是治平盛世，從前「默默無聞」的儒學這時就發揮了作用。

董仲舒是廣川（今河北省景縣）人，景帝時為博士。這裡的博士所指的並非是一個學位，而是指有術業有專攻的專家學者。秦始皇時，為招攬天下賢才，置博士，後有博士七十餘人，相當於皇帝的智囊、顧問。漢朝時置博士，卻始於文帝。

文帝好刑名之說——張釋之等刀筆吏登上歷史舞台就是自文帝一朝開始。景帝呢，在母親竇太后的影響下，崇尚黃老之說。董仲舒這樣的儒生，在文景兩朝自然沒有什麼施展才華的機會。不過，那時還年輕的他並不灰心，反而更加堅定了鑽研學問的決心。「目不窺園」的典故就是出在他身上。傳說董仲舒終日埋首經書，這樣一連三年，連家裡美麗的後花園都未曾踏入一步，可見其專心。在鑽研學術的同時，董仲舒還廣收門徒，學生太多教不過來，就讓先入門的弟子代師授藝，這是先秦以來教書先生的老辦法了，並非董的原創。

鑽研學問可以看做是個人興趣愛好，廣收門徒則暴露了仲舒內心的不甘寂寞，他要他的學問傳下去，世世代代的傳下去。讀書人的心裡都是有一個大大的問號——讀了這麼多的書作何用，無非是想登上朝堂，指點謀劃，試上一試。更何況，金碧輝煌的朝堂和威儀尊貴的朝服本身就是一種誘惑呢！「春風得意馬蹄疾，一日看盡長安花」，清寒的孟郊在登科後也一洗頹廢，神采飛揚嗎？可見這是一個千古文人共有的一個夢。仲舒在等，等待機會，「玉在匣中求善價，釵在奩裡待時飛」！

這個機會很快就來了。西元前一四〇年，武帝下詔，令中央和地方的各級行政長官推舉人才，「舉賢良方正直言極諫之士」，然後聚之京城，與天子面對面的交流。一時間，蟄伏民間的精英人才鯉魚爭躍龍門般湧了出來。這其中自然少不了早已得享大名的董仲舒。

董仲舒沒有與武帝當面探討，他的手段是上書對策。仲舒並非形而下者的「器材」或匠人，而是形而上的哲學家。武帝雄才大略，所求亦非一時一地的權謀術數，而是國家的長治久安之道，所以他對仲舒的想法非常感興趣，故而連續下詔向仲舒問了三次，仲舒也連續地上書，做了三次解答，這就是歷史上赫赫有名的「天人三策」。

在「天人三策」裡，董仲舒引用並發揮了《春秋》，將自然界的災異變化和人類社會聯繫在一起，認為如果人君有道，治國有方，就會天降祥瑞；反之，如果人君縱情享樂，不顧百姓死活，就會爆發地震、土石流等自然災害，這時候，上天還沒有放棄自己的兒子——「天子」，所以這些自然災害只能算是一種警告，可是若人君還不知悔改，災害就會越來越多，直至國破家亡，宗廟毀壞。

可以看出，仲舒的儒學不但與孔子不同，與相對較近的孟子相比也大大不同。他的學問裡似乎融入了稷下學宮陰陽家鄒衍的五德終始、陰陽感應學說。當然，仲舒學問的主體還是儒學，他提出「天人交感」、渲染災異變化，主要是為了約束至高無上的皇帝，因為經過了秦朝的二世而亡，漢初的有志之士已經看出了過分集權的危害，因此被秦始皇廢止的分封制又開始在高祖劉邦手下復活。

那麼，如何做才是有道呢——這才是仲舒的重點——當然是興儒學，不光是興，而且要定儒學為一尊。其他百家雜說在仲舒眼裡都是胡說八道、惑人耳目的，所以要「悉罷之」。

但他似乎忘了，自己的儒學不是「純正」的儒學——這世間有「純正」這一說嗎？任何所謂「純正」的東西，都要追根溯源到其「始祖」，正如純種的狗和馬，人們都能追溯到他的祖先多少多少代，其族譜比大多數人還要健全完備。人們當然可以假設孔子的學問是真正的儒學，孔子的學問是哪裡來的呢？傳說他也曾求教於老子，難道可以說，其實真正的儒家是道家嗎？孔子一生裡最崇敬的人是周公，他也一直以推行、復興周禮為己任，難道可以說第一個儒家不是孔子而是周公嗎？若真是這樣，為什麼稱儒家為孔門，而不是周門或旦門（周公名旦）？不但如此，仔細推敲《論語》，人們會發現，孔子並非沒有法治的概念，只不過他更看重德治和禮治罷了……凡此種種，難道可以說真正的法家都是儒家嗎？其實，儒也好，法也罷，其實都各自有其上古的源流——這個問題是說不清的，因為時代太久遠了，材料都湮滅了——只不過流傳至後世，各人的側重點有所不同，孔子重德重禮，而韓非李斯這些人更重嚴刑峻法。

董仲舒的這個提議，顯示了他「獨霸學壇」的野心，所以與其說他的「獨尊儒術」是出於安定天下的公心，倒不如說是出於顯揚自我的私心，儘管這種私心可能連仲舒自己都沒有察覺到。

那麼，具體應該如何尊儒呢？董仲舒於是提出了捆了中國人兩千多年的「三綱五常」——君為臣綱、父為子綱、夫為妻綱。無論董仲舒的學說怎樣，武帝被他打動了，因為他的「獨霸學壇」的氣魄，與他的「大一統」夢想是契合的。因為，這裡面都有一種深植於一般人頭腦中的美學觀——整齊——武帝是不能容忍他掌舵的漢朝再如以前一樣，諸侯國各自為政，整個國家野草生長似的狀態的，他要為這個國度立規矩。

不久，仲舒的學說為武帝推重了。可是武帝知道他只是一個困守書齋的學究，所以並沒有委以大任，而是派他做了江都易王劉非的國相。劉非一向桀驁不馴，可是或許是懾於仲舒的大名吧，在仲舒到了之後，竟然對他禮敬有加。不過仲舒的道德學問是沒法感染他的，他仍是整天胡作非為。仲舒知道這樣下去必然惹禍上身，於是不久辭官回家，此後一直潛心著作。

【知識連結】

董仲舒（西元前一七九年—西元前一〇四年），西漢時期著名的唯心主義哲學家和今文經學大師。將儒家的倫理思想進行概括，提出暢行與古代封建社會的「三綱五常」說，漢武帝採納了董仲舒的建議，從此儒學開始成為官方哲學，並延續至今。漢景帝時任博士，講授《公羊春秋》。其教育思想和「大一統」、「天人感應」理論，為後世封建統治者提供了統治的理論基礎。時至今日，仍有學者在研究他的思想體系及故里等方面的文化，他的著作匯集於《春秋繁露》一書。

好一曲鳳求凰

「武帝時文人，賦莫若司馬相如，文莫若司馬遷。」這是魯迅先生《漢文學史綱要》裡的一句評述。其實，這只是就文體而言。若論長久的價值，司馬相如拍馬也追不上司馬遷。

王國維先生說，一切文學，吾愛以血書者。司馬遷的文章是沾著血來寫的，司馬相如的卻總有垂涎的舌頭阿諛舔出來的嫌疑。比如《古文觀止》裡選的那篇《上書諫獵》，勸漢武帝別總是打起獵來不顧一切，要為了江山社稷愛惜自己的身體，真是肉麻到極致。

當然，這也不能全怪司馬相如，文人的獨立人格，是要靠錢來撐腰的，經濟上不獨立，人格、文格很難獨立。司馬相如家裡並沒有什麼錢，所以四處寄食；梁王劉武雅好文學，司馬相如就曾做他的賓客，得到他的優待。劉武死後，司馬相如失去依靠，於是離開梁國，回到四川臨邛老家，清貧度日。

沒有男人可以依靠，只好依靠女人。臨邛縣令王吉是司馬相如的好友，他得知蜀地首富卓王孫的女兒卓文君新寡在家，便有心撮合她跟司馬相如。文君才貌雙全，相如苦無機會。於是王吉與他商議，兩人動了一些心思手段。

古時通訊不像現在這般發達，因此司馬相如雖文名遠播在外，但並不顯於老家。所以王吉首先要做的就是為司馬相如造勢。王吉將相如請到臨邛都亭住下，每日都去拜訪，相如卻稱病，只是一個閉門不見。這本是兩人安排好的戲碼，王吉當然不會生氣，反而更加恭敬，拜訪得更勤了。因此蜀地所有人都知道這裡住了一位貴人，連縣令的面子都可以不給。

消息傳到卓王孫耳朵裡，他也對相如起了好奇心，於是設宴延請相如。做戲做全套，所以相如繼續裝病，直到好友王吉救火一般趕來相迎，相如才一副老大不情願的樣子走出都亭。這一下，所有人都見識到了相如的風采，暗暗為他叫好。相如彷彿沒聽見，持重地隨著王吉到了卓王孫家，人們心裡對他愈發敬重了。其實這份持重也是裝出來的，因為相如文采雖好，下筆時亦文思泉湧，但卻跟韓非子一樣，有些口吃，所以「一動不如一靜」，沒想到反收奇效。

縣令親臨，酒宴的氣氛逐浪而高，喝到差不多的時候，在王吉的強烈要求下，相如鼓琴助興。人們這才知道原來相如還身懷琴藝。其實，王吉和相如早就打聽好了，知道文君也是個愛琴之人。酒宴上女兒家不便見客，要接觸美人，只好以琴挑之，將款款情意化作樂符送到她的心坎裡。彈一曲《鳳求凰》向心中的伊人示愛。這伊人是誰呢？當然就是躲在簾後的文君，除了她，大概沒人能明白相如在唱什麼。將簾子輕輕掀開一角，文君看到了伏在琴上的相如，一下子就被他俊朗的外貌所吸引，更見他那閉目鼓琴，陶醉而不自知的樣子，心中越發地喜愛。她哪裡知道，這一切都是相如的表演呢？不止如此，相如更透過僕人將自己的愛意傳達給文君，文君心裡便有了計較。

於是當晚宴席散了，文君就偷偷離家，隨著相如私奔了。透過這一舉動可以看出來，文君並不是傳統的嬌小姐，否則哪裡會有這麼果決、大膽呢？

文君隨著相如回到家裡，卻在他們家只找到了四堵牆和一扇窗，心想：難道相如這個翩翩佳公子就在這麼簡陋的小屋裡，品行高潔得過分了吧？

這樣的日子久了，相信誰也受不了，何況是卓家大小姐。於是他跟司馬相如提議，不如回到卓家附近，邀娘家人來扶持一下？於是兩人變賣了能賣掉的一切，收拾細軟，回到臨邛，開起了酒肆，卓文君親自當壚賣酒，司馬相如親身端茶遞水。

自文君跟著相如私奔，卓王孫大感面上無光，遂發出話來，再不認文君是女兒，從此之後父女之情一刀兩斷。如今女兒當壚賣酒，叫他顏面盡失，只能躲在家中，不肯出去見人——他的眼睛受不了別人含笑的目光，他的後背也受不了別人的凌空一點。

親戚朋友卻坐不住了，紛紛來勸卓老——這樣僵著，他們是賺足了酒錢，你的面子就能保住了？他們賣的哪裡是酒，分明就是你的面子啊！卓王孫聽了此番話咬了咬牙，終於認了司馬相如這個女婿，補辦了婚禮，相如賺了個盆滿缽滿。

嚴格說來，司馬相如是個吃軟飯的。這碗軟飯是卓文君心甘情願給相如吃的。對卓家來說，相如這碗軟飯不過是九牛一毛，並沒有什麼損失，這也算社會財富的再分配。

軟飯吃到一定的量，相如開始爆發了。有一天武帝讀到《子虛賦》，深為其瑰麗文辭、浪漫想像所打動，讀來讀去愛不釋手，還以為是古人所作，深恨自己生得太晚，不能與之秉燭臥談。這時為武帝管理獵犬的狗監、蜀人楊得意說，《子虛賦》的作者司馬相如，就是臣的老鄉。

武帝沒想到《子虛賦》的作者還活著，非常高興，於是一紙詔書將司馬相如從蜀地召了過來，拜為郎官。

相如的才華不僅僅限於文學的，他在政治上也不無建樹的。「西南夷」是古代雲貴川西南少數民族的統稱。武帝曾拜唐蒙為中郎將，率千餘人的戰士、萬餘人的輜重部隊赴西南通夜郎。夜郎等在巴蜀之南，故被稱為南夷，而巴蜀以西的邛都等國得知夜郎受了漢朝的貨物賞賜，眼紅之下也來主動請朝。相如是蜀地人，武帝遂任命他出使西夷。相如歸來向武帝彙報說，邛都等西夷，較之南夷離蜀地更近，更容易開道與之相通，況且秦時已在此設置郡縣，後來陳勝發難，天下大亂，西夷遂乘機獨立，若我們現在重置郡縣加以管理，會非常方便。

武帝的遊戲和興奮點大多都在地圖上，所以看著自己的地圖又拓展了一分，就非常高興，他聽從了司馬相如的建議。從現在往回看，相如對中國現今格局的形成，是出過力的。然而他為人太過輕浮了，在出使的路上不斷收受賄賂，最終給人彈劾，罷官回家。

【知識連結】

《長門賦》據說是受了失寵的陳皇后的百金重託寫成的。武帝讀後，大為感動，陳皇后遂復得寵。最早見於南朝梁蕭統編著的《昭明文選》。其序言提到西漢司馬相如作於漢武帝時。但由於序言提及武帝的謚號，是司馬相如不可能知道，而且歷史上武帝對陳皇后也沒有復幸之事。所以史學界和文學界普遍認為《長門賦》是後人偽作。

我叫東方朔

東方朔，字蔓倩，齊地人。武帝即位之初就下令各地推舉賢良茂才，東方朔也來到長安，想要進入仕途。

武帝挑選賢良的辦法是對策，就是由賢良們上書言事，武帝以此來考量他們的才幹，再由他們的才幹考慮授之以何種官職。東方朔的「策書」非常地有意思，它的篇幅非常地長。武帝時還沒有紙張，人們寫書寫信，都是寫在竹簡上。當然，最開始是沒有毛筆的，要在竹簡上留下痕跡只能用刀來刻。

有人說，老子的《道德經》用語之所以如此簡略，就是因為考慮到刀刻的困難和麻煩。後來雖然有了毛筆，但是人們寫書也儘量言簡意賅。可是，東方朔倚馬千言，他寫這篇「策書」竟然用了三千片竹簡，堆起來有一人高，要公車府派兩個人一起抬才能抬得動。

武帝日理萬機，這麼長的文章，當然沒有一口氣讀完的功夫，所以每當他停下來，就在停下來的地方記上記號，以便下次接著讀。如此「停停走走」，兩個月後，武帝才終於讀完。可見，東方朔的策書寫得很有意思，能夠勾起武帝的興趣，讓他讀下去。這篇策書大致意思如下：「我東方朔自幼失去父母，是兄嫂將我撫養成人。十三歲，我開始刻苦讀書，整整讀了三年，自以為已夠平生所用。十五歲我學習擊劍，十六歲學習《詩》、《書》，十九歲學習孫、吳的兵法，又不滿於紙上談兵，親自去營陣間歷練。所讀書共有四十多萬字。今年我二十二歲，身高九尺，雙目有神閃亮如明珠，牙齒整齊潔白如貝殼，我的勇敢直追子路、孟賁，敏捷超過慶忌，廉德如同鮑叔，信義好比尾生。像我這麼優秀的人，位列朝堂，不會給天子丟人吧！臣東方朔冒死進言。」

這封澎湃著自信的自薦書，肯定讓武帝讀得開懷大笑。武帝會想，這傢伙真有自己吹的那麼好嗎？於是任命東方朔做了郎官，他因此可以時常隨侍在武帝左右。寫了三千片密密麻麻的竹簡，卻只做了一個郎官，這自然很難讓東方朔滿意。不過，升遷的機會是自己爭取來的，東方朔並不因此消沉。

傳說武帝身邊有很多侏儒，東方朔在他們身上動起了腦筋。他騙侏儒們，說皇帝要把他們全部殺光。侏儒們傻了眼，集體攔住御駕，向武帝哭訴。武帝大驚，兜兜轉轉半天，原來竟然是出自東方朔的謊言，於是武帝把東方朔叫來，責問他為什麼這麼做。

東方朔裝出一副可憐相，說侏儒們身長不滿三尺，臣下我呢，身高九尺有餘，可是我們的俸祿薪資，都是一樣的，侏儒們自然可以吃飽，我這個大漢卻難免餓肚子。

武帝本來是準備發飆的，聽他一說，轉怒為喜，於是任命他待詔金馬門，不久又升他為侍郎。相對那些動不動就吹鬍子瞪眼的朝臣，年輕的武帝肯定更喜歡東方朔這個詼諧有趣的傢伙，因此每次與他談話聊天，沒有一次是不開懷解頤的。

東方朔愛吃肉，武帝常常賜他一起用膳，飯後，東方朔把桌上所剩的肉捲在懷裡，衣服弄得油漬不堪，他卻似全無所覺。武帝賞給他綾羅綢緞，他不顧形象，肩挑手提，唯恐取之不盡。

不過，東方朔並非是守財奴，他把這麼綢絹賞賜全部花在女人身上。每過一年，他便在長安城中挑一個年輕漂亮的女子娶回家中，而把「舊人」趕走拋棄。這麼看來，東方朔是個玩世不恭的享樂主義者了？實情又非如此。

武帝酷愛打獵，於是有了擴建上林苑的念頭。他招來董仲舒的弟子吾丘壽王，讓他負責擴建事宜。武帝的想法是，「新上林」必須直指終南腳下，如果翻看地圖，就可以知道這個未來的獵場有多麼的遼闊壯觀。可是，隨擴建而來的是大規模的圈地和移民搬遷，這對時代居住於此，靠山吃山靠水吃水的百姓來說，無疑是一個災難。

這時，東方朔站了出來，陳言反對。

武帝沒想到反對者不是骨鯁的老師汲黯，而是這個整天說笑話的傢伙，大感有趣，於是賞了他黃金百斤，又升他為太中大夫給事中。可是武帝轉過頭來，就對吾丘壽王說，「現在動工」！

識趣的東方朔沒有頂風力諫，但這足以說明，東方朔與郭舍人不同，至少他對自己的定位不是一個玩物，因此他有自己立場和政治主張。

武帝的姑姑，館陶長公主（竇太主）晚年迷戀上自己的「乾兒子」董偃，兩人打得火熱，天下人沒有不知道這樁醜事的。武帝見董偃長得貌美，也對他很有好感。

有一次武帝在宣室請董偃和竇太主用膳。就在他們要進入宣室時，人高馬大的東方朔執戟將他們一行人攔住，說：「董偃可殺。其理有三：一為人臣子卻與公主勾搭廝混；二為敗壞婚姻制度，汙染社會風俗；三為教唆誘導陛下遊樂玩耍，疏遠政事；宣室是先王處理政事的正殿，怎能用來招待這種小人？董偃不除，難弭天下之大害！」

武帝見東方朔凜然不可犯，再無平時嬉笑顏色，加之自己確是理虧，一時作聲不得，最後宴會終於作罷。東方朔諫言有功，武帝賞賜他黃金三十斤。此後董偃漸漸失寵，不到三十歲便病死了。

看來，玩世不恭只是東方朔給自己戴上的面具，他的骨子裡其實也有滿腔的熱血，是一位心懷天下的人。不過，他的不合流俗的舉止讓人很難瞭解到內在的他，武帝身邊的侍臣都把他看做「瘋子」，在他身上吃過虧的武帝卻有些明白他，於是說道：「假如東方朔不是如此荒唐，你們怎能夠比得上他，和他官職相近呢？」

一天東方朔入朝，郎官們都說：「在世人眼裡，先生是一位狂人！」東方朔一笑而過，哪裡會跟他們一般見識。不過，每當他在酒席中喝得高興，就滾倒在地上高唱：「陸沉於俗，避世金馬門。宮殿中可以避世全身，何必深山之中，蒿廬之下。」歌聲灑脫中有悲涼，這大概就是「失群」之人不被理解的苦悶吧！

東方朔臨終之時，曾對武帝說：「《詩》云：『營營青蠅，止於蕃。愷悌君子，無信讒言。』『讒言罔極，交亂四國』。願陛下遠巧佞，退讒言。」

所謂「鳥之將死，其言也哀，人之將死，其言也善。」後來大搜巫蠱，武帝任用了江充、蘇文等小人，終於釀成禍事。武帝感慨想到東方朔的臨終規勸，感其先見之明，歎道：「如今回想起東方朔，他果真只是善於耍嘴皮子嗎？」

這個問題，恐怕不需要回答了。

【知識連結】

東方朔（西元前一五四年—西元前九三年），西漢時期著名詞賦家，本姓張，字曼倩。在政治方面，頗具天賦有謀略，但是因為行為舉止桀驁不馴，故漢武帝始終把他當俳優看待雖言政治得失，陳農戰強國之計，仍不被重視重用。東方朔一生著述甚豐，後人匯為《東方太中集》。

匈奴，如鯁在喉

自高祖劉邦被圍白登山之後，漢朝對匈奴一直採用和親政策，擺出臣服的姿態。到了武帝的時候，國家富強，海內安定，有了與匈奴較量的資本，況且武帝本是個不甘心雌伏的鐵血人物，於是開始重新勾畫漢匈的關係了。

對匈奴，到底是該戰還是該和呢？

建元六年（西元前一三五年），匈奴主動請求和親。這該是武帝首次經手對匈奴事務，他沒什麼經驗，所以「下議群臣」。百官分為兩派，一派是主戰，另一派是主和。

主戰代表人物是時任大行令的王恢。王恢是燕地人，多年來戍守邊郡，對匈奴的境況非常熟悉。他主戰的理由是：匈奴人反覆無常，雖與我們和親，但轉眼間就背盟棄約，翻臉比翻書還快。多年來，我們雖不斷忍讓，但他們卻如同慣壞了的孩子，不知悔改不說，還越來越過分；這次他們請求和親，大概是希望再從我們這裡騙取些財貨罷了，不如不答應他，而發兵攻打，一舉將其制服。

主和代表人物是在平定七國之亂時立過大功的宿將韓安國。他反對王恢說：正是因為匈奴人不講信義，所以我們才不能出兵，就算我們將它擊敗，也很難控制，而且他們的土地不適宜耕種，得到了又有什麼價值；況且派軍出關千里去作戰，勝負難料，敗多勝少，強弩之極，矢不能穿縞素，衝風之末，力不能起鴻毛，就是這個道理。所以不如同意他們的請求，與之和親。

韓安國的說法得到了眾人的贊同，於是武帝批准了和親。

可是這不是武帝內心的想法。這次批准和親，乃是因為對匈作戰的時機還未成熟。但是對匈作戰已經被武帝提到了大漢的日程表上。

兩年後（西元前一三三年），作戰建議未被採納的王恢再次主張出戰，於是再次引發「戰爭與和平」的辯論。

韓安國仍老調重彈地說，匈奴人來去如風，「居處無常，難得而制」，我們貿貿然長驅直入，到了匈奴人的苦寒之地，糧草不濟，人困馬乏，怎麼能勝？這不就是兵法上說的「以軍遺敵人，令其虜獲也」嗎？

王恢此次則是有備而來，原來雁門馬邑的豪強聶壹翁，向王恢獻計，先在馬邑附近埋伏下人馬，並願意自己去做奸細，親身前往匈奴，引君臣單于率軍前來，等匈奴大軍一到，我們就可以將其一網打盡。

武帝聽了王恢的陳述，眼睛放出的光刺得韓安國眼睛生疼，於是他知道自己不該再堅持下去了。果然，武帝以衛尉李廣為驍騎將軍、太僕公孫賀為輕車將軍、大行王恢為將屯將軍、太中大夫李息為材官將軍；而御史大夫韓安國則為護軍將軍，總領各路人馬共三十餘萬，設伏馬邑。軍隊出發之後的幾天，相信武帝都是徹夜未眠的，既有幾分害怕，但更多的則是興奮。

聶壹翁「逃」至匈奴，見到了君臣單于，說他可以入馬邑斬殺其長官，率城投降，將財物全部獻給單于。這是送門來的買賣，單于聽得食指大動，於是率十萬大軍出發，入雁門武州塞。

匈奴人一路擄掠，行至馬邑外百餘里時，單于心裡忽起不安之感，他定睛看去，只見茫茫蒼野，只有零星牛羊覓草而食，人影兒卻不見半個，於是疑竇大生，改變路徑，捨馬邑而取武州。武州尉史為匈奴所得，驚懼下將漢朝的伏擊計畫和盤托出，單于大驚，立即發令撤退。又驚又怕之下，匈奴人總算安然退到了長城之外，可算是有驚無險，君臣單于仰頭看了看頭上湛藍的天空，終於鬆了一口氣：「吾得尉史，乃天也！」

於是，拜尉史為「天王」。

其實，這一切都在漢朝的監視之下，漢軍追到了長城，也就停下不追了。負責襲擊匈奴輜重的王恢也擅自罷兵，不敢追擊，武帝對王恢所為非常的失望和生氣。

王恢為自己辯解道：「當初約定好了，匈奴兵一入馬邑城，我軍就與之交戰，然後臣所率部隊就襲其輜重，斷其後路，如此才十拿九穩。現在匈奴人沒到馬邑就返身而回，顯然是識破了我們的埋伏，臣的手下只有三萬人，在敵人有準備的情況下貿然出擊，必定慘敗而回絕無幸理。我知道這樣做回來只是死路一條，但這是為了替陛下保留三萬精兵啊。」王恢所說並非沒有道理，孫子兵法就有所謂「非必取不出眾，非全勝不交兵」。

於是武帝派廷尉審理此案。廷尉認為王恢「觀望曲行避敵，當斬」。王恢於是向當時的丞相武安侯田蚡行賄，請他向武帝求情。精明的田蚡當然不會在這時候觸武帝的黴頭，於是轉而告訴太后，透過太后把話帶給武帝。

武帝聽了暗暗冷笑：主張出擊的是你王恢，如今聽了你的話，發動幾十萬大軍布這個局，即使單于逃脫，但只要你王恢當機立斷，擊其輜重所在，不一定一無所得，至少不會叫匈奴人走得那麼瀟灑；現在不殺你，天下人會怎樣看待朕，看待朝廷？於是王恢的腦袋落了地，算是給天下人一個交代了。

【知識連結】

王恢，燕人，西漢時期著名將軍。曾數為邊吏，熟悉匈奴情況。建元元年（西元前一四〇年）匈奴請和親，他與韓安國廷爭，反對和親。元興元年（西元前一三四年），陰使馬邑（今山西朔縣）豪帥聶翁壹為反間，誘匈奴入塞，事先伏軍三十萬於馬邑。單于果真上當，率師十萬入武州塞（今山西朔縣北至大同市西一帶）。無奈，匈奴後得悉有伏兵，急退。王恢率軍追擊，因慮為所敗，引用罷歸。漢武帝怒其不出擊匈奴輜重，欲誅之，恢自殺而死。

禮郡建城在朔方

匈奴人遭龍城之辱，當然不肯甘休，這年秋天就回搶漢人作為報復，漢地各邊郡中，以漁陽損失最為慘重。武帝遂派韓安國主持漁陽軍政。

原來，田蚡死後，韓安國接任丞相。可是，不久他為武帝引車時不小心從車上摔了下來，把腿摔跛了，無法上朝議政。武帝遂使平棘侯薛澤繼安國為相。待安國養好傷，武帝改任他為中尉，一年後又調任衛尉，此時匈奴犯邊，武帝想起了這員老將，就把他派到漁陽。

安國在漁陽捉到一個匈奴俘虜，從他口中得知匈奴人的部隊早已經回到了漠北。安國放心之餘，給武帝上書，說漁陽只留七百人就可以了，剩下的人可以回家務農，因現在正是農忙時節。武帝批准。

可是這個俘虜所說不盡不實，剛剛過了一個月，匈奴人的軍隊再次殺到。可憐安國手上只有七百人，根本無法抵擋。幸虧最後關頭，燕兵來救，否則安國未能安國就先要以身殉國了。

武帝派衛青、李息兩人各率大軍分別出雁門、代郡反擊，斬殺千餘人，大獲全勝，打擊了匈奴人的囂張氣焰。

漁陽失守，安國心裡悶悶不樂，遂上書武帝請求調回長安。武帝這次沒有同意，因為他得到匈奴將要再次進犯的消息，於是將安國調到右北平戍守。安國這時已經老了，舊傷加心病，不久吐血而亡。

右北平不能一日無將。於是此前「贖為庶人」的飛將軍李廣再次得到武帝的啟用，這次他沒讓武帝失望，有他在右北平一日，匈奴人便不敢進犯。可是匈奴人怕李廣，但天下只有一個李廣，而且這個李廣是個凡人，並沒有分身術。於是上谷郡和漁陽又重新受到了匈奴人的「照顧」。

一年後（元朔元年，西元前一二七年）武帝復遣衛青、李息率軍出征，兩人一路打到隴西，破掉匈奴樓煩、白羊王兩部，斬首數千，得牛羊數百萬。更為重要的是，此次出擊，漢朝得到了「河南」（此「河南」並非是今天的河南，其地在今內蒙古黃河以南）。此前，長安與匈奴不過隔著一道長城，取了「河南」地後，匈奴對長安的威脅大大減弱，而漢朝對匈奴亦從守勢轉為攻勢。所以，此役之重要，可算是漢匈戰爭的轉捩點。可是，這裡地廣人稀，不利防守，因此就有人提議在此立郡建城，以備匈奴。這個人就是大名鼎鼎的主父偃。

主父偃是齊國臨淄人，家境並不富裕，也沒聽說他祖上出過什麼著名的人物。他早先學習戰國時縱橫家的學說，希望自己變成張儀、蘇秦那一類的人物，憑藉三寸不爛之舌而馳騁天下。無奈天下承平已久，並不需要突然冒出一根舌頭把水攪渾攪亂。

況且武帝即位以來，推重的乃是儒學。董仲舒這樣的當代大儒受其尊顯，主父偃看了非常眼紅，於是在他晚年，轉變了「學術」方向，開始學習《周易》、《春秋》等儒家經典；當然，其他諸子百家的學問知識，他也不是刻意地迴避，而是廣泛地博覽和吸收。如果說董仲舒是一個側重於理論建設的學者，主父偃則更看重實踐與應用。主父偃家境貧寒，所以他熱切期盼的不是來世，而是今生，是名顯於當世。

元光元年（西元前一三四年），四處碰壁的主父偃對諸侯國徹底失望，索性來到長安天子腳下來碰碰運氣。他找到了大將軍衛青。或者是因為大家都是貧賤出身，又或者是看出了主父偃身上的才華，衛青屢屢向武帝推薦他。可是不知道為什麼，武帝並沒有召見主父偃的意思。主父偃決定最後一搏，於是向武帝上書。

主父偃的奏書並沒有什麼新意，主要是勸武帝用兵要慎重，要愛惜民力，這是漢初知識份子的共識。不過主父偃學過縱橫術，因此這封奏書寫得文采斐然，論理精到，故而深得武帝的喜愛。所以奏書早上遞了上去，傍晚時武帝就召見了他。

另有嚴安、徐樂兩人同時上書，其所說與主父偃也是大同小異，武帝也召見了他們。武帝對三人說：「你們此前都在哪裡呢？為何我們遲至今天才得以見面？」大有相見恨晚之意。於是拜主父偃三人為郎中。而三人中，又數主父偃最為活躍，他屢次入宮進見武帝，指點江山、縱論古今，其所指陳，無不切中要害，漸漸成了武帝倚助的智囊。武帝升任主父偃為謁者，不久又升他做了中大夫。一年之中，主父偃的官帽子換了四次，四次得到提升，一時成了武帝身邊最為炙手可熱的「紅人」。

恰逢衛青、李息攻取「河南」，主父偃遂建議武帝仿秦將蒙恬舊法，在此建立朔方郡，如此進可攻、退可守，實是開疆拓土、萬世不易的大業。武帝聽得心臟怦怦直跳，但構建朔方郡要耗費的人力物力乃是個天文數字，所以他沒有輕舉妄動，而是交給百官討論。

百官都是持重的循吏，在他們看來，建城朔方耗費巨大而其效難測，故而紛紛表示反對。代表人物就是公孫弘。

公孫弘反對在朔方建城的理由，與他反對在巴蜀修郡的理由是一樣的。他說，以秦朝武力之強，以蒙恬的蓋世將才，徵發三十萬人在黃河以北修城，最終也是半途而廢。

主父偃則迴避了能否修成的問題，極言修建朔方郡的戰略利益。主父偃初次給武帝上書時，論調與公孫弘是一樣的，都是強調愛惜民力什麼的；現在換了調子，這說明他本來沒有什麼原則立場，不過是為了迎合武帝內心所想，為自己換取功名利祿罷了。

武帝採納了主父偃的意見，設置併發兵建設了朔方郡。依著主父偃的性格，他反駁公孫弘時，必定又是挖苦又是嘲笑。公孫弘暗恨主父偃，不過並沒有表現出來，只把這筆帳記在心裡。

【知識連結】

朔方郡設置於西漢武帝時期。西元前一二七年（元狩二年）武帝派遣衛青、李息率兵出擊匈奴自雲中（雲中郡）出兵，西經高闕，再向西直到符離（今甘肅北部），收復了河套以南原秦王朝的轄地（通稱「新秦中」），並在陰山以南的河容地帶設置了朔方郡和五原郡。第二年又派遣校尉蘇建率領十萬人興築陰山南麓的長城，築朔方郡治及下屬縣城。

推恩令下，諸侯分

主父偃深知武帝心中所患，一個是北邊的匈奴，一個漢朝林立的諸侯國，於是向武帝進策，這就是著名的「推恩令」。

他對武帝說：「古時的諸侯很容易控制，這是因為他們的封地都不超過百里。可是現在情況不同了，諸侯王動輒主宰幾十個城市，上千里土地。若天下太平，則萬事大吉，諸侯所能做的不過是在自己的封地內縱情享樂罷了；假如有一天天下大亂，這些諸侯王就會聯合起來，形成一股強大的力量，窺伺神器。可是，對付他們不能操之過急。假如直接頒布法律強行削其封地，他們就會立刻叛亂，先帝時的七國之亂就是因為晁錯對付諸侯王的手段太急太猛，結果適得其反。可是任其坐大，對陛下又非常不利。我這裡有一個兩全其美的辦法——諸侯死後，他們的爵位和封地只能傳給長子，可是，諸侯所生的肯定不止一個長子，不如頒布『推恩法令』，把諸侯的封地分給他所有的兒子，這樣一來，他們必然都會感謝陛下的恩德，而諸侯的力量卻日益分散了，以後再難成勢。」武帝同意了這個辦法。

其實，主父偃的這個「推恩令」，不過是賈誼「眾建諸侯而少其力」的翻版，並沒有什麼創新。

除了關心國家大事，主父偃還非常的「體貼細緻」，開始關心起武帝的身後事。身後事？對，就是身後事。這並不奇怪，因為古時的帝王，從他們開始登基的那一剎那，就開始為自己修建陵墓。帝王的陵墓都修得異常豪華，為的是自己死後能夠繼續得享富貴。武帝的陵墓就是著名的茂陵。

主父偃建議武帝移民到自己的陵寢。所移之民都是些什麼人呢？不是豪強就是巨富。主父偃說，把這些傢伙遷到剛剛設縣的茂陵，既能充實京師（茂陵就在長安附近）、繁榮經濟，又可以把這些人「拘」在天子腳下，加以控制，如此一來可是一石二鳥之計，武帝又「從了」他。

當初，主父偃走遍天下，無人搭理，只有一個衛青肯賞識他，向武帝舉薦他，所以他也知恩圖報，當陳阿嬌被武帝廢了之後，主父偃力挺衛子夫，上書請武帝立她為后。當然，這也是武帝心中所想，所以不久衛子夫果然做了皇后。武帝心想：「主父偃這傢伙，簡直就是我肚子裡的蛔蟲啊，有時候比我自己還明白我自己的想法呢，更難得的是，他總能想到一個讓我心願得成的好辦法。」

於是，日益風光的主父偃開始報復那些昔日看不起他，在他窮困時對他冷嘲熱諷、落井下石的人了。第一個就是燕王劉定國。

劉定國為人淫亂，先後與自己的後母、弟妹和三個女兒發生不倫關係。他的屬下郢人與之有隙，當得知劉定國要殺他時，就準備出逃，將他的亂倫醜事公之於眾，沒想到劉定國先下手為強，將郢人殺人滅口。這件事不知怎的，被主父偃知道了，他自然不會放過劉定國，於是將他的醜聞公之於長安城，弄得滿城風雨、人盡皆知。武帝無法，只得召開廷議，結果不用說了，眾人一致認為劉定國該死。

消息傳來，絕望中的劉定國選擇了自殺。

主父偃翻手為雲覆手為雨，連諸侯王都被他弄死，於是百官沒有不怕他的，爭相向他賄賂錢財，累計已有千金。主父偃還不知足，笑嘻嘻地看著庫房裡的金沙越堆越高。有人勸他，說你太過分了。主父偃冷笑：「四十年來，我遊學四方，心中有萬丈豪情、百萬雄兵，卻從未有機會施展才華。我的父母不當我是兒子，兄弟一個個將我拒之門外，就連寄人籬下的賓客也唾棄我、恥笑我……如今我已是日暮途遠，還怕個什麼？！我偏偏要倒行逆施，偏偏要橫暴行事！大丈夫生不五鼎食物，死則五鼎烹！」這與尼祿「我死後哪管他洪水滔天」是多麼相像啊。少時的匱乏與冷落造就了今日的張狂和貪得無厭，在主父偃的內心深處，是否從未感受過人與人之間最簡單最溫暖的關懷？

劉定國倒台了，接下來輪到自己的家鄉齊國的國王劉次景了。主父偃告發劉次景在王宮裡的淫亂行為，武帝遂以他為齊相，赴齊國調查。

主父偃來到齊國，首先把他的兄弟和從前的賓客都宴請過來。每個到場的客人都收到了五百金，當然，隨著錢一起來的就是主父偃的唾罵和諷刺：「從前我窮困的時候，你們沒有一個把我當人看的，如今我發達了，你們之中竟然有出齊國千里以外來迎接我的。從此之後，我與諸位一刀兩斷，請再也不要進我主父偃的家門！」也算是快意恩仇。劉次景與他的同母姐姐有染，他看到劉定國的下場，害怕自己也終不能免罪，於是不待主父偃動手，自己先一步自殺了。齊王身死的消息由屬官派人報告給了武帝。

主父偃的足跡也不止於老家齊國和燕國，還有趙國。趙王見劉定國身死，兔死狐悲，決定先下手為強。可是主父偃對武帝的影響實在太大了，有他一日在朝，趙王就不敢輕舉妄動。終於主父偃去齊國做了齊相，趙王的機會來了，他向武帝上書，揭發主父偃收受諸侯的賄賂，所以才向皇帝進「推恩令」的策略，讓這些人得以封侯。其實，政治是只問結果，不問緣由的，武帝對此非常地明白。他氣的是齊王被主父偃活活逼死，於是將主父偃下獄審問。當然，武帝對他還多有倚助，所以心裡並不想殺他。

可是做上了御史大夫的公孫弘進言說：「齊王並無後人，他自殺身死後，封地被除，改為郡而重歸中央調度。主父偃是罪魁禍首，若不殺他，天下人會怪罪陛下，認為主父偃只是一個棋子，是陛下為了加強中央而不顧骨肉之情，逼死兩位劉氏宗親。」

話說到這份兒上，主父偃已經是不得不死了，只是他並沒有五鼎烹，只落了一個滾屍街頭的淒慘下場。唯有一個叫孔車的人為他收屍，並把他葬了。武帝認為孔車有長者之風。主父偃受寵之時，朝廷到處都是奉承他的人，到他身死名滅，大家卻又爭先講他的壞話。主父偃若是真有靈，也該好好想想究竟是為什麼？

【知識連結】

推恩令，漢武帝劉徹為削弱諸侯王勢力而頒行的一項重要法令。西漢自文、景兩代起，如何限制和削弱日益膨脹的諸侯王勢力，一直是封建皇帝面臨的嚴重問題。文帝時，賈誼鑑於淮南王、濟北王的謀逆，曾在《治安策》中提出「眾建諸侯而少其力」的建議。其具體辦法是，令諸侯王各分為若干國，使諸侯王的子孫以次分享封土，地盡為止；封土廣大而子孫少者，則虛建國號，待其子孫生後分封。

匈奴未滅，何以家為？

在戰場上，要想活命，首先就得不要命，「狹路相逢勇者勝」，這在普遍運用冷兵器的古代尤其是這樣。霍去病就是「不要命」人物裡一個典型的代表。「匈奴未滅，何以家為」，這句擲地有聲的豪言，曾激蕩起多少代做著英雄夢的少年的熱血。

霍去病的母親是衛少兒，也和他的外祖母一樣，在平陽公主家做女奴，霍去病的父親霍仲孺則是平陽公主封邑內的一個小吏。霍、衛兩人情投意，結為夫妻，並且生下了霍去病。本來，霍去病該是與其他奴僕的兒子一樣，繼續做奴僕一了此生的，不過因為他姨母衛子夫受武帝的寵愛，奴僕血統的霍去病從小過的卻是貴公子衣食無憂的生活。

可以說，霍去病是武帝看著長大的，也是武帝一手培養的，他與武帝的關係，可比父子。武帝很早就注意到霍去病的軍事天賦，想要親自教授他孫、吳兵法，不過霍去病的反應大大出乎武帝的意外，他說，行軍打仗，靠的是因敵因勢，不需要拘泥於古代兵書。

霍去病長到十八歲時，已是一個威武健壯的少年，無論是騎馬打獵還是舞刀弄槍，他都是一學就會，一會就精。這一年（西元前一二八年），匈奴又來犯邊。武帝遂遣大將軍衛青率李廣、蘇建等六將軍出定襄、擊匈奴。年紀輕輕的霍去病也隨軍出征。他被舅舅衛青帶在身邊，做了他的票姚校尉，手下率領精挑細選的八百個騎士，都是勇武擅騎射的人物。

衛青率大軍兩次出擊，共斬殺匈奴一萬九千餘人。但漢軍也有傷亡，蘇建所率部隊全軍覆沒，而原為匈奴小王的趙信更是投降匈奴。不過霍去病卻在戰場上獲得了驚人的表現。他率領手下的八百騎士，偏離大部隊，在黃沙滾滾的大漠裡狂奔數百里偷襲匈奴，斬殺敵人共兩千餘人，其中就有匈奴單于的祖父，更俘虜了單于的叔叔和國相。

所謂「千軍易得一將難求」，雖然蘇建的全軍覆沒和趙信的投降都讓武帝頗為心痛，但霍去病的橫空出世卻讓武帝看到了漢軍下一代的希望和寄託，他慷慨的封霍去病為「冠軍侯」，食邑兩千五百戶。所謂「冠軍」，就是勇冠三軍的意思。

元狩二年（西元前一二一年）春，武帝又派霍去病出征。霍去病再次孤軍深入，他率著一萬騎兵千里奔襲，衝出了焉支山。那裡是匈奴休屠王的領地，霍去病與匈奴部隊相遇，斬殺了折蘭王、盧侯王等匈奴顯貴，更獲首虜八千九百餘級，還得到了休屠王祭天用的金人。這年夏天，霍去病與老將公孫敖再次出擊，兩人各帶一萬人馬。由於匈奴人被漢朝打得不斷西遷、北遷，所以霍去病與公孫敖都是越追越遠，他們奔襲兩千餘里，在祁連山附近殺匈奴兵三萬餘人，俘虜了七十餘個小王以下的匈奴貴族。

「亡我祁連山，使我六畜不蕃息；失我焉支山，使我嫁婦無顏色。」這是霍去病的屠刀帶給匈奴人的痛苦呻吟。

元狩四年（西元前一一九年），匈奴人入右北平、定襄，殺掠數千人後遠遁大漠。武帝決定報復匈奴人，給他們一次致命打擊，遂令衛青、霍去病各領五萬騎兵遠征匈奴。不光如此，還從民間私募了戰馬近四萬匹，而負責接應的步兵和為軍隊轉運糧餉的人加起來竟達數十萬。這是武帝發動對匈戰爭以來的最大手筆。不過武帝顯然更看好霍去病，因為配給霍去病的騎兵都是「敢力戰深入之士」，想來其裝備也要優於衛青部。

但是衛青的威望是多年累積下來的，所以李廣、公孫賀等戰功卓著的驍將還是歸在他的旗下。衛青部出定襄，遠走千餘里後與伊稚斜親統部隊相遇於黃沙之中，匈奴大敗，漢軍向北追殺至闐顏山趙信城而還，共斬殺匈奴共一萬九千餘人。

而在此過程中，李廣因為沒有嚮導，在半途迷路，所以當他來到戰場的時候，大將軍與匈奴單于的戰鬥早結束了。衛青欲上書向武帝陳明原因，李廣卻來個一言不發，當長史逼李廣去軍幕府自述之時，李廣自殺，「不復對刀筆吏」。一代名將就此身死。李廣的兒子認為是衛青逼死了父親。

霍去病的五萬大軍在沙漠裡縱橫馳奔，終於在兩千里外與匈奴左賢王相遇。霍去病憑著卓越的指揮能力和果敢的進取精神，將匈奴人殺得大敗，獲王級以上的共有三人，其餘將軍、相國等共八十三人，得虜首級七萬餘，更在狼居胥山封禪而還，這是史無前例的大勝利。此後，匈奴徹底被打散了，再也無法凝聚成有效的力量與漢朝對峙抗衡了。武帝加給霍去病五千八百戶食邑，以嘉獎他的蓋世功勞。

此前的歷次對匈戰爭加起來，漢人共殺匈奴十八萬人，其中一大半都是後起之秀霍去病斬殺的。所以武帝日益親厚霍去病，讓他與衛青同領大司馬銜。此前的衛青是「一枝獨秀」的，所以霍去病的升，也就是衛青的降。對待這些浮雲般的名利，衛青一向不在乎，所以他的故交、門客離開他而投奔霍去病，他也只是笑笑而已。

之前說李廣的兒子李敢認為衛青逼死了父親，所以曾暗中偷襲衛青，不過衛青只是受了輕傷，他能體會李敢的心情，沒有將事情上報，也沒把這事放在心上。霍去病就不同了，有一次霍去病和李敢一起陪同武帝打獵，霍去病在背後放冷箭，將李敢射殺。武帝偏袒，為霍去病隱瞞了事實，只對外宣稱李敢是被鹿給撞死的。

霍去病能取得如此驕人的戰績，並不能因此認為衛青的軍事才華不如他。其實，這完全是兩個人不同的性格所致。衛青寬厚仁慈，愛惜士卒，所以在他看來，孤軍深入這樣的冒險行為並非總是可取的，他只有在很有把握的時候才會出擊。霍去病雖然出身貧賤，但是一直過的都是貴公子的生活，這讓他與下層出身的士兵難免有隔閡，其表現為，當他歸來的時候，輜重車裡的酒肉都已腐臭了，可是卻不斷有士兵饑餓而死。與衛青相比，年輕的霍去病不懂得什麼是「悲天」，什麼是「憫人」。

也許是殺伐過盛，遭了天譴，年紀輕輕的霍去病忽然得了暴疾而死，那一年他只有二十四歲。霍去病死後，武帝非常傷心，將他的墓修成祁連山的模樣，以表彰他的戰績。霍去病的墓，就修在武帝墓的一旁，可見武帝對他的愛惜。

經過衛青、霍去病的連連打擊，匈奴人的日子可謂江河日下，他們不斷地向北遷徙，躲避漢人的追擊，自此以後，匈奴人再也不能像以前那樣對漢朝造成威脅了。

【知識連結】

霍去病（西元前一四〇年—西元前一一七年），漢族，河東郡平陽縣（今山西臨汾西南）人，名將衛青的外甥，著名輔政大臣霍光的同父異母兄弟。中國西漢武帝時期的傑出軍事家。好騎射，善於長途奔襲，任大司馬驃騎將軍。多次率軍與匈奴交戰，在他的帶領下，匈奴被漢軍殺得節節敗退，霍去病也留下了「封狼居胥」的佳話。

五千兒郎血灑戰場

天漢二年（西元前九九年），貳師將軍李廣利奉命率領三萬騎出酒泉，與匈奴右賢王戰於天山，斬首萬餘人，然李廣利本是庸才，經此一役，漢軍亦損十之六七。

李廣利回師南下時，又被匈奴軍隊包圍，幾乎全軍覆沒，幸虧假司馬趙充國率將士百人拼死突圍，打亂敵人陣腳，才終於撿得一條性命。

「飛將軍」李廣的孫子李陵這時主動請纓，說願意帶領五千人出居延，接應李廣利。原來，李陵雖有將才，李廣利卻只要他負責運送糧草，李陵當然無法一展所長。這下機會來了。

可是，打了這麼多年，漢朝的府庫早已虛了，可用的戰馬也越來越少。武帝對李陵說，沒有那麼多的戰馬。

言下之意，是反對李陵出征。李陵這年只有二十出頭，正所謂初生牛犢不怕虎；況且祖父李廣一輩子威名赫赫，卻從未封侯，最後含恨自殺，這成了壓在李家人心頭的一塊大石。所以，為了自己，為了家族，李陵沒有退卻，堅持要出關一戰匈奴。

武帝最喜歡年輕人一往無前的氣概，於是點頭應允。武帝愛李陵之才，不肯讓他白白送死的，於是下詔叫伏波將軍路博多為李陵後援，在必要時接應他。可是路博多推說，如今是秋天，塞外草肥，正是匈奴兵強馬壯的時候，出征不宜，不如等到明年春天，待其匱乏，我願與李陵一起出征。

武帝閱覽了路博多的上書，拍案大怒，他以為是李陵怕了，所以讓路博多站出來推搪。

於是在沒有戰馬，沒有後應的情況下，李陵出發了。他並不害怕，因為雖然沒有戰馬，但是他麾下的每一個士兵都是千錘百煉的精兵，每個人都配有當時最先進的強弩。然而，李陵沒想到的是，這一走，便再也沒能回來。

一個月後，李陵軍與匈奴三萬騎兵相遇在浚稽山。匈奴人多，遂將李陵部圍在兩山之間。李陵命軍士在營前擺上輜重車陣，抵禦匈奴騎兵的衝擊。緊挨著輜重車後面的，是持戟荷盾的人牆士兵，人牆之後，列的是持著弓箭的士兵。每當匈奴騎兵想要衝過來的時候，迎接他們的盡是如雨的利箭。弓弦嗡嗡之聲不絕，匈奴兵應弦而倒，傷亡慘重。於是敗退上山，李陵領著漢兵乘勝追擊，殺了幾千人。

匈奴單于怕了，原先他欺李陵人少，以為片刻就可把他拿下。哪知道他所面對的不是五千血肉之軀，而是殺紅了眼的魔鬼。於是急調左右兩部共八萬餘人，希望可以靠人海戰術戰而勝之。李陵部果然加速傷亡，不支後退。李陵問道：「吾士氣少衰而鼓不起者，何也？軍中豈有女子乎？」李陵懷疑是兵士耽於婦人之樂而喪失了戰鬥力。早在一個月前，剛出征時，便有兵士將關東盜賊的妻子搶來，藏在車裡，用以安慰「寂寞的旅途」。時士氣已衰，需要血的激勵，所以李陵將這些女子找了出來，全部殺頭。李陵斬殺婦人，與項羽破釜沉舟一樣，都是要告訴將士們，想要財貨婦人，就衝出去！

果然，士氣迅速回升，第二日雙方開戰，李陵部斬殺了三千餘匈奴。

但是，人數上巨大的劣勢是不可彌補的。李陵軍雖然又殺了數千匈奴兵，但自身傷亡也不小，而弓箭越來越少，於是且戰且退。匈奴損失慘重，單于就有了疑慮——這支漢朝精兵戰鬥力強悍，我們久攻不下，一點點追著他們往南走，難道他們只是一個誘餌，在前面有著大隊的兵馬潛伏，就等著我們入套？於是有了退意。匈奴將領倒沒想這麼多，他們勸道，我們幾萬人打人家幾千人，卻打不贏，以後恐怕再也無法叫周邊部落臣服，而漢朝也會因此更加輕視我們！

兩軍相持數日，匈奴又損失兩千多人。匈奴這次真的想退了。而其實李陵此時也是山窮水盡，矢盡糧絕。

本來，勝利就在眼前，誰知道這時出了一個叛徒管敢。管敢為校尉所辱，一氣之下投降匈奴，把李陵部外強中乾的實情都說了。於是單于不顧一切地發動總攻。漢軍的箭矢仍如飛蝗，箭矢不可再生，可是總有射盡的時候。而且匈奴軍處在高山，居高臨下，佔盡了地利，他們的箭矢之密，從天上往下看，就像是潑往山谷中漢軍的黑水！漢軍潰了，「南撤，未至鞮汗山，一日五十萬矢皆盡」，如此，也就失去了最後的憑藉。

此時的漢軍只有三千人了，在沒了強弩勁箭的優勢之下，他們只能拿起短刀、車輻與匈奴兵肉搏，而他們身在峽谷，被匈奴前後堵住，再無退路！

站著的越來越少，倒下的越來越多，身邊盡是猙獰死屍發出的惡臭，耳邊盡是痛苦無告的呻吟。夕陽西下，李陵對著天邊那一抹淒豔的血色，長歎說：「兵敗，死矣！」已有了末路悲意。軍吏勸道：「將軍威震匈奴，天命不遂，後求道徑還歸，如浞野侯為虜所得，後亡還，天子客遇之，況於將軍乎！」浞野侯就是趙破奴，他曾被匈奴人俘虜，後來逃回漢朝，受到武帝禮遇。軍吏提到趙破奴，其實是要李陵投降。李陵知道他的意思，說：「公止！吾不死，非壯士也。」

於是李陵「斬盡旌旗」，又將隨身珍寶都埋了，慨歎說：「要是仍有幾十支箭，我就可以脫身。現在無兵可以再戰，明天我們只有受縛一途。所以大家四散逃了吧，各憑天命，定有能夠逃出重圍人將我們的經歷報告給天子。」

陰雲蔽月，李陵與成安侯韓延年領著十幾個人突出重圍，後面跟著數千匈奴追兵。韓延年戰死。李陵仰天長歎：「無面目報陛下。」遂降。

【知識連結】

李陵（？—西元前七四年），字少卿，隴西成紀（今甘肅靜寧南）人，漢族。西漢著名將領，李廣之孫。其一生充滿國仇家恨的矛盾，因而對他的評價一直存在爭議。西元前九十九年，率軍與匈奴作戰，戰敗後投降匈奴，漢朝夷其三族，致使其徹底與漢朝斷絕關係。

伴君如伴虎，一言不合受宮刑

李陵的投降，無疑打了武帝一個響亮的耳光——幾十年來，他不惜民力，不恤國本，與匈奴開戰，為的不就是爭那麼一口氣嗎？可是李陵把他幾十年來攢下來的這口氣給放了。武帝的眼睛冷冷掃過階下的百官，眾人立刻聞弦歌而知雅意，一時間「賣國賊」、「沒骨氣」等的詞兒正氣凜然地在朝堂上晃來蕩去，唯有一人長身而立、一言不發，這個人就是司馬遷。

司馬遷是夏陽（今陝西韓城）人。司馬氏世代為史官，最早可以追溯到傳說中的顓頊時代。武帝時始置太史令一職，司馬遷的父親司馬談就做了第一任太史令。司馬談學識淵博，其所作《論六家要旨》，對先秦以來的幾家顯學都做了系統的總結，並分析其短長得失，這在歷史上是第一次。

司馬談有志於記錄歷史，很早就開始搜集材料，可是沒能夠真正著手寫作時就病死在洛陽。司馬遷早慧，十歲時便能背誦古書，到二十歲時，他周遊全國，親自到各地搜集歷史材料，考察風土人情，所以後來他所寫的歷史才有那麼的翔實而富有感染力。

司馬談死後三年，司馬遷守喪完畢，出任太史令。一切都很順利，他想要在任期內，憑著以往的所學和見聞，憑著廣博多樣的皇家藏書，寫出一部前所未有的史書。沒想到，不久便橫生大變，改寫了他的整個生命。

武帝問他：「你有什麼意見？」

司馬遷回答：「李陵只有二十出頭，他不顧個人的生死而赴國家之危難，這已經非常難得。他帶著不滿五千的步卒，深入匈奴領地，與十數倍於己的敵人交戰，前後十餘日，殺敵人數早已超過了自己部隊的損失，匈奴被他殺得人仰馬翻，上下震恐，這是為我天漢打出了威風，理當受獎。但是寡不敵眾，李陵不得不節節後退。當箭矢射空，傷亡慘重的士卒仍不放棄，他們不恤身體，與匈奴奮力廝殺，爭著赴死，當然是為了報答天子的恩德。李陵所立之功，即使與古代的名將相比，也毫不遜色。李陵是雖敗猶勝，他乃將門虎子，這次投降一定不是出於真心，而是等待機會為大漢立功。」

武帝聽得不住點頭，無奈司馬遷還沒有說完：「況且貳師將軍率領三萬人出征，隨著他回來的兵士卻所剩無幾，可謂『雖勝猶敗』。」

這句話不說還好，一說就點到了武帝的痛點——貳師將軍李廣利是武帝一手捧起來的啊，司馬遷拿誰比不好，偏偏選上了李廣利。「這是在罵李廣利嗎？這分明是在罵朕，是在詆毀朝廷！」武帝一怒之下，遂將司馬遷下獄，判了死刑。

在漢代，被判了死刑不是非死不可，要活下去有兩種辦法。一個是出錢贖罪，比如李廣就曾以此換得一條性命，可是李家世代為將，家資不菲，而司馬氏雖也世代為官，卻都是「僕、祝之間」的史官，並不富有？此路顯然不通。另一條路就是接受屈辱的宮刑。

司馬遷想起了父親臨終前的叮囑，想起了自己未竟的史書，所以他選擇了接受宮刑。「活下去！找到我生命的意義！」司馬遷在心底吼著。於是有了《史記》。

《史記》的史料價值自不必說，那是開天闢地之功，與日月爭輝可也。

可是更為重要的是司馬遷寫史而不泥於史，而是下筆常常傾注了自己的感情。於是一個個已為「陳跡」的歷史人物都有了血肉，活靈活現地出現在我們民族文化的璀璨星空之中。他們有的是冠蓋天下的詩人，如屈原、宋玉；有的是百戰功成的將軍，如韓信、李廣；有的是踽踽獨行的思想者，如孔子、荀子；有的是雄踞一方的霸主，如齊桓公、晉文公……司馬遷的筆可謂曲盡其妙，把他們每個人鮮明的性格特點都給勾畫出來，而要做到這一點，有時恐怕就要對歷史稍事「加工」和「改造」。

例如屈原。近代以來，很多人懷疑屈原其人的真實存在，其論證都可謂是持之有故，言之成理。可是司馬遷的《屈原列傳》就活脫脫地寫出一個屈原，不止如此，司馬遷的「被發行吟澤畔」，與漁父的一場對話更是精彩萬分。試問若真有這個漁父，其應為隱逸高人，而古時教育並非如今天這般普遍，所以漁父該是大有來頭，可是為何他不見傳於史書？對話現場只有他與屈原兩個，而且其為隱逸高人，自不屑於外傳此事，司馬遷又是從何知曉此事？可見，屈原自殺之前的這一番「造化」，都是出自司馬遷的虛構。

可是，真真假假已經不再重要，重要的是我們讀《屈原列傳》的時候，分明感受到司馬遷和屈原的「靈肉合一」。他們本是同樣的落魄，同樣的痛苦不堪啊。而屈原的遭讒言被流放，與司馬遷的進言不成而反受宮刑，難道不也是「其致一也」？

司馬遷是用生命來寫屈原的，他筆下的屈原已經超脫了現實的羈絆，而成了指向更高實在的「現實」，因此甚少有人懷疑《屈原列傳》的造假與否，即使明知是假，人們也不在意，人們在裡面看到的是一條活生生的靈魂。

宮刑前後的司馬遷是兩個司馬遷。之前的他是「戴盆何以望天」，一心「求媚」於主上；之後的他則被注入怨氣、戾氣，反成了一個有獨立人格的人，因此對很多事都有了自己的看法。

例如，項羽本非帝王，而且最後落敗自刎烏江，可是司馬遷並沒有「痛打落水狗」，他為項羽做傳，是把他列在帝王所屬的《本紀》中。衛青、霍去病戰功赫赫，權傾天下，可是司馬遷為其做傳，也只是羅列其出征事蹟，並不言及其他，反而是「數奇」、一生不得志的李廣，受到了司馬遷的青睞，所以詳述其家世生平，在結尾處又不吝筆墨，贊他道「桃李不言，下自成蹊」。

按照世俗的標準，項羽和李廣都是失敗者，可是他們得到司馬遷的「憐惜」，這就說明了司馬遷的與眾不同的英雄觀，他是「不以成敗論英雄」的。

「順賤逆貴」，這大概就是司馬遷對人事的看法——人怎能不尊重自己呢，司馬遷直言犯諫，死不認錯，他本身就是一個「逆」。所以這些與命運或說規律相抗衡而最後失敗的人，司馬遷都投以同情，他不僅是憐惜他們，更是憐惜自己。

司馬遷是「逆」，所以他在《孝景本紀》裡毫不客氣的描寫了景帝的優柔寡斷和殘忍冷酷，景帝是武帝的父親，武帝看了自然是非常生氣。

當然，對於迫害自己的武帝，司馬遷筆下更是毫不留情，所以這篇《孝武本紀》早已被劉漢王朝所查禁，我們今天看到的《孝武本紀》，都是後人從《史記》的《封禪書》裡摘出來拼湊而成的。

在浩瀚的官修史書裡，《史記》是絕唱，司馬遷其人也是絕唱。後人評價《史記》，說它是「史家之絕唱，無韻之離騷」。

【知識連結】

《史記》是中國的一部紀傳體通史。全書共一百三十卷，有十二本紀、十表、八書、三十世家、七十列傳，共約五十二萬六千五百字，記載了上起中國上古傳說中的黃帝時代（約西元前三千年）下至漢武帝元狩元年（西元前一二二年）共三千多年的歷史。它包羅萬象，而又融會貫通，脈絡清晰，「王跡所興，原始察終，見盛觀衰，論考之行」（《太史公自序》），所謂「究天人之際，通古今之變」，詳實地記錄了上古時期舉凡政治、經濟、軍事、文化等各個方面的發展狀況。

江山代有佳人出

衛家是因為衛子夫得寵而發跡。衛家有美女，別人家自然也有，李家就出了一個李夫人。

李夫人能被武帝看中並收入後宮，著實是她哥哥李延年的一番心思。李延年早年因犯罪而被施以腐刑，作為一個精通音律的歌者，他善作曲，屢屢為司馬相如等文人新寫的詩詞配曲，「每為新聲變曲，聞者莫不感動」，「佩二千石印綬」。

太史公和班固都將李延年歸入《佞幸傳》，大概就是因為他憑藉這歌藝而不是建功立業博得寵愛，這在太史公和班固等恪守禮義的正統知識份子看來，當然不是正途。但是另有一種解釋，說李延年是因為做了武帝的男寵所以得到武帝「特別的關照」，因為太史公對佞幸的解釋是「柔曼之傾意，非獨女德，蓋亦有男色焉」，而史書上也確實有「與上臥起」的記載。他真與韓嫣一樣，是武帝的男寵嗎？

李延年長年在武帝身邊，知道他「求美若渴」的心理，於是宴飲時在武帝面前唱到：「北方有佳人，絕世而獨立，一顧傾人城，再顧傾人國，寧不知傾城與傾國，佳人難再得。」武帝頓時起了興致問，世上真有這樣的佳人嗎？平陽公主就說，這佳人就是延年的妹妹啊。後面的事可想而知。

不過李夫人紅顏薄命，不久就病入膏肓。武帝前來看她，她卻蒙著被子躲在宮帳裡不肯相見。武帝問她有什麼願望。李夫人就說自己命不久矣，只希望自己的兄弟在自己死後能夠顯貴，這樣她就可以放心地走了。武帝說，你讓我看一下，稍慰相思之情，我當著你的面立刻封賞他們，這樣不是更好嗎？李夫人卻不答應，只說，封賞與否，全在陛下，見不見面都沒關係。

武帝只得怏怏離開。

於是左右宮人問李夫人，為什麼要拒絕武帝，讓他不快？李夫人於是說了那段著名的話：

「所以不欲見帝者，乃欲以深託兄弟也。我以容貌之好，得從微賤愛幸於上。夫以色事人者，色衰而愛弛，愛弛則恩絕。上所以攣攣顧念我者，乃以平生容貌也。今見我毀壞，顏色非故，必畏惡吐棄我，意尚肯復追思閔錄其兄弟哉！」

果然，在李夫人死後，她的哥哥李延年封為協律都尉，李廣利也做了貳師將軍。衛青死後，對匈作戰都有李廣利來主持，李廣利的影響越來越大了。

李夫人之後還有鉤弋夫人。

這年武帝已經六十一歲了，他巡遊河間的時候，「望氣者」說這裡有奇女子，「天子急使使召之」，看來很急迫。

這個女子就是著名的「鉤弋夫人」，那年她只有十五歲左右。她的奇就在於兩手始終緊握成拳，任誰也掰不開，人們都叫她「拳女」。武帝看她兩拳垂在體側，就叫宮女上前查驗。宮女費盡氣力，就是沒辦法掰開她的拳頭。武帝更加好奇了，親自上前「動手」，還沒用力，這女孩的手就鬆開了，叫人嘖嘖稱奇，更奇的是她的手裡攥著一對玉鉤，這莫不是從娘胎裡帶來的？豆蔻年華，青春妖嬈，惹人憐愛，武帝把她帶回宮，封她為「鉤弋夫人」。

「鉤弋夫人」本姓趙，在她見到武帝之前，她的父親已經因為犯法而被處以宮刑，在宮裡做了宦官。

這事就可疑了。李延年也可說是一個宦官，與武帝親近，李夫人就是透過這位兄長「得見天顏」。鉤弋夫人的「進宮」會否與李夫人的是一回事呢？李延年譜寫了一個「北方佳人」的傳說，鉤弋夫人的父親就「模仿基礎上另有創造」地編造了一個「拳女」的神話。

打開鉤弋夫人拳頭的人是武帝，「發現」她的人卻是「望氣者」。而所謂望氣者其實不過相當於現在風水師，其所言多是虛無飄渺的東西，豈足以相信？其實，「望氣者」與鉤弋夫人的父親之間早有勾結，一起來欺騙武帝。而這種欺騙是毫無「風險」的，他們早已摸清了武帝的誇飾的性格，知道要逗起他的好奇心實在是太容易了，而一旦他雙眼放光地去找這個「奇女」，事情就好辦多了。為了不讓武帝失望，深知武帝脾氣的左右之人在一種十分奇妙的「氣場」裡自然不會去揭破謊言，再加上鉤弋夫人手上可能確有些力氣，於是「神蹟」誕生了。

古人說「無欲則剛」，又說「有所求必有所失」。武帝多欲，遂讓左右近臣佞幸牽著鼻子走——無論是李夫人或鉤弋夫人的顯貴——他們對晚年的武帝的影響有多麼大啊，武帝此後犯了一連串的錯誤，其禍根都在這裡。

鉤弋夫人入宮後非常受寵，受封為婕妤。兩年後，武帝寶刀未老，鉤弋夫人誕下麟兒。這裡又有一件奇事，這位皇子弗陵在鉤弋夫人的肚子裡「徘徊」了足足有十四個月。後世每有臣屬向主子獻媚，都必要把主子比喻為「堯舜禹湯」，其中的堯的母親也是懷孕十四個月才把他生下的。武帝認為弗陵的誕生跟堯很像，非常高興，於是就賜名鉤弋夫人所居為「堯母門」。

武帝一生做事全憑自己的喜好，也許賜名「堯母門」不過是一時衝動，但這也的確是武帝的一個大失誤。這些年來皇后衛子夫、太子劉據連見他一面都難，而他偏偏在這個時刻弄出一個「堯母門」，下邊的人會怎麼想呢？也許最尷尬的就是劉據吧，他已做了幾十年的太子，誰想到人到中年突然出現了一個「堯」皇弟？

武帝與太子政見不合，而李廣利的受寵，鉤弋夫人的得封「堯母」，在他人看來都是太子將要垮台的信號。從此以後，宮裡的左右佞幸更不把劉據放在眼裡了，因為在他們看來，劉據的皇太子的位子遲早要拱手送給尚在牙牙學語的弗陵。所以蘇文、常融等人才敢誣陷太子，他們的氣焰正盛。想必也正是因為這個「堯」皇弟的威脅，最終導致了武帝晚年的巫蠱案。

【知識連結】

劉據（西元前一二八年—西元前九一年），衛子夫為漢武帝生下的長子，也是其唯一的嫡子。元狩元年（西元前一二二年），劉據被立為太子，時年七歲。本來深得武帝的信任與寵愛，後受江充、蘇文等佞臣的挑唆，兼因與武帝政見不和，溝通不暢。被誣陷後起兵反抗後兵敗逃亡，因拒絕被捕受辱而自盡。漢宣帝劉詢即位後諡劉據曰「戾」，故史稱戾太子。

武帝的後巫蠱時代

巫蠱之禍是發生在武帝晚年的一個重大事件。它持續的時間長達數年，為此而死的人多達數萬。

武帝的第一個皇后陳阿嬌，因為妒忌衛子夫而行巫蠱詛咒她。事發後，武帝大怒，誅殺了三百多人，又廢了陳阿嬌的皇后位，把她打入冷宮。巧合的是，因巫蠱而「掃清道路」、被封皇后的衛子夫也因巫蠱而自縊身亡，可謂成也巫蠱敗巫蠱。不光是她，巫蠱之禍中，原來權傾天下的衛氏家族也跟著集體敗亡。所以說，巫術只能算所巫蠱事件的一個「起點」或者藉口，事件的背後，是各方勢力的博弈和榮辱沉浮。

征和元年（西元前九二年）夏，當時在建章宮的武帝看見一個男子佩劍走入龍華門。武帝認為這是刺客，就命人去捉他。男子把劍扔掉，跑了起來，轉瞬不見。於是命人大搜建章宮，結果還是找不到。武帝遂「以為奸鬼為祟，疑為巫蠱」。這件事可謂後來禍事的前奏。

公孫賀的兒子，衛子夫的外甥公孫敬聲，是個貪財之人，因挪用北軍一千九百萬的軍費，給人告發，按罪當誅。公孫賀向來溺愛公孫敬聲，為了救兒子，他上書武帝，說要捉拿在逃的陽陵大俠朱安世，以此來贖兒子的罪過。結果當真抓到朱安世。朱安世很是怨恨，於是獄中上書武帝，告發公孫敬聲與陽石公主通姦，又說他們行巫蠱詛咒武帝，巫蠱所用的木偶就埋在甘泉宮的馳道旁邊。

證據確鑿，武帝大怒，於是將公孫賀捉拿下獄，並滅了他一族，連同陽石、諸邑兩位公主，以及衛青的長子——長平侯衛伉也一同株連砍頭。連自己的女兒也殺了，可見武帝搜巫蠱的決心。

治公孫賀家族巫蠱案的人是江充，他也是整個巫蠱禍事裡的一個關鍵人物。江充本名江齊，是趙地邯鄲人。趙王劉彭祖的賓客，偶爾發現太子劉丹穢亂趙王的後宮，劉丹怕其告密欲抓，江齊向西逃入長安後，改名江充，並上書朝廷告發劉丹的惡行。武帝大怒，判劉丹死罪，雖在趙王的勸說下赦免，但也免其太子位。

江充也因此獲得武帝重視，從此在仕途上平步青雲，被拜為謁者，出使匈奴，一年後，江充從匈奴載譽歸來。武帝拜他為水衡都尉，不久又升他為「直指繡衣使者」。「繡衣使者」的任務是「督三輔盜賊，禁查逾侈」。

馳道是專為皇帝鋪設，「道廣五十步，三丈而樹」若能在上面策馬飛馳，確是人生一大快事。很多王公貴族都禁不住這個誘惑，都想在這個「皇帝專用」的御道上跑一跑。於是這裡就成了禁逾侈的繡衣使者江充長期「蹲守」的地方。誤入者自然要重辦，於是都交贖金減罪。正好為武帝充實國庫，於是江充愈得聖心。不巧一天劉據的使者也「誤入」馳道。後來太子前來道歉，江充也沒客氣，直接上奏武帝。本來這事也沒什麼，可是太子畢竟是未來的天子，江充害怕於是決定先下手為強。

有一天武帝午睡，夢見無數小木人拿著木棒劈頭蓋臉地打過，來醒來時，一身冷汗，連衣服都濕透了。自此，武帝的身體一天不如一天。

江充趁機進言，說這是有人在暗中以巫蠱詛咒皇帝。武帝於是派按道侯韓說、御史章贛和曾經誣告太子的黃門蘇文等人做江充的助手，查找巫蠱之人。大肆搜宮的重點當然是皇后和太子的居所，於是掘地三尺，原本富麗堂皇的宮殿霎時變得千瘡百孔，而木偶們一個個十分配合地從地底踴躍跳了出來。

劉據目瞪口呆，衛子夫的臉色一片慘白。太子想起了自己的姨父、前丞相公孫賀，又想起了表哥衛伉。於是發了狠，親手砍了江充。

但是，蘇文僥倖活了下來，他跑到甘泉宮向武帝報告說太子殺死江充，謀反了。武帝不信，命使者召太子前來。使者大概被買通了，宮外轉了轉就回來稟報說太子真的反了。

武帝大怒下詔給丞相劉屈氂封宮，逮捕太子一眾。劉據這時已經沒有退路，只能一條道走到底，但是沒有軍隊支持，只得發動長安城裡的群眾。城內外，矢石往來紛飛，幾天下來，死者數萬。這時候太子造反的言論在民間傳開了，很多人拒絕再為太子出力，甚至不少人開始轉向支持劉屈氂的軍隊。不久，太子兵敗逃出宮外。

大亂一平，武帝開始算帳了。他先是遣宗正劉長、執金吾劉敢去收衛子夫的璽綬，衛子夫跟了武帝這麼多年，知道他的手段和性格，於是含恨自殺。下一個輪到了任安，這位北軍使者護軍的兩不相幫，被武帝看成是騎牆坐觀成敗，然後依附勝者，於是把他跟田仁一起腰斬。其他如石德、張光等太子身邊人和賓客，全部誅殺，一個不留。而抓捕石德他們的人，都因功封侯。

劉據帶著兩個兒子逃到湖縣（在今河南省靈寶縣附近），躲在泉鳩裡的一個人家裡。這家人非常窮困，主人靠販賣草鞋為生。劉據三人的到來，無疑給主人家增加了不小的負擔。劉據想起了附近一個有錢的朋友，就叫人去通知他說自己在這兒，以求得到接濟，結果自然是把官兵通知來了。

當山陽人張富昌踢開了窮人家的破爛的木門之時，懸在梁上的劉據和兩個皇孫都已經斷氣多時，他愣住了，不知如何是好。張富昌的身後是新安令史李壽，他推開張富昌，把劉據解了下來。劉據的身體是軟的，面容也很安詳，這年他只有三十七歲。武帝傷痛太子的離世，於是封李壽為邘侯，張富昌為題侯。

【知識連結】

巫蠱之術從秦漢時期就有了，而且漢代的法律和唐代的法律都明令禁止過巫蠱之術。比如漢代的法律規定如果某個人家裡飼養的蠱蟲已經成形並且致人死亡那這個人要處以極刑，家人流放三千里。唐代也做過類似的規定，飼養蠱未成形者流放，成形者殺頭。

輪台罪己求救贖

劉據死了，年老的武帝也奄奄一息。

太子離世讓剩下的幾位皇子心萌動了。第一個動的是燕王劉旦，上書武帝欲盡孝榻前，結果在武帝冷笑中，劉旦使者的腦袋被砍了。同時武帝順藤摸瓜，查出劉旦的違法事實，削了他三個縣的封地。武帝此舉本意敲山震虎，可是利益當前讓多數人亂了腳步。兒女親家李廣利和劉屈氂就是這亂了的人，本來倆人分掌軍政兩界，待武帝百年擁立昌邑王（即李廣利妹妹李夫人所生劉髆）是很有可能的，是可惜有點太心急了。

令長郭穰向武帝報告說，丞相劉屈氂的夫人請巫師在家行祭祀，日夜詛咒武帝，用語非常惡毒；貳師將軍李廣利有時也參加祭祀，焚香倒拜地祝昌邑王早日登基。

武帝這時候最愛惜的是自己的命，他為了搜巫蠱，連親生女兒都可以殺害，甚至間接因此逼死了

「造反」的太子。對這兩人自然也不會手軟，劉屈氂後來被裝在菜車裡，在長安城裡遊行了一圈，才拖到東市腰斬，而其妻也被梟首。至於帶兵在外的李廣利，武帝怕把他逼反了，於是先將其家人下獄，並不急著斬首。李廣利在北方取得了幾場勝利，可是損失慘重，這時有親信從長安奔過來，告訴他長安城裡的驚變。李廣利又驚又怕又怒，於是投降匈奴。沒有做戲引誘的必要了，武帝遂將他全家處死。滿朝文武，看著武帝一路殺過去，早雙腿篩糠，牙關打顫了，哪敢說一句話？這時候又出來一個不怕死的，此人即使田千秋。

田千秋原是田齊後裔，後徙居長安，做了高祖劉邦的守陵人。他上書說，兒子盜了父親的兵，挨了一頓鞭子也就罷了，皇帝的兒子為求自保而過失殺人，那也沒什麼大不了的；這話不是臣說的，而是昨晚一個白頭老翁托夢告訴我的。武帝對劉據的死早有悔意，田千秋給了武帝下台的台階，於是武帝召見了千秋。武帝也是見了台階就下，於是為太子平反，又擢升千秋為大鴻臚，掌諸侯及少數民族事務，幾個月後又拜為丞相，可算是古往今來官員升遷的奇蹟。

既然太子是被冤枉的，是誰冤枉了他呢？於是那些征討太子過程中立下功勞，榮享富貴的人紛紛被武帝誅殺。宦官蘇文更是在渭橋上給活活燒死。在巫蠱之禍全面爆發之前，由於武帝對匈奴的頻繁征伐，平時又奢侈用度，還喜好四處巡幸封禪，國庫早已空虛，再加上天災不斷，國內時有起義爆發。可是武帝一意孤行，並不反省。

可是經過了巫蠱之禍的恐怖、殺戮、狂亂，經歷了老來喪子的悲痛，又經歷李廣利的投降背叛，武帝的志氣消磨了，歲月無情流逝，如今只剩下一個白髮體衰的老者。武帝拜田千秋為相的同時，封他為「富民侯」。「富民」二字，顯示了武帝心態和政策方向的變化。

征和四年（西元前八九年），桑弘羊上書武帝，建議在輪台（即今新疆維吾爾自治區）戍兵墾田，以防備匈奴。武帝駁回了他的奏疏，說：「輪台在車師以西千餘里，以前我們派兵征討車師，雖然僥倖取得勝利，迫使他屈服，可是路途太遠，士兵返回途中無法帶夠足夠多的糧食，所以多有老弱病殘者死在途中，再也回不來了。如今又要在輪台戍兵墾田，壓榨民力，這不是愛護百姓的舉措，我不能同意。」

武帝接著又反省了自己這些年的窮兵黷武和訪仙求道——「朕即位以來，所為狂悖，使天下愁苦，不可追悔。自今事有傷害百姓，糜費天下者，悉罷之」——所有這些加在一起就是著名的《輪台罪己詔》。

武帝開了「罪己詔」之先河，在這篇詔書的數千字背後，是一個老者筋疲力盡的心。

發布《罪己詔》後，漢朝的政策重新回到了漢初的「休養生息」上來，緩和了國內的矛盾，幾年之後，國家重新繁榮富庶起來。因此司馬光說武帝「有亡秦之失而免亡秦之禍」。

這裡值得一說的是田千秋。「無他才能，又無伐閱之勞」，這是史書對他的評價。其實有無才能本不重要，重要的是他對時局能否發生有益的影響。武帝晚年啟用千秋，就是要回覆與民休息的政策，而千秋的「守靜無為」，恰好符合了武帝的要求。所以出使匈奴的使者回來報告單于對千秋「上書得相」的評價，武帝就以為他有辱使命，想要殺他，過了很久才打消這個念頭。這年武帝七十歲了，漸漸地有了將死的預感。武帝看中了年僅七歲的弗陵，他聰穎乖巧，甚得武帝歡心。可是弗陵太小了，難以承擔皇帝重任，武帝於是找來霍光、上官桀、金日磾、桑弘羊等四人為顧命大臣，輔佐幼帝。

弗陵的生母鉤弋夫人，這年剛剛二十出頭，武帝認為他死後，鉤弋夫人定然守不住寂寞，穢亂後宮，且子幼母壯，極易重蹈呂氏專權的舊轍。武帝即位之初，深苦祖母竇氏和母親王氏的掣肘，至今仍是刻骨銘心，難以忘懷，於是將鉤弋夫人賜死。不久，武帝也病歿了，這對老夫少妻又重逢地下。事在後元二年（西元前八七年）。

武帝既歿，弗陵在霍光等輔助下登基稱帝，第二年改元始元，是為昭帝。

【知識連結】

漢昭帝劉弗（西元前九四年—西元前七四年），原名劉弗陵，即位後，更名為劉弗。漢武帝少子，母為鉤弋夫人，武帝崩後繼位。劉弗陵繼位時，按虛歲算年僅八歲，霍光遵照武帝遺詔，進行輔政，共在位十三年，病死，終年二十一歲。年號有始元、元鳳和元平，葬於平陵（今陝西省咸陽市西北十三里處）。

第六章：帝國暮年

隨著漢武大帝的辭世，西漢帝國也走向了它的暮年，即使武帝臨終時賜死鉤弋夫人，避免重蹈呂氏專權的舊轍。可惜漢室王族至此以後枝葉不茂，皇帝多與幼年即位，或壯年離世，西漢從此進入了外戚、宦官輪流坐莊的時代。

臨危受命霍子孟

昭帝年幼，朝堂上真正掌權的乃是霍光。

霍光生年不詳，字子孟，西漢河東平陽（今山西臨汾西南）人，是名將驃騎將軍霍去病的同父異母兄弟，十幾歲時跟隨哥哥霍去病來到京城。

霍光在被霍去病帶去長安之後，安置在自己的帳下，在霍去病的保舉下，霍光入朝做了郎官，繼續留在霍去病的帳下，後升為諸曹侍中，參謀軍事。皇帝很快就開始注意這個忠厚可靠、端正嚴謹，並逐漸重用他，待得兩年之後，霍去病去世，漢武帝已經封霍光做了他的奉車都尉，享受光祿大夫待遇，「出則奉車，入侍左右」，以負責保衛漢武帝的安全。

霍光做任何事情都謹小慎微，所謂「伴君如伴虎」，也只有這樣的人，才能夠在殘忍好殺的漢武帝身邊活到、笑到最後。據傳，他每次出宮、下殿時，起止步都有固定的點，有人曾暗中跟隨做出記號，事後再算量絲毫不差，可見他的審慎。他這些品質得到了漢武帝的嘉獎。

霍光為人小心，可謂滴水不漏，到了西元前八八年，漢武帝已經年逾古稀，一日，武帝將霍光找進皇宮，給了霍光一張「周公背成王朝諸侯圖」，圖畫的涵義，直指古代周公曾背著小成王臨朝，會見諸侯繼承大統、最終輔佐年幼成王時的故事。其用意很明顯，就是要霍光將來要像周公輔成王一樣來輔佐幼主弗陵。

霍光臨危受命，自然感到責任重大。一方面，霍光要負責輔佐少主，不能夠讓他犯下大的錯誤；另一方面，霍光還需要治理國家，維持舊帝駕崩、新帝繼位之時，天下的穩定。尤其是要防止一些心懷不軌而又擁有反對當朝的實力的人或者家族。

漢代特別注重天人合一的思想，如果天降祥雲，人們上至皇帝、下到百姓，都會以為國家幸甚、皇帝有道，未來一片光明；但如是天降異象，則普天之下都會認為，一定是皇帝治國不當，災異將生。恰好這一天，天上出現了不一般的怪異現象，於是，百姓紛紛議論，連群臣百官也對此惶恐不安，如此下去，宮中定然會出現禍端，霍光當機立斷，召見保管皇印的郎官，要他把皇印交出來自己保管，以防不測。但是，這位郎官也忠於職守，皇印乃是代表著天子號令，霍光此舉，不得不讓郎官擔心，怕他有圖謀不軌之心，遂不肯把皇印交給霍光。霍光眼見此人竟然如此迂腐，便決定強奪皇印，哪知這郎官也是一個狠角色，他見勢不妙，遂手握劍柄，按住皇印，對霍光說：「頭可斷、血可流，要皇印絕不可能。」

霍光一怒之下，當即轉身離開，心中不禁暗想，自己位居第一輔政大臣，對皇室的忠心天地可鑑，此人不過一個小小的郎官，竟然不信任自己，真是氣煞人也。但是事後，霍光也覺得，換了自己，也難保不將這個皇印獻出，如果真的遇到了心懷不軌的人，實在非社稷之福，從這個層面講，郎官非但無過，反而有功，第二天，霍光就下令給這個郎官連升兩級。霍光這種不計私怨、秉公辦事、賞罰分明為朝廷的精神，受到朝中官員的敬佩，威望日漸提高。

霍光公正嚴明，即使是對自己交厚或者親近的人，也一點都不例外。當時除了霍光以外，還有車騎將軍金日磾、左將軍太僕上官、御史大夫桑弘羊三人，都是朝中的輔政大臣。其中，尤其以金日磾和霍光關係最好。昭帝繼位第二年，金日磾因病逝世，留下兩個兒子金賞、金建，和漢昭帝是一起長大的好朋友，霍光也比較喜歡這兩個人。漢昭帝遂決定，用自己、霍光與他們的私人感情來照顧他們，封這二人為候。

按規矩，長子應該繼承其父親的爵位，次子金建就不能再被封侯了，於是，霍光直接對皇帝提出反對意見，皇帝不以為然，認為自己堂堂天子，封侯拜將不過是小事一件，不需要考慮什麼規矩。

這時，霍光性格中剛性的一面便顯露出來，他正色道：「臣和金氏家族相熟，陛下和他二兄弟親厚，然而臣深刻的知曉，不能以私廢公，否則就會遭到天下人的詬病，此外，無功者不能封侯，此乃高祖皇帝立下的規矩，皇上雖然貴為九五之尊，也不可以因為一己之私，而擅自廢黜規矩，否則，天下定會大亂。」

皇帝聞言，感到霍光一片赤誠之心，遂決意罷了封侯之事。霍光遂乘機教導皇帝道：「百姓至今還在想念著漢孝文帝、漢景帝以及先帝，每逢清明時節，都有很多人在家中將其奉若神明的祭拜。」漢昭帝不大明白，好奇地問道：「何以百姓會如此愛戴他們呢？」霍光欣然一笑，轉身拱手說道：「因為他們愛民如子，對百姓之事，從不推脫責任，他們駕鶴西去，百姓自然會心有不捨。」於是，皇帝心中暗自決定自己也要勵精圖治，和前任的各位皇帝一樣，成為受萬民景仰的皇帝。

在霍光的提議下，二人遂聯合商議出四條安撫百姓的措施：第一，查辦失職的官員；第二，要各郡縣推薦賢良的人才；第三，為受誣陷的人申冤；第四，安撫孤獨疾苦的貧民。為了發展農業生產，每當春耕時，霍光就派人到各地去查看生產情況，政府把種子和糧食貸給缺糧少子的貧民。秋天還下詔：

「往年災害多，今年蠶、麥傷，所振貸種、食勿收責，毋令民出今年田租。」「比歲不登，民匱於食，流庸未盡還，往時令民共出馬，其止勿出。諸給中都官者，且減之。」

而昭帝為了改革吏治，選拔任用有才德的人，「三輔、太常舉賢良各二人，郡國文學高第各一人。賜中二千石以下至吏、民爵，各有差。」明主良將，大漢繼續穩步發展。

【知識連結】

霍光，字子孟，漢族，河東平陽（今山西臨汾市）人。約生於漢武帝元光年間，卒於漢宣帝地節二年（西元前六八年）執掌漢室最高權力近二十年。漢武帝時期重要謀臣，後受命為漢昭帝的輔政大臣，為漢室的安定和中興建立了功勳，是西漢歷史上著名的輔政大臣，輔助四朝皇帝。

昭帝顯才智，霍光盡忠心

霍光當政之時，其最大的政敵，就是左將軍上官桀和燕王劉旦。本來，按照上官桀和燕王的計畫，如果霍光在當政之時，有什麼不軌的行為或者過激的舉動，他們就可以名正言順的「清君側」，然後廢帝自立。可惜，這霍光最大的長處，就是為人謹慎，他們想盡了辦法，卻依然抓不住霍光的任何把柄。

上官桀覺得，如此下去也終非長久之計，要成大事，就要不擇手段，利用一切可以利用的資源，於是，他們便將自己的目光轉向了昭帝之姊盍長公主。此人年長於昭帝，自幼便得到武帝的喜愛和恩寵。而公主此人雖然智謀上不比上官桀等老奸巨猾之輩，卻也是素有野心。於是，上官桀和燕王決意，先與公主打好關係，然後一步步逼近皇朝的至高權力。當然，直接和公主接洽，太惹眼了，很容易使得霍光有所防範，而且也難保公主會理睬他們，所以上官桀首先去巴結公主之近親丁外人，並極力為丁外人求官晉爵。公主得知此事大為高興，於是日益親厚上官桀，上官桀遂與丁外人、公主等結成死黨。在第一步完成之後，透過與公主的關係，上官桀遂緊鑼密鼓的布置其孫女入宮的事情，最終其孫女被封為婕妤。明眼人一下就能夠看出，上官桀此舉，是意欲透過公主和孫女，來取代霍光與昭帝的地位。

太子劉據死後，燕王劉旦本以為，天子之位定然非自己莫屬，豈料會半路殺出一個程咬金，讓昭帝搶了先機，遂心懷不滿；無獨有偶，御史大夫桑弘羊在武帝時理財有功，不甘居於霍光之下，遂想推翻昭帝，趕霍光下台，由自己和上官桀主持國家大事。如今上官桀已經找到了長公主這樣一棵大樹作為靠山，撇開了自己，桑弘羊遂與燕王劉旦勾結起來。這就形成以燕王劉旦和長公主為首的兩股政治勢力。而眼下霍光手握天子，實力上較他們任何一方，都要強上半分，於是，這兩股勢力為了達成共同的目標，便聯合成為一股勢力，以謀取政權。自然，要奪取政權，首要的絆腳石就是霍光，因此，上官桀制定了以下計畫，一者，則是先利用燕王劉旦的身分，發動政變；二者，在政變成功之後，除去燕王旦，廢掉長公主的權力，由他一人獨立掌握朝政。一時之間，京師長安的局勢，恰如搭弦之箭、一觸即發。

一場政變，所要進行的準備工作十分繁雜，來自下層的支持必不可少。所謂下層就是那些普通官員，他們如果支援一方，一方就能夠充分利用許多的資源，從而增加政變成功的可能性。於是各方勢力集團都開始著手培植自己的親信勢力。

恰逢此時，霍光有感於蘇武的志氣，將被匈奴扣留十九年之久的他召還京都長安，任為典屬國。燕王便著手布置，誅除霍光的事宜，知曉霍光竟然做出如此舉動，遂心中大喜，忙向皇帝上書，誣告霍光意欲藉助匈奴兵力，同時暗自調動京城兵力，封鎖都城，目的就是為推翻昭帝，自立為帝。燕王劉旦繼而請求皇帝准許自己帶兵入宮，旨在為了防止霍光，拱衛皇帝和京師。上官桀企圖等到霍光不在朝堂時，將這封奏章送到昭帝手中，而後再由他按照奏章內容來宣布霍光的「罪狀」，由桑弘羊組織朝臣共同脅迫霍光退位，進而廢掉漢昭帝。

這封信很順利的遞上昭帝的書桌上，然而他們卻沒有料到，昭帝雖然貌不驚人，平時也沒有什麼很明智的舉動，但實際上卻聰明得很。所以揭發信到了昭帝手中，他沒有做出任何表示，一方面，他不相信燕王所說；另一方面，也可以順勢看看，霍光對於自己的忠誠度到底有多高。

霍光很快就知曉了這件事情，於是，到了第二天他便故意不上朝，而是站在先帝所贈「周公負成王圖」的畫室之中，以示清白，同時也要昭帝表明自己的態度。果然，昭帝見霍光竟然沒有上朝，遂當朝問道：「霍卿家何以會不來上朝？」上官桀乘機說道：「這正證明了霍光的心虛，他定然是知曉了燕王劉旦的告密信，由此可見，其情報網絡的嚴密，陛下危矣，請責罰於他。」哪知昭帝竟然一點也不為所動，他招來霍光，淡然笑道：「我知道那封書信是在造謠誹謗，你是沒有罪的」；「如果你要調動所屬兵力，時間用不了十天，燕王劉旦遠在外地，怎麼能夠知道呢！況且，你如果真的要推翻我，那也無須如此大動干戈！」上官桀不料，己方幾個人苦心經營的計謀，竟然叫這個年方十四歲的小子給一語揭穿，不禁對昭帝心生恐懼。朝臣見皇帝如此聰明果決，心生讚歎之餘，也不禁生出了死心塌地跟隨皇帝的心思。

一計不成，自然又生二計。上官桀等人的陰謀，在昭帝的火眼金睛之下，自然不攻自破。於是，上官桀等人遂決定鋌而走險，用最後的武裝手段解決問題。上官桀給燕王獻計，要長公主配合自己，先麻痹霍光，讓他降低防範之心，繼而宴請於他，在宴會上殺了他。如此，則昭帝就成為沒有翅膀的鳥，只能任由他們宰割。可是，人算不如天算，上官桀等人萬萬沒有料到，事情會出在長公主門下一名管理稻田租稅的官員身上，可謂百密一疏。那人聽聞上官桀的計謀，遂將上官桀等人的陰謀向大司農楊敞（司馬遷之婿）告發，楊敞為人正直，忠於朝廷，但是為了明哲保身，遂將此事轉告了諫大夫杜延年，此人專門行別人不敢行的事情，他將此事毫無顧忌的告訴了昭帝和霍光，於是，事情敗露，霍光和皇帝決定，在這一政變未發動之前，就先發制人。昭帝連夜下令，將上官桀、桑弘羊等主謀政變的大臣統統逮捕，上官桀還沒有明白疏漏出在哪裡，就落得個殞命滅族的下場，而長公主、燕王劉旦也自知不得赦免，自殺身亡。這場由上官桀發動的政變，還沒有開始實施，就被霍光粉碎了。

九歲的上官皇后因為年紀幼小，又是霍光的外孫女，所以未被廢黜。縱貫全域，其實上官桀等人能成功的可能性很低，一者，他們手中沒有實際的權力；二者，燕王雖然是武帝子嗣，但由他繼承皇位則名不正言不順，因為天下都知曉，武帝遺詔，是立劉弗陵為帝；第三，則是御下不嚴，發動政變可是誅滅九族的大罪，他們卻布置得一點也不嚴謹，到了事發之後，還不知道，而且沒有任何可以抵擋一時的措施。

從此，霍光獨大，權力的膨脹也刺激了野心的生長，霍光漸漸從一個「忠臣」轉變為一個「權臣」。

【知識連結】

上官桀，字少叔，西漢隴西上邽（今甘肅天水）人。歷任漢武帝、漢昭帝兩朝。初為羽林期門郎。因為有才力，後被遷未央廄令、侍中、太僕。到昭帝即位時，被任為左將軍，後遺詔輔政，封安陽侯；其子上官安，任車騎將軍，封桑樂侯；孫女為昭帝皇后，一門貴顯。後與大將軍霍光爭權，欲謀殺光，並廢昭帝立燕王旦，事敗於西元前八〇年被族誅。

鹽鐵都是國家的

除了上官桀和霍光以外，整個皇朝還有另外一位輔政大臣，他就是桑弘羊。桑弘羊和上官桀不一樣，在政治上沒有那麼大的野心。他之所以和霍光存在難以調和的矛盾，就是因為他在鹽鐵官營等事務方面和霍光意見相左。然而單單憑藉他一人的力量，難以和掌握了國家最高權力的霍光相匹敵，所以無奈之下，只能選擇在西元前八十年，與上官父子、謀取帝位的燕王劉旦、長公主等人共同密謀，企圖殺霍光、廢昭帝、立燕王。

可惜天不佑他們，使得霍光早就料得先機，以迅雷不及掩耳之勢先發制人，將他們一網打盡。從性質上說，霍光與上官桀、燕王旦等人的鬥爭，乃是封建官僚集團以及宗室內部爭奪統治權的鬥爭，也是宗室內部爭權奪利和官僚集團長期互相傾軋的總爆發。霍光等人，在武帝時期雖可以長期出入宮禁，但仍屬朝廷中默默無聞的官吏，無論是實際的權力還是財富都難以和許多名門望族相提並論，他所代表著的，正是當時社會上中小地主的利益，因此，他在一定程度上，必然會受到了大地主、大商人的壓制，以上官桀、長公主和燕王等人為代表的勢力集團，對於霍光輔佐的昭帝的不滿，就顯示了這種情況。從雙方鬥爭的結果來看，上官桀、長公主和燕王旦的政變在無形之中被粉碎，也就使漢朝中後期大地主、大商人階層整體利益受到一次沉重打擊，從歷史唯物主義角度出發，這就有利於抑制落後腐朽的勢力的發展，從而推動社會前進。

此後，霍光權傾朝野，同時還努力培植自己的勢力，讓其弟弟、兒子、女婿等人也紛紛擔任要職，霍氏一門的勢力達到高峰。此時此刻，昭帝才只有十四歲，後人評價說：「漢昭帝年十四，能察霍光之忠，知燕王上書之詐，誅桑弘羊、上官桀。高祖、文、景俱不如也。」眼見昭帝如此大才，霍光心中也暗自想到，這昭帝將來如果不出意外，必然能夠成為一代明君。

因此，霍光決意，一心輔佐昭帝，在他的輔佐下，昭帝主要進行了以下動作。一者，霍光看到，武帝末年因對外戰爭、四處封禪，造成了國力的嚴重損耗，農民負擔沉重，大量破產，使得國內矛盾不斷激化。於是，霍光建議昭帝，多次下令減輕人民負擔，裁汰冗員，減輕賦稅，與民休息。二者，則是對匈奴的戰和關係，昭帝繼位之前，霍光就對武帝窮兵黷武的做法心懷不滿，只是那時候霍光實力太小，不敢表露心跡。如今，霍光大權獨攬，遂和昭帝商議，一改過去武帝時對匈奴長期作戰的政策，一方面重新與匈奴和親，以改善雙方的關係；另一方面加強北方戍防，多次擊敗進犯的匈奴、烏桓等，從而使得武帝時期的大規模戰爭停止下來，有助於國內的經濟恢復與發展，也有助於皇朝內部政治體系的穩定和專制權力的鞏固。三者，則是主要在經濟方面進行了改革，在上官桀等人未被誅除之前，霍光與他們便存在著巨大的政治分歧，那就是關於鹽鐵是否進行專賣。武帝時期，就實行鹽鐵專賣，引起天下議論，所以到了昭帝繼位不久，霍光便於始元六年（西元前八一年）召開「鹽鐵會議」，對武帝時各方面政策進行討論。

桓寬所編著的《鹽鐵論》一書對於此次關乎漢朝經濟政策的討論，有著比較詳細的記載。其實漢武帝的鹽鐵官營、酒榷均輸等經濟政策的推行有著複雜的社會背景，當時武帝正全力反擊匈奴，國家財政陷於空虛之境，此等政策乃廣開財源、增加賦稅收入的臨時政策。

但是武帝沒有預料到，官營鹽鐵、酒榷、均輸等政策的實行，隨著國家體系的延伸和戰爭的遷延，政策施行的結果逐漸違背了武帝的初衷，中小地主的利益深受損害，大部分財富集中於大官僚、大地主及大商人之手。於是出現了官吏「行奸賣平」，而「農民重苦，女紅再稅」的狀況，以及「豪吏富商積貨儲物以待其急，輕賈奸吏收賤以取貴」的局面，大官僚大地主財富愈積愈多，中小地主和一般百姓卻日趨貧困。

因此，早在昭帝即位之初，霍光就依此要求改變鹽鐵官營、酒榷、均輸等經濟政策。為了給鹽鐵會議的召開做準備，昭帝始元元年（西元前八六年）閏十二月，霍光就派遣當時的廷尉王平等五人出行郡國，察舉賢良，訪問民間疾苦，搜集事關鹽鐵政策的材料證據。

經過爭論，昭帝下詔依然保留鹽鐵專賣，但取消了酒的專賣。後來又逐步廢除了鹽鐵官營、均輸等政策，從根本上抑制了大地主、大商人的利益，在一定程度上緩和了社會矛盾，調整了階級關係，最終使漢朝的經濟走上了恢復發展的道路。

整體而言，這三項措施的嚴格施行，使得武帝後期在政治、經濟和軍事三個大的方面所遺留的矛盾基本得到了控制，西漢王朝衰退趨勢得以扭轉，國力得到增強，史稱「百姓充實，四夷賓服。」班固在《漢書》中也評價道：「武帝之末，海內虛耗，戶口減半，霍光知時務之要，輕傜薄賦，與民休息。至是匈奴和親，百姓充實，稍復文、景之業。」

【知識連結】

《鹽鐵論》是中國西漢桓寬根據漢昭帝時所召開的鹽鐵會議記錄「推衍」整理而成的一部著作。書中記述了當時對漢武帝時期的政治、經濟、軍事、外交、文化的一場大辯論。該書共分六十篇，標有題目，內容是前後相連的。桓寬的思想和賢良文學人士相同，所以書中不免有對桑弘羊的批評之詞。

蘇武牧羊心向漢

武帝窮一生的努力，將匈奴人打怕了，卻並沒將它打死。而只要有一口氣在，匈奴人便如原上草一般，「春風吹又生」，所以很快地，恢復力量的他們再次向著南方的漢朝捲土重來。

西元前一〇一年，匈奴新單于即位，希望與大漢王朝重歸於好，並富有誠意地把過去拘留的中國使節，一併遣回長安。漢王朝接受其誠意，於是第二年，漢匈之間就恢復邦交，中國派遣正使蘇武、副使張勝赴匈奴汗國報聘，以此獲取兩國之間的長期友好。

然而，歷史上總會有一些棋子，會在關鍵時刻，影響到全域的虧贏勝敗，這個棋子就是張勝。張勝在到達匈奴帝國之後，與一起投降匈奴的漢人合謀，密謀乘匈奴單于外出打獵之機，殺掉匈奴的智囊衛律，然後劫持單于的母親，逃回大漢，立下不世奇功。雖然從個人角度出發，此計畫並不光彩，然而出於漢匈之間的利益，則顯示出了張勝為國的勇略。可惜，後來的一系列變故，張勝的如意算盤完全落空了。他完全低估了匈奴單于的警惕，在他到達匈奴之後，單于就對漢朝使者有所防範，所以他的所謂密謀，不久就被單于知曉了。結果單于大怒。一場流血殺戮下來，張勝見取勝無望，竟然恬不知恥的投降了匈奴，可見他雖然有報國心切之心，但其所作所為，不過是為了功名利祿。

蘇武對此毫不知情，卻由於張勝的擅作主張而遭池魚之殃，在匈奴的威逼利誘之下，蘇武毫不為其所動，堅決拒絕投降。匈奴一來敬佩蘇武這樣一個有骨氣的人，二來，則是不想和漢朝徹底的翻臉，所以沒有殺害他，而是把他放逐到冰天雪地的北海（貝加爾湖）。當時的漢朝居中央，以天朝上國自居，認為四周乃是蠻夷之地，漢使遭受如此奇恥大辱，是可忍孰不可忍，因此兩國重新兵戎相見。

而蘇武在這期間，一直在貝加爾湖之畔以牧羊維持生計，前後長達二十年之久。沒有親人、朋友的支持和慰藉，有的只是冰天雪地的空曠無聲，匈奴也曾數次遣人前來勸降，但他始終拒絕投降。匈奴汗國宣稱他早已死亡。

歷史記載說，當初，蘇武被匈奴放逐到北海邊以後，得不到糧食供應，便挖掘野鼠，吃鼠洞中的草子。而符節上的毛都已經全部脫落，蘇武卻仍然把它緊緊抱在懷中，拿著它牧羊，從不毀棄。到李陵投降匈奴，蘇武已經在北海邊生活了十多年，匈奴知道李陵和蘇武在漢朝之時，都為侍中的官銜，而且也有一定的私交。李陵雖然知道蘇武沒死的消息，敬佩之餘，心生愧疚，不好意思去見他。後來單于大擺宴席，將蘇武和李陵都請到一起，無奈，李陵只能勸降蘇武，蘇武一片赤誠之心，忠肝義膽、天地可鑑，李陵的勸解、匈奴單于的威逼利誘，自然難以有一點作用。

及至武帝駕崩，李陵將消息告訴蘇武，蘇武一連數月，每天早晚面對南方號啕痛哭，甚至吐血。雖然他知曉，自己的兩個兄弟，先前已都因罪自殺；自己的母親也在不久之前不幸去世；甚至連自己的夫人也已經改嫁他人，只剩下兩個妹妹、兩個女兒、一個兒子，不知道是否還尚在人世之間。但是，他同時也提醒自己，全靠漢室明達、武帝栽培，自己才得以身居高位，與列侯、將軍並列，且使其兄弟得以親近皇上，因此，一定要肝腦塗地，報答皇上的大恩。即使是斧鉞加身，湯鍋烹煮，也必當無怨無悔，自己為臣，侍奉君王，就如同兒子侍奉父親一般，兒子為父親而死，沒有遺憾。

時間繼續向前推進，壺衍單于取代舊單于即位。新單于剛剛繼位，不瞭解漢朝，於是常常害怕漢軍前來襲擊，謀士衛律為單于定計，要求與漢朝和親。

西元前八一年，漢匈復交，漢朝派到匈奴汗國的使節聽到蘇武仍然活著的消息，來到匈奴要求放蘇武等人回國，匈奴單于遂假稱蘇武已死，由於此刻蘇武尚自遠在北海，使者也沒有辦法，只得先行離去。不久，漢使又來到匈奴，有個叫常惠的暗中面見漢使，為漢使獻計，教使者對單于說道：「漢天子在上林苑射獵，射下一隻大雁，雁腳上繫著一塊寫字的綢緞，上面說蘇武等人在某湖澤之地。」使者大喜，按常惠之言責問單于。

單于環視左右侍從，他沒有料到，漢天子竟然有如此神奇的能力，遂大吃一驚，然後向漢使道歉說：「蘇武確實還活著。」並言及蘇武此刻正在北海之地放牧。使者遂與匈奴單于派遣之人，一同前去迎接蘇武。此刻，除了蘇武之外，漢朝使者還迎回了另外一個人，他就是馬宏。

馬宏何許人也，他先前是漢朝派往西域各國的使者，與光祿大夫王忠一起出使西域，並擔任副使，只是在半路上受到匈奴軍隊的攔截，王忠力戰戰死，馬宏被俘，但他沒有投降匈奴。在漢朝使者的要求下，匈奴將蘇武、馬宏放回，向漢朝表示他們的善意。並且召集當年隨蘇武前來的漢朝官員及隨從，除先前已歸降匈奴和去世的以外，共有九人與蘇武一起，攜同漢朝使者的部隊，回到漢朝。蘇武一行來到長安後，漢昭帝為了表彰蘇武的節義，以牛、羊、豬各一頭，以最隆重的儀式祭拜漢武帝的陵廟。封蘇武為典屬國，品秩為中二千石，並賞賜蘇武錢二百萬、公田二頃、住宅一所。可謂恩寵並加，一時之間，蘇武心中百感交集。

蘇武被扣留匈奴共十九年，去時正當壯年，一頭烏黑的頭髮，歸來時頭髮、鬍鬚全都白如冬雪。妻子早已改嫁，家人也早離散。十九年的孤獨寂寞是常人無法忍受的，遠離家國的蘇武以堅強不屈的毅力承受著身體的摧殘，精神的折磨。十九年的威逼利誘從未使他屈服，縱然妻離子散、白髮如雪，也從不曾動搖過其忠於大漢的決心。所以他最終歸來了，帶著一身傲氣和志氣，這身志氣雖已經歷千年的風霜，至今仍令今人肅然。

【知識連結】

蘇武（西元前一四〇年—西元前六〇年），杜陵（今陝西西安東南）人，字子卿，漢族。武帝時為郎官。天漢元年（西元前一〇〇年）奉命以中郎將持節出使匈奴，被扣留。雖經匈奴貴族多次威脅利誘，仍不改初衷，心向大漢，只得將他遷到北海（今貝加爾湖）邊牧羊，揚言要公羊生子方可釋放他回國。蘇武留居匈奴十九年歷盡艱辛，持節不屈。至始元六年（西元前八一年），方獲釋回漢。蘇武死後，漢宣帝將其列為麒麟閣十一功臣之一，彰顯其節操。

皇孫來自民間

西元前七四年六月，漢昭帝駕崩，享年二十一歲。昭帝突然發病死去，這使得主管帝陵營建的官員非常狼狽，因為皇帝的陵墓還沒有認真營建，於是他們趕快租用了三萬輛牛車，從渭河灘拉沙，構築地下墓室。倉促歸倉促，昭帝平陵的隨葬品仍是十分豐富的。當時由霍光主持昭帝喪事，墓室中金銀珠寶，應有盡有。

國不可一日無君，霍光在處理好昭帝喪葬事宜之前，便開始著手選拔新君。昭帝並無子嗣，他死後，朝中許多大臣主張立他的同父異母的哥哥廣陵王劉胥為帝。但是霍光知道因劉胥品行不端，漢武帝才未立他為帝。現在由自己輔政，反而選立一個失德的皇帝，怎麼對得起死去的漢武帝呢？霍光只得再冒得罪許多大臣的風險，決定另選立繼承人。

他和皇太后商量，迎立漢武帝之孫昌邑王劉賀為帝。西元前九〇年，李廣利、劉屈氂等因為策劃謀立昌邑哀王劉髆為太子，被漢武帝識破而滅族。西元前八八年正月，劉髆駕薨，他五歲的兒子劉賀成為昌邑王。劉賀卻是個不爭氣的人，剛即位就做了很多荒唐事。

霍光甚為為難，這個皇帝是在他的主持下冊立的，如此貽誤社稷，讓霍光感到既對不起武帝的託孤之恩，亦對不起先帝的賢明名聲。

朝中早年的輔政大臣，都已經在立燕王一事中伏誅，而現在的丞相又是一個明哲保身、難堪大任的人，因此，只有霍光的好友，當朝大司農田延年可以與之商量定議。田延年對霍光說道：「大將軍乃國之中流砥柱，既然已知昌邑王不做君王，不如稟報太后把他廢掉，另選一個賢明之人當君主好了。你應該向商朝的伊尹學習。做一個安定漢室社稷的重臣。」

霍光見此，其實心中已經有了定議，只是擔心單單憑藉他二人之勢，不免會落人口實，霍光對於政治從來都是謹小慎微，他怕田延年的意見不合禮法，最終還是選擇和其他兩個重要大臣商量，其實，在大家的心目中，對於劉賀的胡作非為，都已經產生了不滿，於是，眾大臣一致決定要廢掉這個無道昏君。霍光和群臣一起去見太后，陳述廢掉昌邑王劉賀的理由，太后也同意了眾臣的意見。於是只當了二十七天皇帝的昌邑王就被廢黜了。

昌邑王既然被廢黜，皇位又空了出來。忠心輔政的霍光，日夜為此焦急不安。光祿大夫丙吉上書給霍光，推薦寄存在民間的漢武帝的曾孫劉病已。霍光對劉病已做了一段時間的考察，發現此人心懷仁慈、志向遠大，遂攜同大臣將他從民間迎入宮中，先封為陽武侯，將此事稟報皇太后，接著就把劉病已接回宮中，擁立為皇帝，他就是有名的賢君漢宣帝。漢宣帝於元平元年七月繼位，時年十八歲。第二年改年號為「本始」。由於劉詢幼年遭遇變故，長期生活在民間，因此對百姓的疾苦和吏治得失有所瞭解，這對他的施政有直接影響。劉詢即位之初，委政於霍光。

霍光是西漢武帝、昭帝、劉賀以及宣帝的重臣，曾任大司馬、大將軍等要職，可謂是三朝元老，一人之下萬人之上。此次擁立劉詢為帝，廢黜劉賀這一個無道昏君，霍光有著決定性的作用，穩定了國家的大局。

被廢的劉賀，此後的生活可謂潦倒不堪，霍光新擁立的漢宣帝劉詢，在繼位之後，心底到底有些忌憚，他害怕劉賀會不甘心，進而產生反叛的心思，於是，劉詢在即位的第二年就讓山陽太守張敞專門監察劉賀，此刻劉賀已經被軟禁，張敞發現，劉賀終日沉迷酒色，早已經變得毫無鬥志。劉詢知道劉賀從此難以成為自己的敵手，遂生出惻隱之心，沒有傷害他的性命，而是打發劉賀回到山東昌邑國，過著被監視的日子。而劉賀帶去長安的二百多個官員除了三個正直的人，其他的都被斬首。

元康二年，霍光為防止劉賀死灰復燃，遂寫信給山陽太守張敞道：「謹備盜賊，察往來賓客。毋下所賜書。」

到了元康三年，即西元前六三年，劉賀被貶斥為「海昏侯」，封地就在江西省永修縣一帶。此時，他已經被解除了軟禁，但皇帝和霍光卻依然對其進行著秘密的監督。一次，揚州刺史上報朝廷一件事情：劉賀與一個叫「孫萬世」的人交往。孫萬世問劉賀：「在被廢除皇位前，君為什麼不堅守內宮、關閉宮門，斬殺霍光，卻聽憑他們奪取皇位璽綬呢？」劉賀說：「是啊，當時太年幼，真是大大的失策啊。」孫萬世又希望劉賀做「豫章王」，絕不要一直做這麼普通的海昏侯。劉賀說：「道理是如此，但是這話不宜說啊。」劉詢因此震怒，下令查辦劉賀，其實劉詢已經看出，劉賀只是說說而已，根本沒有實力反對自己的統治，遂只削減了其封地的人口和賦稅。

四年之後，劉賀在憤慨中死去，終年三十四歲。

霍光擁立了宣帝劉詢，更力保其帝位，為朝廷鞠躬盡瘁。宣帝即位後，為了表彰霍光的擁立之功，對其大為嘉獎。此後，霍光便忠心耿耿地輔佐年輕的宣帝，為其獻計納策，以求君主聖明。漢宣帝在他的輔佐下，繼續遵照「與民休息」的方針來制定政策，處理國事，使西漢王朝再次興盛，史稱「昭宣中興」。這段時期西漢王朝能夠再次興盛與重臣霍光二十多年的忠君輔政不無關係。霍光對漢室忠心赤膽，且知人善任，做事果斷，是個頗具智慧的謀略家。他上任後調整了武帝末年賦稅無度的政策，與民休息，緩和了朝廷與百姓的矛盾，所以漢代的經濟出現了又一個發展時期。

西元前六十八年，霍光病逝。漢宣帝和皇太后為感念其為漢室立下的汗馬功勞以極其隆重的禮儀親自為霍光主持喪禮。死後的霍光被埋葬在茂陵漢武帝陵墓的旁邊，這正體現了漢室對把這位忠心輔政安定社稷的重臣尊崇。

霍光已經死去，但他身後卻留下了一個足以顛覆朝野的家族。

【知識連結】

劉詢，原名劉病已，生於武帝征和二年（西元前九一年）。漢武帝和衛子夫的曾孫，戾太子劉據和史良娣的孫子，史皇孫劉進和妾王翁須的兒子。因巫蠱之禍戾太子逃出宮，其父劉進也被帶出宮。及至劉詢出生仍曾因此事下獄，後被祖母史家收養，直到武帝下詔掖庭養視，上屬籍宗正。元平元年（西元前七四年）霍光等大臣廢昌邑王後，將年已十七歲他從民間迎入宮中，封為陽武侯，於同年七月繼位，第二年改年號為「本始」。

昭宣中興

宣帝能夠成為西漢中興之君，自然有其非比尋常之處，他雖然身在民間，但對於皇朝內部的事情，卻瞭若指掌，十八年來，他一直在史家的教育下，不斷成長著，他要的只是一個機會。可是在他剛剛登基的時候，政府仍牢牢地控制在霍光手中；霍光的至親和助手控制著禁軍；他的兒子霍禹和侄孫霍山是朝廷的領袖。所以宣帝避其鋒銳，對霍氏採取了懷柔拉攏的手段。

宣帝剛即位，圍繞皇后大位的問題，就出現了許多爭議，大多數人贊成由霍光的一個女兒應當被挑選出來，承繼皇后大位、母儀天下，但皇帝堅決不同意，下了一道莫名其妙的詔書，聲言自己在貧微之時曾經有一把舊劍，現在自己十分的想念它，眾位愛卿能否為朕將其找回來。「舊劍」就是暗指許平君。群臣揣摩上意，開始一個個請立許平君為皇后。許平君於西元前七十四年被冊立為皇后，不久，皇后懷孕。這就是「故劍情深」的典故，從此，這一浪漫典故開始流傳，成為中國歷史上一道浪漫的詔書，一道王子對貧女的許諾。

本始三年，許平君生下一女後，霍光之妻感到自己女兒的地位受到極大的挑戰，與御用女醫淳于衍相勾結在滋補湯藥中加入附子，讓產後的許平君服用。許平君不久毒發，在痛苦中死去。漢宣帝非常悲痛，追封她為「恭哀皇后」，葬於杜陵南園（也稱少陵）。一年後，霍光之女霍成君如願以償取代她為后。

此後，宣帝便一直韜光養晦，暗中積蓄實力，逐漸培植自己的勢力，最為典型的就是：將張安世任命為尚書令；並且任命當時最幹練的魏相為相，而霍光死後，丞相的權力和尊嚴正在迅速的恢復；繼而任命邴吉為御史大夫，又委以他的岳父許廣漢以重任，逐漸把權力收歸己手。地節三年，霍光剛剛死去一年的時間，漢宣帝封許平君的父親許廣漢為平恩侯，同時冊立與許平君在民間所生的劉奭為太子。與此同時霍家的人卻日漸囂張，不知不覺之間，宣帝僅存的對於霍光擁立自己為帝的感激之心，也在霍氏一門族人的囂張跋扈之中，不斷的消磨殆盡。終於忍無可忍的皇帝劉詢開始整治霍家。解除霍家手中的兵權，提拔霍光的兒子霍禹為大司馬，明升暗降，為了將霍山、霍雲領尚書事的職務架空，還大力改革上書制度，下令吏民上書，直接呈皇帝審閱，不必經過尚書。

霍家人終於明白，這個皇帝絕不是個頭腦簡單的人，惶恐不安之下，決定鋌而走險，舉行叛亂，推翻漢宣帝。他們設計了兩次陰謀，一次是謀害丞相，另一次是廢黜皇帝而以霍禹代替。這兩次企圖都得到了以皇太后名義頒布的詔書的支持；可惜事敗，霍氏一門遭受滅門之禍。自此，在西漢朝廷中盤踞了十幾年的霍家勢力一朝覆滅，漢宣帝最終確立了他的絕對統治。

自霍氏一門被誅除以後，劉詢放開手腳，大刀闊斧地對國家各項政策進行改革。因為劉詢在早年，一直生活在民間，也時常受到吏治腐化所致的官員的欺壓，其實在劉詢入宮之前因為一次誣陷，而被告盜竊送入大牢之中，幸好他妻子許平君的父親是當地的官員，在他的斡旋下，劉詢才得以逃脫責罰。但是，前人之事、後人之師，劉詢對於朝廷官吏不分青紅皂白，經常判出冤假錯案的做法，深惡痛絕。因而及至登基，改革吏治便成為他心中最為迫切的願望。在他掌握國家大權之後，提出要堅決廢除苛法，平理冤獄。劉詢親政後不久，還親自參加了一些案件的審理。西元前六十七年，劉詢在朝廷增加了四名專掌刑獄的評審和覆核的廷尉平一官，並設置了治御史以審核廷尉量刑輕重。次年，劉詢接著又下詔，廢除了首匿連坐法，並下令赦免因上書觸犯他名諱的人。西元前五十四年，他派二十四人到全國各地巡查，平理冤獄，檢舉濫用刑罰的官員。除此以外，劉詢還先後十次下令，大赦天下。一時之間，天下人人對劉詢的所作所為感恩戴德。

除此以外，省去尚書這一中間環節，恢復了漢初丞相既有職位又有實權的體制；宣帝還特別重視地方長吏的選拔和考核，並下大力氣整飭吏治。為此，劉詢建立了一套對官吏的考核與獎懲制度。在宣帝當政的二十餘年間，一大批因為政績突出的官員受到了獎勵，或以璽書勉勵，增秩賜金，或爵關內侯，升任九卿或三公。而對那些不稱職或有罪的官吏，則嚴懲不貸。隨著這些措施的推行，一大批符合漢宣帝價值觀的「良吏」便逐漸造就而成，服務於大漢朝的各項職能部門當中。

經過宣帝時期的改革，吏治呈現出一個特別重要的特點，即官吏「久任」制發展到較為完備的時期。

此外，宣帝也採取「與民休息」的政策，收到了顯著的效果，只是，對於鹽、鐵，依然沒有進行徹底的改革。宣帝親政後，加大了改革力度。他在地節四年（西元前六十六年）九月下詔道：「吏或營私煩擾，不顧厥咎，朕甚閔（憫）之。鹽，民之食，而賈咸貴，眾庶重困，其減天下鹽賈。」由此可見，工商官營政策在昭帝時期仍然存在部分施行，經過宣帝的大力整頓，這些政策的一些弊端，如官吏徇私枉法和貪汙腐敗等問題，在一定時期內得到了有效抑制，這有利於百姓的「休養生息」以及國力的逐漸恢復和強大。

一時之間，「昭宣中興」被人們口耳相傳，遂載入史冊，被史家認為是自漢朝立國以來，最繁榮興盛的時代。

【知識連結】

昭宣中興，指西漢昭帝和宣帝時代（約為西元前八七年至西元前四八年），因為這兩位皇帝在位期間，政績優秀，西漢得以恢復性的穩定發展。漢昭帝年間，在霍光的輔佐下實行漢武帝後期以來的政策，減免田租、口賦等稅收，賑貸農民，減輕農民的力役負擔等。及至宣帝劉詢即位後，則著力整頓吏治，推行一系列如招撫流亡、安定民生等政治經濟的措施，使社會生產重新得到恢復和發展，史稱「昭宣中興」或「西漢中興」。

趙充國老當益壯，平諸羌

西漢時期，羌人和西漢政權的第一次大規模的交鋒，就發生在漢武帝時期，及至漢宣帝，羌人更是策應匈奴，擾漢邊疆。宣帝遂遣趙充國討伐，兩年完全平定，因置金城屬國安置降羌。

趙充國（西元前一三七年—西元前五二年），字翁孫，漢族，原為隴西上邽（今甘肅省天水市）人，後移居湟中（今青海西寧地區）西漢著名將領。早年，趙充國就被人譽為擁有大略，少年時仰慕將帥而愛學兵法，一心報國，對於西域、河西以及北方匈奴等地的軍事防務甚為關注。其最初以「良家子」身分參軍當騎兵，後來因為善於騎射調入羽林軍（皇宮衛隊）中。漢武帝在取得第三次北擊匈奴的勝利之後，即西元前一九九年，開始移民，趙充國遂舉家移到令居。後來，李廣利率部迎戰匈奴，雖然兵敗，卻成就了趙充國。當時漢軍被匈奴大舉圍困，在趙充國的帶領下，李廣利才得以率領數百人突圍而出。

李廣利將這次情況啟奏皇帝，武帝面見充國，並且親自看了他的創傷，歎其為勇士，拜中郎，遷車騎將軍長史。昭帝之時，趙充國遷中郎將、水衡都尉。霍光派遣他北擊匈奴，這一戰，殺得匈奴大敗而歸，連其西祁王也被生擒歸來，昭帝大喜之下，遂將其升為護羌校尉、後將軍。

趙充國不僅軍功卓著，素有謀略，對於時勢也看得很清楚，他看出霍光不可扳倒，遂一直忠心與霍光，在霍光扳倒燕王、上官桀等人之時，就毅然選擇了投在霍光麾下，後來，又和霍光一起，定策迎立宣帝，因此之功，趙充國隨即被封為營平侯。

神爵元年（西元前六一年）春，大漢中央兩府大臣，即丞相、御史不明白羌族真相，就向皇帝推薦，讓光祿大夫義渠安國出使諸羌，瞭解其動向。豈料義渠安國一介庸人，到了羌族內部，依然我行我素。他沒有明察暗訪羌族的實情，不能具體的分析各國部落的情況，而是不問青紅皂白，召集先零部落的頭領三十多人，以逆而不順之罪，將他們全部斬首。先零部落是羌族最為強盛的部落，很多羌人都唯這些首領馬首是瞻，如今羌人首領都被殺害，羌人自是難以控制心中的憤怒，遂紛紛聲討義渠安國。

然而，此時的義渠安國依然不知悔悟，竟然擅自調兵遣將，以鎮壓先零之民，並殺了一千多羌人。於是羌族各部及歸義羌侯楊玉等都很震恐，被迫離開其地，為了擴大勢力，他們不惜劫掠其他小族部落，最終犯漢邊塞，攻城邑，殺長吏。義渠安國遂以騎都尉身分帶領三千騎兵抗擊羌人，此一戰才發現羌人的戰力驚人，其三千士兵戰死者十之七八，直到他敗退令居，才想起向宣帝報告這裡的情況。

元康三年，羌人中最強盛的先零部落和其他羌族部落酋長二百多人「解仇交質」，並歃血為盟，規定一起向中原進軍，反抗漢朝官吏的暴政。

探馬很快就將消息傳到宣帝耳中，聞訊朝野震動。當此之時，趙充國挺身而出，向皇帝陳述道：「羌人最大的隱患，主要包括三個方面，一是羌族與匈奴早就打算聯合；二是羌族原來各部落互相攻擊，易於控制，但近幾年來他們『解仇和約』，共同反漢；三是羌族還可能『結聯他種』，即與其他種族聯合。」綜上所述，趙充國提出了「宜及未然為之備」的建議。宣帝和眾臣都以為有理，一月之後，小月氏部落的羌侯狼何果然派人到匈奴借兵，打算攻擊鄯善、敦煌，以切斷西域與漢朝的通道。趙充國遂向皇帝提出兩點建議：一是加強軍事上的邊防；二是離間羌族各部落而偵探其預謀。並且，趙充國還認為，羌人之所以如此，肯定還會有更為深層次的原因，為此，需要做萬全的打算和長遠的準備。

此時的趙充國已經七十多歲，但宣帝對於趙充國的見識謀略等方面的才能還是很敬佩的，見他說得頭頭是道，宣帝心中便生出了請他掛帥平定叛亂的心思。然而，宣帝又有些擔心他年老，精力和勇略不足。於是，便派遣御史大夫丙吉去看看趙充國，向他諮詢誰可以擔當重任。趙充國很自信地回答：「無逾於老臣者矣。」宣帝又派人去問：「將軍度羌虜何如，當用幾人？」趙充國答：「百聞不如一見。兵難隃度，臣願馳至金城，圖上方略。」意思即是，打仗不能紙上談兵，而要親臨前線觀察，然後才能根據實際情況做出對策。並向宣帝請求，將平亂的事情悉數交到他的手中，皇帝定然可以高枕無憂。宣帝聞言，欣然答應。

「老當益壯，寧移白首之心；窮且益堅，不追青雲之志。」趙充國雖年逾七十，卻依然督兵西陲。他在獲得宣帝的准許之後，迅速領騎兵八千餘人出師，巧渡黃河，立穩陣腳，做好戰鬥準備。羌人聽聞是當世名將趙充國來督戰，心中大為恐懼。羌人耐不住前去挑戰，趙充國始終堅守不出。用自己的名氣和大漢的威信，不斷的招降一些部落，最終瓦解了羌人各部落聯合的計畫。

在趙充國對西羌各部落進行懷柔治理的過程中，為了防事變於未然，他苦心孤詣，實地考察，終於得到良策。回到長安，趙充國三次上書，向宣帝提出「以兵屯田」的主張，得到宣帝的讚賞。從此，漢朝將「屯田湟中（今青海省湟水兩岸）」作為持久之計，提出亦兵亦農，就地籌糧的辦法，可以「因田致穀」，「居民得並作田，不失農業」；「將士坐得必勝之道」；「大費既省，徭役預息」等「十二便」。這對當時支援頻繁的戰爭，減輕人民負擔有很大的作用，同時也緩解了漢族和羌族的矛盾，使得二部族在西涼各地一直和平共處百年之久。

【知識連結】

趙充國，原為隴西上邽（今甘肅省天水市）人，後徙金城鄰居，（西元前一三七年—西元前五二年），字翁孫，最初為騎士，因舉六郡良家子善騎射補羽林得入。為人沉勇有大略，通知四夷事，少好將帥之節，而學兵法。

臨終託孤，託錯人

扶大廈於將傾，劉病已扭轉皇權即將崩潰的趨勢，使大漢走向正軌，可以說是一代明君。但在生命行將結束時，有一件事始終讓這位聖明之君放不下，他放不下的乃是兒子劉奭。劉病已英明神武，兒子劉奭卻孱弱好儒，只懂虛文腐禮。劉病已自是知道劉奭個性中的弱點的，也知其難以撐持大漢基業。劉病已曾對人言：敗壞我大漢基業的，就是當今太子。劉奭懦弱，劉病已也曾想過另立太子。他心中的人選是淮陽王劉欽。可是，劉病已始終不能忘卻對許平君的感情，內心經過一番事業和感情矛盾爭鬥後，他選擇感情。

許皇后與劉病已早年共苦，卻不能晚年同甘，劉病已很遺憾。許皇后香消玉殞，留下孤苦無告的劉奭。如果劉病已再拋棄他，劉奭就成了當年的劉病已，甚至比當年的他更慘，因為劉奭並沒有獨立生活的能力。一想到許皇后，劉病已就心痛；再想到劉奭是許皇后留下的骨血，劉病已的心就軟了。

彌留之際，劉病已招來三位要臣，準備託孤。

劉病已將劉奭託付給史高、蕭望之和周堪。史高擔任侍中一職，是劉病已的表叔，代表外戚勢力；史高本人無能，但他背後的靠山很強悍，別人不能輕易撼動。蕭望之和周堪是劉奭的老師，他倆權力不大，但學術功底深厚，謀劃有方。

為了進一步平衡這三者的力量，使他們勢均力敵，互相制衡，也為了獎賞他們，劉病已重新分封一次。劉病已封蕭望之為前將軍，兼任光祿勳；封周堪為光祿大夫；封史高為大司馬，兼任車騎將軍。蕭望之和周堪代表潛在的士大夫勢力，如果他二人能夠好好利用智謀，可以阻止外戚專權；史高代表根深蒂固的外戚勢力，靠著這棵千年古樹，史高能夠防止士大夫弄權。

宣帝遺詔，命蕭望之、周堪和史高共同輔佐劉奭。

史高與蕭望之相比，一個是天上的雲彩，一個是地下的泥淖。蕭望之是儒學大師，事事都站在德行的高峰，一副萬世師表的模樣。在儒家的理想境界裡，當其位就要有其能，更要謀其政。史高無德無能，被封為大司馬，深懷儒士理想的蕭望之不服。蕭望之身為顧命大臣，就想履行他的職責，驅除史高，架空他的權力。

同時封了三位顧命大臣，宣帝的目的是希望實現三角穩定，互相制衡。然而，蕭望之和周堪的相似性很強，他們倆都代表士大夫，只能算是同一股勢力。蕭望之是東海蘭陵（今山東蒼山蘭陵鎮）人，周堪是齊郡（今山東淄博東北）人，他倆是老鄉。他倆都曾拜夏侯勝為師，鑽研《尚書》，師出同門。蕭望之是太傅，對《齊詩》研究精深，周堪是少傅。這麼多相似性疊加在一起，他倆就相當於站在同一條船上。更重要的是，他倆面對一個共同的敵人，無能而居高位的外戚史高。

於是，三角計畫蛻變為兩極對抗，即蕭望之聯合周堪對抗史高。史高是外戚，勢力根深蒂固，難以撼動。要與泰山比雄，就必須找尋另外一座大山，這座大山就是皇室子弟，學術大師劉向。

劉向，原名劉更生，漢元帝死後，改名為劉向。劉向頗有才氣，編輯過《戰國策》，撰寫過《說苑》等好書，蕭望之對其很欣賞。劉向祖上是隨劉邦征戰天下的劉交。劉向是劉交的第四代子孫，自然維護皇權，深得蕭望之器重。蕭望之、周堪和劉向志同道合，三人組成一個反外戚的士大夫聯盟。

劉病已剛死，蕭望之就急忙安插人手在劉奭身邊，組建士大夫聯盟，意圖很明顯。史高雖無能卻不是傻瓜，看出了其中的門道。劉奭在蕭望之的掌控之中，無論大事小事，都諮詢蕭望之卻不諮詢史高，史高就有名無實，他已被蕭望之架空。掌控劉奭後，對蕭望之而言，史高就沒有太大威脅了。

自有大司馬一職以來，都由外戚擔任，外戚的勢力很強。史高是劉病已任命的大司馬，雖然權力很大，但在蕭望之的擺布下，已是有名無實，史高心中自是憤懣。蕭望之架空外戚，手段之快猶如閃電，讓史高措手不及。

兵來將擋。蕭望之拉幫結派，搶佔地盤，史高也要組建聯盟，全力反攻。外戚跟皇族表面是親家，實質是仇敵，自呂雉專政以來，無不如此，因此史高不能拉皇族。史高無德無能，沒有才學，也無法拉攏士大夫。正當絕望之際，史高腦裡靈光一閃，決定拉攏宦官。蕭望之能架空史高，全因安插劉向和金敞在劉奭身邊。如果史高能拉攏宦官，蕭望之聯盟就遇上對手了。於是石顯登場的機會來了。

石顯是沛人，原為中書令下事務執行官，早年因不守規矩，被罰宮刑。宮刑後，石顯苦學法律，期盼在皇宮謀職，劉奭稱帝不久，提升他為中書令。史高找石顯商議組建外戚—宦官聯盟的大計後，石顯越發極力討好劉奭。生性懦弱的劉奭更需要石顯這種人的哄騙。劉奭沒有處事能力，身體虛弱，意志力也很弱，每當奏章很多時，他就讓石顯代勞。一旦掌控批復奏章的大權，就掌控了處治天下的權力，石顯自然很樂意。

石顯樂意代勞，劉奭頓覺輕鬆，拋下國家，一心鑽研音樂藝術。在第一局，透過劉向和金敞的手，蕭望之掌控劉奭；在第二局，透過石顯的手，史高掌控劉奭。兩大聯盟組建後，劉奭的皇權就是他們所欲爭奪的東西，圍繞劉奭，雙方決定火拼。

可歎宣帝一世英名，明知不可為而為之，終因對許平君的愛而將大漢王朝交與劉奭，苦心挑選的託孤大臣竟成了弄權之臣，導致漢朝江河日下。而劉奭生性懦弱，閹人石顯就趁機崛起，這歷史的必然。

【知識連結】

劉奭，西漢元帝，生於昭帝元平六年（西元前七五年），是劉詢與嫡妻許平君生的兒子。其母許皇后被霍光的妻子霍顯毒死。霍光死後，地節三年（西元前六七年）四月，劉奭被立為太子。黃龍元年（西元前四九年）十月，宣帝死後繼位，在位十六年，病死，謚號為元帝，廟號高宗。

王家有兩君

郅支單于被斬，大漢很高興，呼韓邪單于卻很憂心。比他厲害的郅支單于被斬了，呼韓邪單于成了匈奴唯一的單于，然而在「明犯強漢者，雖遠必誅」這句話的震懾下他不禁擔憂起自己的生命安危來。為了自身安危，為了匈奴安定，呼韓邪單于決定再朝見劉奭。西元前三十三年春，在全國諸侯都到長安朝見皇帝的正月，呼韓邪單于也來了。呼韓邪單于對劉奭說，他想當漢朝的女婿。劉奭不喜歡打仗，見呼韓邪單于願意和親，他當然欣然同意。

自漢朝與匈奴相交，打打殺殺幾十年，和親幾十年。和親之始，因為漢朝打不過匈奴，婁敬提議下嫁公主給匈奴。隨著漢朝國力增強，和親人選由公主變為翁主。公主是皇帝的女兒，翁主是劉氏宗族的女兒，翁主比公主低一個等級。由此可見，和親政策還是以軍事實力為後盾的。

到劉奭這一代，匈奴單于主動提議和親，這是破天荒的大事。漢朝下嫁的不是公主，也不是翁主，而是後宮宮女，這也是破天荒的大事。劉奭暗弱無能，獨自享用了很多破天荒的大好事，然而在選送宮女這件事上他卻沒那麼幸運了。

經過一番陰差陽錯，劉奭嫁出了漢朝第一美女，同時也是中國四大美女之一的王昭君給呼韓邪單于。

王昭君，現今湖北省秭歸縣人，民女出身。她家境貧寒，生就一副傲骨。被選入宮後，王昭君沒有得到皇帝的寵幸。王昭君對鏡凝視美麗的容顏，常常自歎自憐，鬱鬱寡歡。後宮佳麗太多了，劉奭就命畫工毛延壽到後宮為各位佳麗作畫。毛延壽借機敲詐，向佳麗索要賄賂。王昭君目下無塵，不能容忍索要賄賂的行為，斷然拒絕。敲詐不成，毛延壽心生憤恨，在王昭君的畫像上點了一顆破相的痣。就憑著一支畫筆，毛延壽毀了王昭君在大漢皇宮的一生。王昭君挨過幾年清秋後，對皇宮徹底失望，聽說呼韓邪單于請求迎娶大漢女子，便主動請求遠嫁匈奴。劉奭對王昭君本來沒有好感，就沒有任何阻攔。

臨別，劉奭恍然領悟。看著美人離去，劉奭因錯嫁王昭君而悔恨，因毛延壽不盡職而憤怒。回宮後，劉奭一刀，結束了毛延壽的生命。王昭君遠嫁匈奴，劉奭思戀成疾，不到兩年，鬱鬱而終。

呼韓邪單于娶走美人，欣喜若狂，修書一封，請求漢朝撤走邊塞軍隊，保證世世代代為漢朝守衛邊疆。呼韓邪單于如此乖覺，朝臣都同意撤銷邊塞軍隊，只有宮廷禁衛官不同意。他說大漢與匈奴和好，如果大漢這麼快就撤銷邊防軍，匈奴會認為是他們的功勞，並可能藉此邀功，請求封賞。此外，呼韓邪單于聽話，不能保證後來的單于聽話。

為了大漢的安全，劉奭經過一番思量決定不撤銷邊塞軍隊。劉奭回信告訴呼韓邪單于說：大漢本想撤銷邊塞軍隊，然而，擔心漢朝邊塞軍隊撤銷後，中原地區的狂徒越過邊境，騷擾匈奴。為了匈奴的安寧，大漢還是決定保留邊塞軍隊。呼韓邪單于明白劉奭的意思，不再請求撤銷邊塞軍隊，並封王昭君為寧胡皇后，後來，王昭君生了一個兒子。三年後，呼韓邪單于去世。按照匈奴習俗，王昭君改嫁給呼韓邪單于的長子，又生了兩個女兒。

自王昭君遠嫁匈奴起，漢朝與匈奴保持了近六十年的和平。

沒娶到王昭君這位奇女子，但劉奭娶了一位更奇的女子為皇后。這位女子名叫政君，與王昭君同姓，但性格迥然相異。如果說王昭君是小家碧玉，王政君就是大家閨秀；如果王昭君是山澗蘭花，王政君就是被尊養的牡丹。一句話，王昭君是弱女子的命，王政君是女強人的命。王政君家住長安城，她父親名叫王禁，官居廷尉史。王政君的母親懷王政君時，夢見月亮飛進肚裡。太陽代表皇帝，月亮自然代表皇后。這個故事預示王政君將要成為皇后。

王禁本已為王政君相中一門親事，雙方父母也說定了。然而，王政君還沒出嫁，男方就死了。接著，王禁又為女兒相中富家公子東平王，雙方剛說定，同樣離奇的事又發生了。這在當時來看，是命硬剋夫的徵兆。

後來，王禁為女兒算了一卦。卦象說王政君：當大貴，不可言。世間富貴很少，欲達到不可言的境界，只有當皇帝或者皇后。離奇之事頻頻發生，王禁大致參透，開始教育王政君讀書寫字，琴棋書畫。王政君十八歲時，被選入宮。

王政君入宮時，劉奭還是太子。劉奭柔情似水，跟司馬氏纏纏綿綿。可惜，司馬氏體弱多病，早死。彌留之際，司馬氏對劉奭說，她身體不好，全因後宮女人妒忌，詛咒她早死。劉奭是個多情種子，恨後宮女人詛咒司馬氏，司馬氏死後，立誓不碰後宮女人。但劉奭是未來的皇帝，如果無子，未來的王朝就沒有皇帝。

劉病已知道後，想到一個兩全其美的辦法，他親自從後宮選出五個宮女供劉奭挑，王政君就在其中。劉奭的養母王皇后問他喜歡那個，劉奭冷冷淡淡的，說隨便一個。王皇后見王政君坐挨著劉奭，而且王政君的大紅衣角還接觸到劉奭，便由此斷定劉奭喜歡王政君。一個人故意穿一身大紅衣裳，兩個人偶然地坐在了一起，另外一個人主觀臆測，歷史就這樣改寫了。

完婚後，王政君為劉奭生了一個兒子。劉病已為他取名劉驁。劉驁長大後，不合劉奭的心意，劉奭想另立太子。劉奭雖然治國無方，在音樂方面倒有頗有建樹。他的小兒子劉康有音樂天賦，很合劉奭的心意。劉康的母親名叫傅昭儀，她比王政君年輕，比王政君漂亮，比王政君討劉奭喜歡。劉康是劉奭的音樂知己，劉康的母親又是劉奭的新寵，於是劉奭就想另立劉康為太子。劉奭病重，只讓劉康母子服侍，劉驁母子根本挨不上邊。除此之外，劉奭還命人翻查史書，想知道漢景帝劉啟是如何廢掉太子劉榮。劉奭之意，人人知曉。如此情勢下，王政君很著急，火速尋求劉奭寵臣石顯的幫忙。只要石顯助劉驁贏得皇位，他就有了靠山。為了明天的發展，石顯同意出手相助。

穩住了石顯，就等於抓住了石顯集團。而且石顯集團還有史氏家族的支撐。更令王政君興奮的是史高的兒子——史丹是劉奭的親信，能夠隨便出入劉奭的寢室。

有一天，趁劉康母子不在，史丹跑進劉奭寢室，跪在劉奭床前大哭說，劉驁被冊立為太子已經有十多年了，太子美名遠播，深受百姓愛戴。而且他還以死相威脅表示堅決不同意另立太子。

史丹的語氣，大有當年周昌勸諫劉邦的氣勢。可惜，劉奭不是劉邦，沒有拒絕史丹，而是對史丹說，讓王政君好好教育太子，輔助太子繼承帝位。

西元前三三年，五月二十四日，劉奭在未央宮駕崩。

【知識連結】

王昭君，原為漢宮宮女，後來因為和親匈奴被封為公主。名嬙，字昭君。因得罪畫師，被醜化，不得入選服侍漢元帝。於是當西元前五四年，匈奴呼韓邪單于被他哥哥郅支單于打敗，南遷至長城外的光祿塞下，與西漢結好，曾三次進長安入朝，並向漢元帝請求和親時。王昭君自請出塞和親。因其美貌與智慧並存，到匈奴後，被封為「寧胡閼氏」（閼氏，音焉支，意思是「王后」），象徵她將給匈奴帶來和平、安寧和興旺。後來呼韓邪單于在西漢的支持下控制了匈奴全境，從而使匈奴與漢朝和好達半個世紀。

王鳳專權，五侯當朝

為鞏固皇權，年方二十的劉驁需要有人輔佐。而王氏諸侯中，只有王鳳能將大事幹好，而王鳳也願意幹，更想位極人臣，可是位置讓劉驁的老師匡衡佔著，讓王鳳很是頭疼。

由於閱歷極淺，劉驁什麼事都要諮詢老師匡衡，大多數都聽取匡衡的建議。匡衡不傻，他深知自己是王鳳的眼中釘。同時，為了王家大業，王鳳必須逼聰明人匡衡讓路。然而匡衡主動辭退後，王鳳又遇上一個更厲害的對手——外戚王商。

王禁有四女八男，其中王政君是他所有女兒中的強者，為王家登上權力之殿敲開大門。兒子中，被封侯的有王鳳、王譚、王崇、王商、王立、王根、王逢時，其中王鳳是個最厲害人物，就是他帶領王氏子弟走向權力之途。

在劉驁時代，姓王的人物很多，有王政君家族、王尊、王商、強王章和美人王昭君。為了權力，他們彼此爭鬥。王商與王章不謀而合，他倆的敵人是以王鳳為首的王氏家族。

同為外戚，但王鳳是現在皇帝的外戚，王商是昔日皇帝的外戚。當初劉奭想廢劉驁，王商極力勸阻，對劉驁有過恩情。於是，匡衡被貶後，劉驁就提拔王商擔當丞相一職。王商是元老級人物，輕視王鳳這種後生小子，認為王鳳只是跳梁小丑一個。王鳳當大司馬，王商當丞相，兩人相見便是冤家路窄。

王商認為王鳳是後生小子，是有資本的。王商是老江湖，面對大事不荒不亂，很厲害。可惜，他太頑固，不知道青出於藍而勝於藍。

無論多麼厲害，做人都不能狂妄，否則沒有好下場，王商偏不相信。王商當上丞相不久，琅玡郡大面積受災，莊稼顆粒無收。古人總將天災的原因說成人禍，王商也不例外，決定追究郡守的責任。琅玡郡守是王鳳的姻親，王鳳代為求情。王商不理，嚴格按照程式，將郡守辦理了。王鳳正在發展勢力，王商橫插一刀，王鳳決定以牙還牙。他找好幫手，寫好奏疏，大舉向王商發難。王鳳告王商五條大罪，第一，濫用職權，打擊忠良，飛揚跋扈，居心叵測；第二，姦淫婦女，連王商父親最親近的奴婢也不放過；第三，王商的妹妹與人通姦，為了王家的清白，王商指使他人殺害姦夫；第四，王商欺君，製造流言，不送女兒入宮；第五，王商管教無方，致使父子反目，家庭失和，有悖倫常。

寫出這等語言狠毒的奏疏的不是別人正是王商的親家，牆頭草史丹。史丹的女兒嫁給王商的兒子，親家狀告，王商不死也要蛻一層皮。史丹曾經與閹人石顯一夥，石顯倒台後，這根牆頭草就投靠王鳳。

史丹只要利益，不認親戚。將揭發信交給劉驁時，史丹狠狠地捅王商一刀，建議劉驁讓王商到監獄受罰。王鳳整人，不達目的不甘休，堅持要求嚴肅辦理。兩隻猛虎相鬥，劉驁夾在中間，為避免傷及自身安危，劉驁決定罷免王商。王商老了，活不了幾年，劉驁的江山需要活得更久的人扶持。

西元前二五年，四月二十日，劉驁罷免王商。

大權喪失，王商如跌下萬丈山崖，三天後死去。

王商的死，王鳳的專權，王章看到，劉驁更是直接親身體悟到。於是，劉驁起用了劉向。

王氏家族中一日被封五位侯，這幾位侯都掌控要害部門，劉向甚是憂心。劉向自知鬥不過王鳳，只能四處「搜集天災」，在劉驁耳畔旁敲側擊。劉向育有一子，名叫劉歆。劉歆聰穎過人，是遠近馳名的神童，深得劉驁的歡喜，被任命為中常侍，隨時陪伴皇帝左右。

有一次劉驁想任命官員，左右侍從卻要劉驁先請示王鳳，很顯然，這就是說王鳳權力比皇帝還大。經過這件小事，劉驁知道王鳳在他身邊安插了耳目，心中暗生悶氣，但也有了計較。不過，更令劉驁生氣的是，王鳳江公驅逐他的愛弟劉康。劉驁身體不好，生育能力不行。到西元前二十四年，二十九歲的劉驁仍無一子。劉病已喜歡劉康，劉驁也喜歡劉康，王政君不干擾這倆兄弟的情誼。劉康來朝，劉驁臥病在床，留下劉康陪伴。眾人見劉驁如此對待劉康，都知道劉驁有意傳位給劉康。

裝傻的王鳳對劉驁說，按照國家規定，劉康的朝拜期限已過，應該遣送回封地。劉驁不同意，執意要劉康陪伴。王鳳藉日食嚇唬劉驁，說劉康遲遲不走惹怒上天。正當劉驁無言以對時，王章的奏疏傳到手中。

王章對劉驁說，必須辭退王鳳，並推薦馮野王接替王鳳。只可惜天下沒有不透風的牆，此事被王鳳的堂弟王音偷聽到，告知王鳳。初聽此消息，王鳳很是驚慌，不過王鳳到底是經過大風浪的人，馬上鎮定下來，而後想到一條必勝絕招，找王政君。王鳳稱病辭退，請求返回封地；同時寫一封言辭悲傷，意氣低沉，令人落淚的信給王政君。事實果然不出所料，赴完王政君的宴，劉驁整個人都變了，調轉矛頭，一支利箭朝王章面門飛來。立馬就有人彈劾王章，廷尉立刻逮捕王章，在獄中秘密處死。

王章死後，王音因為「探聽消息」有功，被封為御史大夫。而西元前二十二年，當倡狂一時的王鳳倒下時，將王音託付給劉驁，囑咐讓王音擔任大司馬。八月二十四日，王鳳終於去世。九月二日，劉驁封王音為大司馬兼任車騎將軍。

王鳳死後，劉驁仿若摘下了套在頭上的緊箍咒。身體驟然輕鬆的劉驁決定微服出宮，先解決了一點正事，然後隨便逛逛。聽說王氏五侯很張狂，整天只知道鬥富比豪，劉驁決定前往拜訪，想見識一下什麼叫奢華。成都侯王商，曾向皇帝借明光宮避暑，給劉驁留下了很深的印象。所以此行的第一站，劉驁就選擇了王商的宅邸。王商很客氣，對待劉驁就像對待知己，帶領劉驁參觀他的傑作。王商在家裡修了一個精美無論的人工湖，為了引用活水，鑿穿長安城城牆。長安城就像劉驁的家，是劉氏祖上用命換來的。王商鑿穿長安城，就是毀害劉氏基業。

緊接著，劉驁拜訪曲陽侯王根。皇帝拜訪，王根熱情款待，同樣領劉驁參觀他的傑作。王商修建人工湖，王根附和，修建一座假山；王商鑿穿長安城，王根同樣追隨，模仿未央宮白虎殿建造假山。

回宮後，劉驁召見王音，命他辦理王商和王根。王根和王商聽說後，學習王鳳，哭求王政君幫助，哭喊道他們知道錯了，願意在臉上刺字，割掉鼻子，以此謝罪。劉驁聽說後，怒氣不消反增，並說，君無戲言，一言既出駟馬難追。

大司馬王音聽了劉鶩的話後，回到家中跪在一個草墊上，時不時地抬頭望望天。囚犯斬首時，為防止頸部激噴的血流在地下，特意給囚犯墊草墊，用以吸收鮮血。王音跪草墊，因為聽到劉鶩派人查詢劉恆怎麼逼死舅父薄昭。劉鶩突然發威，王音真怕。

劉鶩雷厲風行，王商、王根、王立三人一起，背上大刀和砧板，前往皇宮向劉鶩請罪。然而，劉鶩心志不堅，只有三分鐘熱度。而挑起國家重擔，劉鶩還需依賴三公。

【知識連結】

漢成帝元年，以國舅王鳳為大司馬、大將軍，領尚書事。夏四月，黃霧四塞。諫議大夫楊興以為諫，不聽。又封王譚、王尚、王立、王根、王逢時，同日皆為列侯。由是權傾中外，爭以奢侈相尚。適嘗病欲避暑，從上借光明宮，穿城引水，注第中大陂以行舟。所作土山漸台，象白虎殿。時司隸尹光知其奢僭不軌，不敢舉奏。卒以新莽之禍而夷其族，塚墓掘發，揚屍於外。

趙家雙姝是老大

劉鶩修理王氏五侯後，沒人敢管他，常常跑出皇宮遊玩，在陽阿公主府上遇見能歌善舞的趙飛燕，一見傾心。

趙飛燕出生後即被父母拋棄，丟在野外三天。然而趙飛燕竟然三天餓不死，她父母認為趙飛燕命不該絕，便送她到陽阿公主府上學歌舞。趙飛燕身形瘦削，輕巧如燕，舞姿翩翩，人稱飛燕，最終忘了真名。劉驁見了趙飛燕後，立刻招進皇宮，連同趙飛燕一起進入皇宮的還有她妹妹趙合德。後宮女官，閱過無數美人，人稱披香博士，她預言趙飛燕是禍水，將會淹沒劉氏。當時長安謠傳，說燕啄皇孫的燕指趙飛燕，意指劉驁必然無後。用星象學觀點來看，漢朝主火，趙飛燕是水，劉驁這團溫火一頭紮在趙飛燕懷中，就是自取滅亡。

劉驁栽在趙氏姐妹懷裡，封她姐妹為婕妤。在後宮，婕妤的地位僅次於皇后。趙氏姐妹貌美如妖，心毒如蠍，為了皇后之位，使出女人的拿手把戲，製造巫蠱，栽贓嫁禍。趁劉驁躺在懷中，趙氏姐妹軟語溫存地說，許皇后不甘遭受冷落，利用巫蠱，詛咒後宮美人早死。這裡的後宮美人，不指別人，專指趙氏姐妹。劉驁的耳朵很軟，女人說一句話，他就暈頭轉向。此後，許皇后被廢，許家外戚被逐出長安。班婕妤聰明伶俐，被審問時，咬死一句話不說，最終為了自身安危，只能明哲保身，主動請求搬去和王政君同住。

經過後宮大戰，趙氏姐妹稱霸後宮，徹底霸佔劉驁。

許后被廢，皇后位置空缺，劉驁被趙氏姐妹霸佔，一個必然的結果被製造出來了，劉驁要封趙飛燕為后。劉驁沉迷於趙飛燕的美色，連國家大事都忘了，更忽視了王政君的重要存在：在後宮，王政君資格最老；在皇宮，劉驁孝順敬重王政君；在朝廷，王氏家族掌握大權。

王政君出身名門，很看重身分，從沒將趙飛燕放在眼裡。趙飛燕能蠱惑皇帝，但卻不能取得王政君的信任和好感。為了自己的利益，和皇室的香火，王政君不能繼續等閒視之，袖手旁觀，必須插手干預。與此同時，王政君的侄子從劉驁那裡看到了好處便決定出手幫助劉驁。

王政君的侄子，名叫淳于長，是她姐姐的兒子。淳于長憑藉和王政君的親戚關係進宮擔當黃門郎。黃門郎官小，沒有賄賂，沒有地位，幹了一段時間後，淳于長才決定找機會升遷。大司馬王鳳生病期間，淳于長一天去看望幾次，陪著王鳳散散步，聊聊天。王鳳深為感動，臨死時，託付劉驁升淳于長的官。王鳳將死，劉驁按王鳳的意思。提拔淳于長為侍中。為了證明他這個侍中不是吃白飯的，淳于長主動請纓，向劉驁保證說他可以讓王政君答應立趙飛燕為后。嘴說不行，淳于長就採取實際行動，首先他建議劉驁封趙飛燕的父親為侯，他認為這樣一來，王政君就不能拿趙飛燕出身低微做藉口了。其實這是弄巧成拙，此舉只能說明裙帶關係力量大，反而破壞趙飛燕的形象。

西元前一六年，懷著如日中天的希望，劉驁封趙飛燕的老父親為成陽侯。劉驁視封侯為兒戲，馬上有人上書，罵趙氏姐妹紅顏禍水。

上書之人，名叫劉輔，官居諫大夫。劉輔是皇室宗親，他估計這麼罵不會出大事，況且背後有一批強悍如軍隊的人支持他。為了加重火藥味，劉輔說，滿朝公卿都不敢指摘，他不怕死，敢為天下先，挺身而出。

劉驁怒目而視，頭髮都豎起來了，決定殺翻劉輔鋪平趙飛燕的封后大道。命令剛剛下達，光祿勳師丹、太中大夫谷永、左將軍辛慶忌和右將軍廉褒等朝廷重臣紛紛上書，為劉輔求饒。這些人說，劉輔上書在職權範圍之內，即使出言不遜，也不該問斬。

其實劉驁想殺劉輔，只是想先玩個下馬威，讓朝臣不敢阻礙趙飛燕的封后之路。朝臣集體出面求情，劉驁採取折衷主義，免劉輔死罪，罰做三年苦工。除此之外，劉驁還頂撞了王政君，王政君由此疏遠了他。

趙飛燕知道，皇太后之所以不承認她，是因為她不能生育。趙飛燕和劉驁在了好長一段時間，都不會生孩子，她害怕了。為了證明不是她的錯，她私下找來侍郎、奴僕，進行逐個嘗試，每一次嘗試的結果都令她痛不欲生。面對一次接一次失敗的打擊，趙飛燕向命運低頭了。

趙飛燕謀子之際冷落了劉驁，劉驁有依賴心理，受不了冷落，立刻將目光投給了趙合德。趙飛燕美，趙合德也美，劉驁對趙飛燕愛得深，對趙合德同樣愛得深。寵愛趙合德期間，劉驁將趙合德的昭儀宮大加裝修，讓美人趙合德享受大漢第一奢華的宮殿。

面對人生的痛苦，趙氏姐妹兩人一條心，互相為彼此開脫。劉驁躺在趙合德懷中時，趙合德對劉驁說，趙飛燕性子剛烈，得罪過不少人，必定有人會汙蔑；如果有人揭發趙飛燕，說趙飛燕壞話，劉驁一定要先將揭發之人殺死。

劉驁很聽女人的話，不久，果然有人揭發趙飛燕淫亂後宮，劉驁直接將揭發之人殺害了。這是劉驁登基以來第一次殺人，劉驁不殺王氏五侯，卻殺害揭發趙飛燕的人。

【知識連結】

「瘦燕肥環」，瘦燕就指趙飛燕。趙飛燕和她的孿生妹妹趙合德生在江南水鄉姑蘇。趙飛燕原名宜主，只因窈窕秀美，憑欄臨風，有翩然欲飛之概，鄰里多以「飛燕」譽之。久而久之，人們漸漸忘記了她的本名，而把她叫做趙飛燕。

劉欣是個窩囊帝

經過一番折騰，劉鶩終於選定劉康之子劉欣為接班人，之後沒多久，劉鶩暴死，王太后匆匆掌權。趙氏姐妹令王太后沒有孫子，王太后就要她們不得好死。王太后命孔光立刻接任丞相一職，聯合王莽，共同調查劉鶩之死。

王太后調查劉鶩之死，旨在殺了趙氏姐妹。劉鶩暴死於趙合德閨房之中，趙合德無論如何都脫不了關係。不出王太后所料，孔光和王莽剛剛開始調查，趙合德就畏罪自殺。趙合德之死並沒有解決問題，調查仍在繼續。

皇權過渡時期，乖巧的過繼孫子任由王太后體驗掌權人的滋味。直到四月八日劉欣才宣布登基。時年十九歲的劉欣就這樣坐上了高高在上的皇位，不過皇帝的位置對於他而言並不意味著無限風光。按漢朝規矩，劉欣一旦過繼給劉鶩當兒子，就要和他的生身父母脫離關係。然而，劉欣的生祖母傅太后極富手段。所以劉欣登基稱帝後也將他定陶的老家一起搬來。

劉欣稱帝後，做的第一件事情就是封賞。他封王政君為太皇太后，封美人趙飛燕為皇太后，封他的準妻子、祖母傅昭儀堂弟的女兒為傅皇后。

傅昭儀眼見孫子劉欣坐穩皇位後，周圍的人都被分封了，不免想一償所願飛上枝頭當鳳凰。於是傅昭儀和丁姬天天纏住劉欣，就像劉欣小時纏住傅昭儀一樣，天天問劉欣，她倆應該住哪裡。應該住哪裡，這是一語雙關句，暗含著對她倆名號的期盼。生祖母如此相問，劉欣心中一酸，馬上招丞相孔光、大司空何武開會，商議安排傅昭儀和丁姬的住處。劉欣招人開會，卻沒招大司馬王莽。這就說明傅丁二人多麼讓他難為情。招朝廷要員開會，大司馬王莽不到，這是一個多麼畸形的會議。劉欣這個皇帝註定一輩子在兩個家族的夾縫中生長。

孔光提議另造宮殿給傅丁二人居住，他想隔斷傅丁二人與劉欣的聯繫，讓她們不能干政。劉欣明白孔光的心意，就是不敢點頭。假改革家何武見劉欣臉有難色，提議讓傅丁二人住在北宮。北宮是個好地方，不僅緊挨未央宮，還有直通未央宮的紫房複道。傅丁二人火速搬往北宮！住進北宮後，傅昭儀說，她想當中央的皇太后。她的意思是想和王政君平起平坐，分庭抗禮。

生祖母要求，無論多麼畸形，劉欣都要試試。就在劉欣面對窘境一籌莫展之際，高昌侯董宏上書奏請劉欣封傅昭儀為中央皇太后。董宏援引秦朝為例，說秦國莊襄王的生母是夏姬，被華陽夫人收養。莊襄王即位後，封夏姬和華陽夫人為太后，歷史的天空曾經出現兩位太后。劉欣聽後，大為欣慰，準備重賞董宏。

但是王氏集團絕對不能允許的，於是王莽出來了，請求懲處董宏，因董宏這傢伙詛咒大漢，竟然將殘暴無道的秦朝跟大漢相提並論簡直大逆不道。王莽話音剛落，師丹馬上跳出來指責董宏。只有一個王莽，董宏就無法應對。

一轉眼，又跳出來一個熟讀四書五經的傢伙，可見王氏集團不好惹。師丹是劉欣的老師，師丹倒戈，劉欣更加沒信心了。劉欣無奈，只能犧牲董宏，將其貶為平民。王、傅集團第一次正面交鋒，依附傅昭儀的董宏就成了炮灰。

師丹，字仲公，琅玡東武（今山東諸城）人。他老師很厲害，是研究《詩經》的大名家匡衡。元帝末年，師丹被封為博士，之後升任光祿大夫。劉驁立劉欣為太子，封師丹為太子太傅。劉欣稱帝，顧念師丹教育之恩，封他為左將軍，關內侯，管理尚書事。

此時的皇位，對於劉新來說有如燙手的芋頭。他封傅昭儀為中央皇后不成，得罪了傅昭儀，也得罪了王氏集團。得罪傅昭儀傷感情，得罪王氏集團傷皇威。這時的劉欣好比豬八戒照鏡子——裡外不是人。正因如此，他幡然醒悟沒有權，他什麼都無法做。

手中沒有權，劉欣就要爭取掌權。權力在王氏集團手中，他就要處理好跟王氏集團的關係。靠近王氏集團不等於依附王氏集團，他想借機奪權。他的前輩劉章為他樹立了一個遙遠的榜樣。劉欣，於是又去找王政君，告知欲封傅昭儀為中央皇太后，想探探王政君的口氣。他覺得，如果王政君同意，萬事大吉；即使不同意，也可以探探王氏集團對傅昭儀的態度。

出人意料的是，王政君竟然同意了。她不僅同意，甚至做得一絲不苟，彷彿是封賞王氏家族。首先，封劉欣的老爹劉康為恭皇，這是為第二步打基礎；其次，封傅昭儀為恭皇太后，封丁姬為恭皇后。傅昭儀一直希望的同等待遇，王政君也慷慨給予，即傅太后、丁皇后享受的待遇與王太后和趙皇后的同等。

膽子不大胃口很小的劉欣，面對這樣的情況不知所措。封賞傅昭儀和丁姬後，王政君授意，讓劉欣封傅昭儀的三個堂弟為侯，封傅曼為孔鄉侯，封傅喜為右將軍，封丁明為陽安侯。不知是傅家有人不愛權還是不敢愛權，聲望最高的傅喜竟然不接受封賞。

王政君幹事乾淨俐落，修書一封，命王莽辭職回家養老。王莽非常聽話，不鬧也不吵，上書辭職，奏請回家養老。王莽願意歸隱山林，這與他責罵董宏的行為大相徑庭，劉欣感到很古怪。王氏家族突然撤走自己的勢力，這給初當皇帝且並不聰穎的劉欣出了一個大大的難題。劉欣不知道王氏家族有什麼陰謀，只感覺王政君撤走勢力不合常理。

王氏家族的行為越不合常理，劉欣越不敢接受。起初，劉欣想搞垮王氏集團，當王氏集團主動自我瓦解時，劉欣卻非常害怕。處在被動位置的他，根本不敢輕舉妄動。

【知識連結】

孔光，孔子十四代孫，中國西漢大臣。字子夏，魯國（今山東曲阜）人。以明經學而被舉為議郎，是年不足二十歲。為官原則分為前後兩期，前期嚴守秘密，堅持原則。歷任任御史大夫、廷尉，於法律頗為擅長。一度罷相後，再復職時為後期，為官始圓滑世故。西元五年（元始五年），病故。

斷袖之愛為董賢

面對王氏集團的強悍，劉欣希望能擁有自己的朝臣。自登基起，他苦苦尋覓人才，好不容易找到一個膽大敢為的朱博。他本以為自己終於能夠揚眉吐氣，可朱博有眼無珠完全不理會自己的提拔，聽從傅昭儀的調遣，最終引火自焚。朱博的曇花一現，讓劉欣的理想又黯淡下去了。為了明天，劉欣不得不繼續苦苦尋覓人才。

看著求才若渴的劉欣，上天給他一個假希望。正當理想黯淡無光之際，上天給劉欣送來董賢。西元前四年，二十二歲的劉欣風華正茂。也在這一年，他遇到了董賢，對於董賢的迷戀也變得一發不可收拾。

自當皇帝起，劉欣沒有一天過得開心。他熬過兩年的不快活日子，終於在兩年後的某一天遇到了樣貌驚為天人的董賢。董賢身為太子舍人，在劉欣還是太子時他們時常碰面，可是劉欣卻對這個美男子毫無印象。兩年後的驚鴻一瞥，董賢就住進了劉欣的心中。

自登基以來，劉欣雖然不沉迷於美色，但他確實是懂得憐香惜玉的人。一天中午，劉欣與董賢同榻而臥。劉欣醒了，董賢還沒醒。劉欣想走，董賢壓著他的衣角，睡得很香。為了不攪擾董賢的美夢，劉欣抽劍割袍，悄然離去。這件事很小，卻驚天動地，因為它衍生出了「斷袖之癖」這個成語。

愛屋及烏，劉欣封董賢的父親董恭為關內侯，任命他為少府。他還在未央宮的北門外，給董家修建一座超級豪華的住宅。而後就想封董賢。

有志者，事竟成。老天看劉欣用心良苦，給了他一次機會。發生了東平王劉雲拜石意圖造反事件。東平國首府無鹽縣有一座很神的大山，突然發生滑坡事故。滑坡不過是泥沙、石塊紛紛而下，最多壓死大漢百姓和毀壞莊稼。然而，這次滑坡很神，落下的沙石竟然平鋪成一條大道。據說這條道路非常好，與秦始皇這傢伙修的官道不相上下。大道旁自然立起一塊大石，又平又滑，猶如一塊石碑。對古代人來說，這簡直就是神蹟。封國遇此瑞兆，東平王劉雲的心就不正了。

為了對天意表示回應，劉雲命人在王府造了一座假山，很像滑坡那座山的一座假山。為了自己的私欲，劉雲命人將大石搬回王府，整天焚香膜拜。劉雲整天拜神拜鬼，河內郡的一個高人，名叫息夫躬，利用此事，想混一隻金飯碗。英雄所見略同，在遙遠的長安，有位叫孫寵的高人，也想利用此事，混一個金飯碗。天意使他們倆相識，他們兩人一心，心同一理，合力透過中常侍宋弘之手，將揭發信送到劉欣手中。

劉欣自覺身體健壯，卻整天都病懨懨的，便疑心有人行巫蠱之術害自己。造反之事，寧可信其有，不可信其無。為了自己的安全，也為了樹立皇威，劉欣決定犧牲劉雲查他個底朝天。

劉雲的妻子不爭氣，想做皇后，卻沒做皇后的膽。中央派人調查，她膽都破了，將該招的招了，不該招的也招了。她說，焚香拜石，就是想咒劉欣早死，好讓劉雲當皇帝。於是禍首劉雲為平民，放逐異地。在放逐路上，劉雲自殺。

天意都很「巧合」。劉雲拜石案破了後，劉欣就想封董賢為侯。可董賢並無長處，空有相貌。劉欣為了如願藉封賞劉雲一案的有功之臣，封董賢為侯。可惜丞相王嘉不同意，但是愛情中的劉欣是勇敢的，強制下詔，封董賢為高安侯。

不但如此，劉欣還召回了前丞相孔光。招他入宮詢問最近日食一事，孔光原來是吃過和上級抬杠的虧的，此次立刻瞭解劉欣的意圖。於是鋪陳了很多，最終說一句話：「劉欣是個好皇帝，可以說是千古一帝；天上有日食，與皇帝沒關係。」孔光參透政治玄機，劉欣重新起用，封為光祿大夫，兼給事中，享受兩千石的待遇。

而董賢此時也不負劉欣的寵愛，主動出擊，先發制人，說天空出現日食，不能說他是禍根，因為禍根另有其人，就是傅晏和息夫躬。因為日食發生當天，恰逢傅晏準備領軍出塞。說傅晏和息夫躬蓄謀挑起戰爭，惹怒上天，激起民怨，因而發生日食。為了愛人董賢，劉欣罷免傅晏，將他踢出長安。董賢首次大戰，在愛人劉欣的裁判下，贏得冠軍。

正月十一日，能見大場面的傅晏被踢回封地；正月十七，傅昭儀氣絕身亡。而料理完傅昭儀的後事，劉欣借傅太后之名為幌子，封賞董賢兩千戶邑。王嘉再次忤逆老闆，表示反對，還說辱罵呵斥董賢沒有男人的真本事，只會靠一張臉蛋裝嬌取寵，真不是人；欲壑難填，董賢已經被封為侯了，還想增加采邑，真是人心不足蛇吞象。一代直臣這幾句，深深傷害了董賢給劉欣留下的完美印象。劉欣如何能忍受，於是註定王嘉會死的很慘。東平王劉雲拜大石被抓，臣下受到牽連，是一樁大案。廷尉梁相不敢亂審，王嘉上呈了兩道奏書，這兩道奏疏前後矛盾。劉欣抓住這個機會，以王嘉的矛攻擊王嘉的盾，王嘉死定了。

孔光瞄準時機，說王嘉欺君，實屬大不敬，應該交給廷尉處理。孔光不說王嘉該斬，但每一個字都能要王嘉的命。大漢發展了幾百年，鼓勵自殺已經有一套模式了。讓廷尉審問高官，這是命高官自殺的含蓄且很露骨的說法。劉欣讓王嘉自殺，既是保全王嘉的面子，也是保全皇帝的面子。王嘉坦蕩蕩，堂堂正正地去廷尉府，這就是撕破面皮。王嘉撕破面皮，就是打劉欣耳光。事已至此，臉面沒了，什麼都不可挽回。什麼都不可挽回，押上斷頭台的人必須死，不管是否有罪。王嘉大義凜然地走向斷頭台，劉欣只能手起刀落。

按照大漢慣例，高官受審，必須由五位高級部長聯合審理。為了保證王嘉死定了，劉欣另外派遣一名武官參加審理。審理過程就不詳述了，只記錄王嘉說的要點就行了。王嘉說，梁相沒罪，他也沒罪。他說董賢父子奸臣當道，像孔光和何武等人才卻被排斥在外很不該。他不為自己的死而傷心，而為不能替國家提拔賢明之人而生恨。

生命無情，二十天後，王嘉絕食死在大牢裡。

【知識連結】

董賢，字聖卿，雲陽人。父親董恭，為西漢御史，因此被任為太子舍人。及至哀帝即位，他掌管漏時。一天被哀帝看見，驚為天人，拜為黃門郎，開始寵幸。董父因此升遷為光祿大夫。出則同輦，入則同寢，恩寵備至。

據說有一次，哀帝與董賢同睡，哀帝醒時欲起身，因董賢枕著其衣袖未醒，於是哀帝便撕裂衣袖起身。斷袖之癖從此用來暗指男同性戀人士。

莽哥發跡史

王莽，字巨君，是孝元皇后王政君的侄子。王莽身屬豪族，但生在窮家庭。只怪他父親王曼不爭氣還沒被封侯就死了。都說上天是公平的，上天沒給王莽富貴，就送他孤獨。沒人肯陪他這個窮小子玩，王莽就勤學苦練，拜沛郡陳參為師，一心研究《禮經》將自己裝扮得十分像儒生。不僅如此，王莽還降低身分與一般人布衣論交。不出幾年，王莽博學多才貌似儒生，慷慨樂施的美名越傳越遠。

漢成帝年間，王莽的伯父大司馬王鳳病重，王莽前往照管。他親口為王鳳嘗藥，王鳳臥床幾個月，王莽照管幾個月。為了照顧王鳳，他不解衣帶而睡，蓬首垢面。為討好一個將死的人，王莽肯下這等功夫，淳于長卻只會陪王鳳散散步聊聊天。王鳳自然被王莽的誠心打動，託付孝元皇后和成帝照顧王莽。王鳳死後，王莽被任命為黃門郎，後來升遷為射聲校尉。

聽說王鳳臥病在床，淳于長和王莽都細心看望，王鳳死後他倆都被封官。然而，從這一件小事就可以看出，王莽比淳于長厲害。淳于長會作秀，王莽善作偽。與王莽狹路相逢，淳于長只能自認倒楣。

王莽謙恭下士的美名遠播，他的社會聲望很高。

西元前十六年，王莽被封為新都侯，封國在都鄉，食邑一千五百戶。從此之後，王莽的官職就如同芝麻開花節節高。不久，王莽升任騎都尉光祿大夫。官職每上升一級，王莽越發謙卑，王莽不僅對人禮遇有加，還為了賑濟賓客散盡自己的好馬香車，搞得家徒四壁。儘管家徒四壁，但王莽盡力接納名士，結交了很多士卿大夫。王莽聲名日隆，在朝者競相舉薦他，在野者互相誇讚他，他的美譽遠遠超過他的伯伯叔叔。

聲譽是王莽起家的資本。王莽很厲害，他知道自身沒有實力就先造勢。儒學獨霸大漢天下，王莽就專心研究禮儀，將自己扮得像個儒生。大漢的所有官員視錢如命，王莽就做個散財童子。王氏集團又腐敗又無能，王莽就謙恭下士，廣泛結交名士。物以稀為貴，王莽的這些好品質，深深打動了所有人，以致人人競相說他好。

精細的王莽不輕易得罪任何人。王莽覺得要辦大事不能樹敵過多，否則必引火自焚。自王莽出道以來，只有結交人、幫助人，從沒整過人、害過人。王莽不整人，但他留心收集整人資料，也就是對方的犯罪證據。如果彼此相安無事，王莽就將別人的犯罪證據吞進肚裡、爛在心裡；如果對方擋在他前進的道路上，王莽無論如何都要將對方置諸於死地。

深得劉鶩寵幸又深受王太后喜愛的淳于長，王莽早就盯上他了。王莽知道淳于長詐騙許皇后，然而許皇后是甘願受騙，更何況這樣的人根本不值得王莽得罪皇上和太后身前的紅人。王莽冷眼看著淳于長，就像冷眼看著窗外的落雨。只要雨點不打到身上，王莽絕不妨礙雨點。

然而，劉鶩這陣風，將淳于長這陣雨吹打在王莽臉上。一旦劉鶩任命淳于長為大司馬，王莽的百年大計就要推後許久，甚至不能實現。當此緊要時刻，王莽坐不住了，他去看望臥病在床的王根。

歷史是何等相似，曾經大司馬王鳳病重，王莽幾個月都沒闔上眼睛好好地睡一覺。王鳳死後，皇帝封他黃門郎。

那時淳于長也去討好王鳳，陪王鳳散步聊天，皇上也封賞。現在，位居大司馬的王根同樣病重，王莽同樣前來照管看望，同樣希望王根能在遺言中提拔他。如果說這兩者有什麼不同之處，那就是王莽膽大了敢進讒了，他將淳于長與許皇后的姐姐通姦和詐騙許皇后的事全說了。

聽到消息勃然大怒的王根，命王莽火速告知王太后。王根大怒不是因為淳于長通姦，也不是因為淳于長詐騙，而是害怕王太后被淳于長愚弄。王根要死了，他不希望王太后受奸人愚弄。無論淳于長多麼可惡他都不管，他只要求王太后別被奸人愚弄。王莽很聰明，有這樣的事情他不直接告訴劉鶩，而是先告知王根。王根擔憂王太后，遇到此等大事，必然讓他去告知王太后。遇此醜事，王太后不方便處理，一定會要他告訴劉鶩。同一個消息從一個人的耳朵傳到另一個人的耳朵，王莽卻見了三個人，即在這三個人的心裡都留下了好印象。好印象不是金錢，但它比金錢管用。如果劉鶩對淳于長有很好的印象，劉鶩就會多給淳于長一次機會。

人類的情感真是奇怪，劉鰲寵幸淳于長，但對他沒好印象。他寵幸淳于長，只愛淳于長的身體，在劉鰲看來淳于長本人毫無內在品質而言。如果說淳于長有品質，那就是愛錢。劉鰲不是品行高尚的人，但也沒惡劣到跟愛錢如命的人同流合汙。對劉鰲而言，淳于長只是一具身體；對淳于長而言，劉鰲只是一株搖錢樹。

好在劉鰲不殺人，所以只是貶淳于長回封地定陵。長安原本可以安靜的，可是劉鰲只懂男女之事，不懂政治。眼見王氏集團就要滅了，劉鰲偏偏將大司馬之位拱手送給王莽。

西元前八年，十一月，時年三十八的王莽被封為大司馬。當上大司馬後，王莽一如往昔，不但不驕傲，反而越發謙卑。身居高位，內孝外賢，行止有禮，路人有口皆碑，交口稱譽王莽。想當年，蕭何功高蓋主，劉邦嫉妒之心大作，差點將蕭何弄死了。而如今，面對名聲如日中天的王莽，劉鰲只想躺在溫柔鄉，不禁讓人感歎真是一代不如一代。

【知識連結】

王莽（西元前四五年—西元二三年），字巨君，漢元帝皇后王政君的侄子，是外戚王氏家族的重要成員。西漢末年，社會矛盾空前激化，被朝野視為能挽危局的不二人選，被看作是「周公在世」。西元八年，王莽代漢建新，建元「始建國」，夢想複製周禮制度來治國，於是宣布推行新政，史稱「王莽改制」。

王莽在位共十五年，卒年六十九歲，而新朝也成為了中國歷史上最短命的朝代之一。統治的末期，天下大亂，新莽地皇四年，更始軍攻入長安，王莽死於亂軍之中。

王莽授九錫，可惜非周公

自董賢死後，王政君讓朝臣推薦大司馬的適合人選。大多數朝臣認為王莽最適合做大司馬，王莽也覺得自己最為適合。六月二十八，王莽被封為大司馬，名正言順地掌握大權。掌權後的王莽先是一出三年的怨氣，一是，羅列趙飛燕之罪。發配她為劉驁守墓，最終自殺身亡。二是，搞掉曾經妄想鬥垮王氏集團的傅昭儀，改稱傅昭儀為定陶共王母將傅、丁外戚成員全部免職流放。第三，抄滅董賢一族，據說，王莽從董賢家中抄走的錢可以蓋一座長安城。

自此長安算完全落入了王莽手中，此時的王莽還是很守臣規的，國不可無君，於是要迎立新皇帝。劉興九歲的兒子劉箕子入選，原因無他，年紀小，因為劉箕子小，需要太后輔政。王政君輔政，就等於王莽輔政。西元前一年，九月一日，劉箕子登基，王政君臨朝聽政，王莽處理政府事務。或明或暗的對手都讓王莽搞走了，莽哥忽然覺得沒意思了，王莽這條不知足的大蟒蛇終於準備吞掉大漢江山，登基稱帝。

想掌國家，先要掌小家，於是王莽決定先把王氏現任的老大王政君推下台。王莽授意朝臣，讓朝臣奏請臨朝聽政的王政君將任免、提拔地方官員的權力交給王莽。這一年，王政君七十二歲了，她已經沒有精力與王莽抗爭。於是，她批准朝臣奏請，將政府事務交給王莽，把任免、提拔官員的權力也交給王莽。從此，王政君就是一個手握玉璽，徒有其名的閒人。

做了王氏集團的掌門人的王莽開始一步步將國家置於自己的完全掌控之下，首先，自是套用經典模式，將皇帝變成自己的女婿。於是在劉箕子十一歲的時候，王莽說國家動亂，多數原因是皇帝無子，所以皇帝應該選立皇后，為綿延大漢而努力。而後在王莽一番炒作下，安漢公之女正式入主后位。

捨不得孩子套不住狼，為了名聲，王莽捨得逼死兒子王獲；為了權力，王莽捨得女兒。可惜前進的路上註定會有阻礙，王莽如今權勢滔天，外人是沒有敢的了，但是後院起火了。引發後院起火的，就是王莽的兒子王宇。

王宇看不慣王莽作偽，認為王莽傷天害理；為了彌補王莽所造的孽，他決心反家庭，反王莽。於是王宇獻計，聯合劉箕子的舅父衛寶和衛姬密謀了以打敗王莽為目的的行動。第一步想要進長安，於是，衛姬上書，痛罵傅、丁外戚集團，保證衛氏家族絕不以他們為榜樣。不過王莽不買帳，封衛姬七千戶采邑堵嘴，但是決口不提讓衛安進駐長安，一招不成，王宇小團體決定學前人借用天意，潑血在王家大門，想藉此嚇唬王莽交出大權。主意不錯，不過實施者有點不給力，王宇讓大著肚子的媳婦呂焉去做，結果在潑血時被抓了。

為了名聲，王莽曾經逼兒子王獲自殺；王宇想整他，他自然也不會手軟。王莽順細藤，摸大瓜，將反王莽集團全部抓捕入獄。王宇壯志未酬，身先自殺。呂焉在監獄裡生了孩子後，王莽立刻處決。軍師王宇死後，衛氏集團中，除了劉箕子的生母衛姬外，全部被斬。

當了皇帝的老丈人，地位有了，權力自然也要握在手中。王莽又策劃了一出集體請願的大戲。他命王舜召集朝中官員和一些貧民，在未央宮大門前，向王政君請願封賞大司馬王莽。

未央宮門外人山人海，王莽的心也翻攪如海。眾人為王莽請願，王莽埋頭改造九錫。西元五年，五月，王莽正式接收九錫。接受九錫，身分就相當於周公。王莽窮其一生做夢都想成為周公式人物。可惜王莽畢竟不是周公，劉箕子也不是成王，開始不聽話了。不聽話的孩子就要管，不過王莽沒那耐心了，直接一杯酒送他上路，換人。

劉箕子死後劉奭一脈斷絕，朝臣翻閱劉氏家譜，追溯到劉病已的曾孫。

在權力繼承的關鍵時刻，上天又幫了王莽一把。漢宣帝有二十三個玄孫，二十三個都沒成年，有的甚至是嬰兒。為了明天，王莽決定當一次皇帝爸爸，選立劉嬰為皇太子。

西元六年，三月一日，王莽立劉嬰為皇太子。至此王莽之心，天下皆知。為了權力，為了榮譽劉氏子弟率先大舉義旗，高呼討伐王莽。

劉氏宗室安眾侯劉崇夥同相國張紹商議造反，引發第一波義軍。劉崇有雄心，但行事全憑血氣，成不了大氣候。他率領封國境內的人，雄赳赳地攻打宛縣，結果被王莽大軍碾為齏粉。

吸取了劉崇的敗亡經驗，東郡郡長翟義秘密傳書劉氏子弟，邀請他們結盟造反。翟義自封為漢朝大司馬，傳檄四方，呼籲百姓參加義軍，共同誅殺國賊王莽。翟義以他的行為告訴世人，什麼是真正的起義。到達陽郡（今山東省金鄉縣西北昌邑鎮）時，翟義聲所帥的義軍兵力已有十萬。

義軍勢大，王莽手上沒有勇當萬夫的將軍，因此他連封七個司令。就戰爭而言，王莽深信人多力量大，他認為七個司令足以挫敗義軍。

失去民心後的王莽，面對著百姓的內外夾攻。迎戰義軍的部隊剛出發，京畿地區立刻發生內亂。然而就在王莽即將敗亡的關鍵時刻，中央正規軍大敗翟義軍於陳留郡。翟義十萬大軍，竟然不堪中央軍隊一擊，只能說是天意。義軍失敗，翟義即刻被捕，最後被五馬分屍了。想當皇帝的劉信則趁亂逃亡，不知所蹤。為了大漢基業滿腔赤誠的翟氏父子，先後為國犧牲，實在是可敬！

最大的義軍被剿滅後，趙朋這等專門依靠投機存活的小角色更是不堪一擊。轉危為安的王莽此時更是銳氣當頭，他派出幾支大軍，將趙朋義軍活活擠死。主要勢力被消滅後，王莽花費兩個多月，徹底剷除義軍。

西元八年，十一月二十五日，王莽前往劉氏太廟祭祀，接受加冕典禮；接著，王莽頒布詔書，說祥瑞接連出現，預示他將登基稱帝，甚至就連漢高祖劉邦也同意他即位。

西元八年，十二月一日，王莽登基稱帝，建立新王朝。

【知識連結】

九錫，這些禮器通常是天子才能使用，是中國古代皇帝賜給諸侯、大臣有殊勳者的九種禮器，是最高禮遇的表示，賞賜形式上的意義遠大於使用價值。九種特賜用物分別是：車馬、衣服、樂、朱戶、納陛、虎賁、斧鉞、弓矢、秬鬯，記載見於《禮記》。

第七章：東漢重建，輝煌難續演

王莽改制，夢想重回周朝，可惜歷史不可回朔，不合時宜的新朝從開始就註定了失敗。社會動盪，官逼民反，赤眉、綠林、銅馬等數十股大小農民軍紛紛揭竿而起，頓時，海內分崩，天下大亂，難道漢室天下就此亡了嗎？

王氏滅，劉氏興

地皇初年，劉伯升、劉秀兄弟和他們的二姐夫鄧晨一起去宛城拜望一位非常有名氣的術士穰城人蔡少公。此人精通圖讖聞名，在南陽郡一帶極有名氣。蔡少公說道：「依照老夫所研究之圖讖中的說法，王氏政權必不久長，漢室中興指日可待，而這真命天子的名字就叫做劉秀。」大家聞言，立馬想起了不久之前在宮中改名的國師公劉歆。

有人急忙向蔡少公問道：「您說的可是當今國師公劉歆？」劉秀聞言，隨即開玩笑道：「說不定，這人會是我呢？」一眾人聞言，當即大笑，知曉這就是劉秀的玩笑之言，也就沒有人當真。然而，劉秀的兄長劉伯升聽聞此言，則不免有些激動。當然，他並不相信自己這個胸無大志的弟弟劉秀會成為未來皇帝，只是對「王氏必滅，漢室當興」的讖語特別感興趣。而劉秀也在這條讖語中找到了一絲契機。

這日，一個名叫李通的人來找劉秀兄弟。李通，字次元，也是南陽宛城人。李家世代經商，他的父親名叫李守，精於生意之道，李家生活非常富裕。李守雖然社會地位不高，卻治家有道，善於教育子弟。在他的督促管教之下，他的兒子李通也成了一個有學問的人。

李通的父親也和當時社會的眾多富貴之人一樣，在這個亂世之中，沒有什麼力量可以保存自己的家世地位，就連支撐起這個社會的政權都會隨時崩潰，因而只能相信一些莫須有的東西，那就是卜卦之術。不久，還真的讓他父親得到一個讖語，叫做「劉氏復興，李氏為輔。」，並告訴了李通，李通得此讖語，日夜研究，終於發現，或許自己就是輔佐那個順天應命的人。如果成功，那便是三公九卿、封侯拜將，光宗耀祖自是水到渠成。於是，李通毅然決定，辭去現下的補巫丞的這個芝麻小官，去尋找自己的遠大前途。適時南陽劉秀的兄長寬厚仁俠之名遠近知名，李通的堂弟李軼就對李通說劉伯升、劉秀兄弟泛愛容人，可以共謀大事。李通笑了笑說：「正合我意。」原來他也早就有了想法。於是李通就要李軼設法與劉伯升聯繫。

皇天不負苦心人，經過幾番尋找，李氏兄弟終於找到了劉秀。然而此時的劉秀，卻剛剛從大牢中出來。原來，南陽大旱，餓殍遍野，劉秀及其兄長便生了造反自立的心思。為了籌集軍費，劉秀利用其善於經營的優勢，將家中的糧食全部運到縣城變賣。哪知這邊的官吏知曉後，不經任何查實，便定了他偷盜糧食之罪。官吏認為在如今這個人人缺衣少食的時候，他們的糧食一定不是來自正途。劉秀就這樣被關進了大牢之中。正當劉秀哀歎自己時運不濟、命運多舛之時，竟讓劉秀碰見了舊時朋友樊曄。樊曄字仲華，新野縣本地人，此時正是縣裡的一個小官吏。樊曄讓劉秀飽餐一頓，又幫助他去尋找自己的姐夫鄧晨，樊曄花了些錢，將劉秀救了出去。

此事雖然不大，卻也讓劉秀認識了當時社會官吏的腐敗。官員不辨黑白就擅自抓人，這樣的朝廷留著也只是禍害百姓。劉秀剛剛出獄，便聽聞李軼竟然要來見自己。此前自己的兄長劉伯升因為不滿李通的一個兄弟申徒臣為人傲慢，一怒之下，將其斬殺。這樣說來，劉李兩家還有不小的仇怨。因此，劉秀躊躇不決，他擔心李軼此次前來是不懷好意。於是。他前去見李軼，還不忘帶上一把匕首。

宛城人李通、李軼見到劉秀，忙用河圖符命的書來勸導光武帝說：「劉氏家族要重新興盛了，李氏家族是劉氏宗族的輔佐，而劉家的那個真命天子就是劉秀。」劉秀開始不明所以，因為對二人的來意不是很清楚。劉秀擔心此事一旦傳了出去，自己便是跳進黃河也洗不清了，隨時會招致殺身滅族之禍。隨即劉秀試探的說道：「這個人莫不是當朝國師？」李通、李秩等人何等聰明，知曉劉秀必定是不相信自己。他倆再看劉秀衣袖中還帶著匕首，必然是為了防範自己。二人直接道明來意，勸說劉秀舉兵造反。劉秀暗想，長兄劉伯升一向結交盜匪，必然會舉兵起事，而且此時王莽敗象已露，天下一片混亂，便和李通決定準備起事，在城中購置弓箭武器招兵買馬。

另一邊，劉伯升也在大力積蓄力量，他明白便找上了新市、平林軍的綠林首領王匡、陳牧等人，並迅速與之達成起兵協定。

主意已定，劉伯升成為了起義軍首領，讓劉秀到宛城與李通、李軼等人聯合起來做好起義準備，又叫自己的姐夫鄧晨在新野帶領家眷前來會合。他還督促李通、李軼等人按照原定計劃，於九月立秋日在宛城綁架甄阜、梁丘賜舉事。而劉伯升自己則率領劉氏宗族子弟在舂陵加緊準備物資，等候綠林軍前來匯合。

時間一天天過去，就快到了起義時間，宛城方面卻杳無音訊，劉秀那邊也沒有消息。不久，探子回報，李家和黃顯家都被王莽滅了族，只有李通、李軼、李松等三人逃走，下落不明，官府正在通緝捉拿他們。劉伯升知道，關鍵時刻來臨了。或許此時南陽郡守已經知道了自己意欲舉兵的消息，隨時可能來捉拿自己。劉伯升當機立斷，起義照常進行。不久，劉秀等人的回來讓劉伯升懸著的心放下了一絲。然而，這時族中許多人卻不同意起兵，因為他們害怕，起義不成等待他們的是誅滅三族之禍。

其中，劉秀等人最為敬重的劉良也極力反對。劉秀兄弟為了防止他洩密，派人嚴密看護住他，同時積極籌畫，向族人鼓動。終於，經過一番計較，全族人上下一心，決定破釜沉舟，舉行起義。

在劉伯升的帶領下，舂陵劉氏子弟，總共七八千人與綠林軍首領王鳳、陳牧等人會合。同年十月，劉伯升、劉秀兄弟與李通及其堂弟李軼等人在宛城正式起兵，這年劉秀二十八歲。

【知識連結】

讖緯，是中國古代讖書和緯書的合稱。讖是秦漢間巫師、方士編造的預示吉凶的隱語，緯是漢代附會儒家經義衍生出來的一類書，被漢光武帝劉秀之後的人稱為「內學」，而原本的經典反被稱為「外學」。讖緯之學也就是對未來的一種政治預言，中國兩漢時期一種把經學神學化的學說。

金麟豈是池中物

起義軍勢如破竹，與新朝軍隊的交戰連連取勝，為了更好的維持聯軍的團結，一致決定建立一個新的政權。

本來劉伯升是最合適的，皇族後裔，又有戰功。無奈王鳳等其他起義軍首領都有私心，於是迎立了另一位皇室後裔劉玄。

二月辛巳日，擁立劉玄為聖公天子，史稱更始帝。

王莽得知漢帝劉玄已經即位的消息，很是震驚，於是派遣大司徒王尋、大司空王邑率兵馬百萬，決定與起義軍決戰昆陽。然而即使王莽動用了舉國之力，為此一戰，卻仍以失敗告終，而劉秀也在此戰中如新星般冉冉升起。

昆陽之戰，是漢、新戰爭的轉捩點。此役之後，新莽王朝的主力精銳部隊已經幾乎被全部殲滅。至此，新莽王朝猶如塚中枯骨，日薄西山，其覆滅已成定局。

這邊廂起義漢軍凱歌高進的時候，劉伯升卻因劉玄的妒忌而慘遭殺害。

劉秀遭此殺兄之恥，卻沒有如他人一般叫囂著報仇，反而單槍匹馬的前去宛城向劉玄請罪，由此可見光武帝劉秀已然成長成為了一個可堪大任之人。

而且此次劉伯升被殺，讓劉秀更加成熟。讓他既領教了李軼的奸詐，也深刻地感受到鄧晨、馮異等人的赤膽忠心。從此韜光養晦，正所謂『金鱗豈是池中物，一遇風雲變化龍。』劉秀的勢力在不知不覺之間，已經到了一個無法估量的高度。

在劉秀蓄勢的同時，西元二十三年，以劉玄為首的起義軍攻陷固若金湯的常安（新王朝把長安改稱常安）。王莽在混亂中被殺。

王莽雖死，劉玄也沒能坐享江山。因為此時有實力稱王不止他一個。

不過，全國各地都震懾於劉玄的皇帝血統和擊殺王莽的威望，一致擁戴他當中國皇帝。劉玄的統治時間較短，所以未能得到後世之人的承認，他甚至沒有得到諡號，在歷史上被稱為更始帝。

適時王莽新朝雖然滅亡，但是當時，河北諸郡還沒有平定。劉玄就派劉秀去河北做各地的宣慰招降的相關事宜。而劉秀不負眾望，經過幾番周折，成功收復河北諸地，並且將假劉子輿王郎建立的政權推翻。為自己實現「劉代王興、新帝劉秀」的預言打下了基礎。

在當時的時局看來，天下不可能一直這樣混戰下去，不管是劉玄的綠林系軍隊，還是流民組成的赤眉軍，抑或是劉秀的漢軍，他們的征戰都抱著同樣一個目的：一統天下。

隨著自己實力的不斷增強，劉秀越來越相信，當初的算命之言，自己可以做皇帝的預言，就要實現了。但是劉秀雖然在實際上已經開始自立，但是在名義上，依然還算得是更始帝劉玄的部下，如果他公然謀反，必定會使得天下人人寒心，特別是那些士子之心，更是傷不得。所以劉玄一日不死，劉秀一日難安。

另一方面，見劉秀在河北日益壯大，更始帝也是極為不安，他遣使至河北，封劉秀為蕭王，令其交出兵馬，回長安領受封賞，同時令尚書令謝躬就地監視劉秀的動向，並安排自己的心腹做幽州牧，接管了幽州的兵馬。劉秀以河北未平為由，拒不領命，史稱此時劉秀「自是始貳於更始」。不久，劉秀授意手下悍將吳漢將謝躬擊殺，其兵馬也為劉秀所收編，而更始帝派到河北的幽州牧苗曾與上谷等地的太守韋順、蔡允等也被吳漢、耿弇等人所收斬。自此，劉秀與更始政權公開決裂。

劉秀率幽州十郡突騎與佔據河北州郡的銅馬、尤來等農民軍激戰，經過激戰，迫降了數十萬銅馬農民軍，並將其中的精壯之人編入軍中，實力大增，當時關中的人都稱河北的劉秀為「銅馬帝」。更始三年（西元二二五年）六月，已經是「跨州據土，帶甲百萬」的劉秀在眾將擁戴下，於河北鄗城的千秋亭即皇帝位，為表重興漢室之意，劉秀建國仍然使用「漢」的國號，史稱後漢（唐末五代之後，根據都城洛陽位於東方而稱劉秀所建之漢朝為東漢），劉秀就是漢世祖光武皇帝。

在稱帝之前劉秀心中也曾猶豫不決，一方面，他擔心自己實力不足，一旦自己登基稱帝，天下英雄要麼歸附、要麼反叛，自己能否一一剿滅或者安撫他們，實在是難以預料；另一方面，洛陽和長安這兩個天下重鎮都還沒有拿下，自己此刻登基，時機是否成熟？此外，更始政權未滅，劉玄依然是正統，而且自己的養父劉良一家、結髮夫人陰麗華、大姐劉黃、三妹劉伯姬、大哥的兩個遺孤劉興、劉章都在南陽郡的宛城，被更始政權劉玄控制著，如果與劉玄公然翻臉，他是否會不擇手段，殺害自己的這些親屬呢？

劉秀的遲疑不是沒有道理的，但他沒有想到，此番劉玄敗亡已經是在所難免的事情，自己登基不但可以重新塑造一個正統，而且還能夠借機讓屬下封侯拜將，讓天下英雄歸附。幸得馮異一語道破說：「劉聖公的失敗已成定局，大王應該順應天意人心早登大業。正所謂：『天予不取，反受其殃。』望大王明察。」

諸位將領紛紛贊同，劉秀見此，知道時機成熟了，於是，在幾番假意推辭之後，劉秀順勢登上了他夢寐以求的皇帝寶座，更始三年六月二十二日，馮異作為司儀，主持劉秀的登基大典，期間，劉秀帶領諸將祝祭天地神祇，同時當眾宣讀祝文。自此，劉秀宣布改元為建武元年，並大赦天下。此外，劉秀還下詔將鄗城改名為高邑，作為自己的龍興之地。

【知識連結】

劉秀（西元前六年—西元五七年），東漢王朝開國皇帝漢光武帝。新末天下大亂，劉秀與兄劉伯升以「復興漢室」為號召，在舂陵起兵。更始政權建立後，劉秀在昆陽之戰一舉摧垮新莽四十二萬大軍，立時成為了滅亡新王朝的關鍵人物。後於更始三年（西元二五年）於河北鄗城千秋亭登基稱帝，重興漢室江山。

娶妻當娶陰麗華

「仕宦當作執金吾，娶妻當得陰麗華。」這兩句出自劉秀。那時的劉秀還是一介沒落皇族，後來他如願娶得陰麗華為結髮妻子，甚為寵愛。最終陰麗華被封為皇后，成為一段佳話。

一年前，崤底燃起戰火。當時正值閏正月，曾經盛極一時的赤眉軍即將與劉秀帳下的馮異展開最後的決戰。此前，漢軍主帥乃是鄧禹。劉秀的部署是「使計諸將屯澠池，截其東路，異擊其西，一舉取之」，馮異是劉秀戰略的堅決擁護者，可是鄧禹卻另有想法，他是個冒進的人，不聽馮異的勸阻，舉兵攻伐赤眉，結果大敗而回。

此番，劉秀當機立斷，奪了鄧禹的兵權，又以馮異為主帥，又親率大軍，終於崤山之底，以逸待勞，大破赤眉軍。此役進一步奠定了劉秀一統天下的軍事基礎，更從赤眉軍手中得到傳國玉璽。

陰麗華能夠隨劉秀大軍出征，固然和其深得劉秀寵信有關，但更為重要的原因則是劉秀擁有充分的自信，在大軍出征的勝利的同時，保證陰麗華的安全。敗赤眉，奪玉璽，攜雷霆之勢，控王者之師，天下誰人可擋？

斗轉星移，牽扯日升月落；朝花夕拾，演變生生不息。彈指之間，天下已定。洛陽城中，一片歌舞昇平、繁華鼎盛。《帝王世紀》說洛陽「六里十一步，南北九里一百步」，故俗稱「九六城」。傅毅《洛都賦》也說：「經緯，開正軌塗，序立兆廟，面朝後市。」元河南縣誌》卷二則介紹道：「俗傳東西六里，南北九里，亦曰九六城。」洛陽，不僅是東漢的京師重地，也是當時世間屈指可數的幾個大城市之一。

可此時的長樂宮中，卻是一派肅殺氣象。光武帝劉秀巍然立於朝堂之上，座下群臣肱骨戰慄，臉色變換，唯恐一個不慎，無功不說，反誤了身家性命。

歷代開國皇帝多是精力過人之輩，劉秀也是如此，他對上交的各類文書無不逐一仔細查看。前些日子，劉秀下令「度田」，所謂「度田」，就是詔令天下州郡清查田畝及戶口，這是戰火之後新政府的必然舉措，也是增加賦稅的手段。這批吏牘即使各地「度田」後呈上來的報告。當他翻閱陳留縣的吏牘時，這樣一句話映入他的眼簾：「潁川、弘農可問，河南、南陽不可問。」劉秀有些莫名其妙，但並沒有馬上表露出來，而是下議於百官。廟堂之高雖可接九天之上，但未必代代皆有經世致用之才，因而劉秀之疑問，亦是百官之狐惑。半晌過後，群臣無一人可說上一二，劉秀轉眼望向其子劉陽。一時之間，大家的目光也都集中到了劉陽身上。

劉陽卻不慌不忙，一副胸有成竹之相。他拜過劉秀之後，緩緩說道：「河南是首都所在，中央高級官吏都住在這裡；南陽是陛下的故鄉，陛下的親戚大多居於此地。因此對這兩個地方的田畝數字，負責檢查的官員們當然不敢多問。」說罷，群臣為之側目，劉秀恍然大悟，心中甚是欣悅，為一個十二歲的孩童有如斯銳利眼光而驚歎。經此一事，劉陽可謂是初露鋒芒，也更加奠定了劉秀廢長立幼的思想基礎。

建武十九年（西元四十三年），單臣、傅鎮率眾造反，攻佔了原武城，引得劉秀大怒，於是派太中大夫臧宮前去圍剿，然而由於對方準備充足，原武城久圍不下，故此劉秀召集眾臣商議對策。太子劉疆首先建議以加官晉爵、賞金封侯的方式激勵將士攻城，群臣也大多附議，只有劉陽低首不言、暗自搖頭。劉秀見狀，詢問道：「陽兒為何搖頭，可是心中已有定計？」。劉陽並沒有直接說出自己的想法，只淡淡道「一筷可斷，百筷難折」，皇上和百官都知道他有話說，靜靜地等待，沒有打斷他。果然劉陽再次進言，力主不要圍城太緊、太急，可以引誘賊人突圍，然後分而殲滅之，這樣以區區一個亭長就能對付了他們。皇上聽罷，拍案叫絕，命將士依計而行。結果一如劉陽所料，叛賊分散突圍後被一一平定消滅。

關於此次戰事的記載，《後漢書》中只有「妖巫單臣、傅鎮等反，據原武，遣太中大夫臧宮圍之。夏四月，拔原武，斬臣、鎮等。」這寥寥數語，是故後人對於劉陽能夠成為太子的關鍵知曉不多，而此次事件即是光武帝劉秀決定改立劉陽為太子的重要轉捩點。

此外，據歷史記載，劉陽在十歲之時便已經通曉《春秋》，聞達於朝野內外。劉秀能有如此表現，並非偶然，這一方面是由於他從小師從經學大師桓榮，可謂名師出高徒；另一方面則是由於他較早地在劉秀身邊觀察和學習政務活動，增加了自己的才幹。當然，這與其天賦也必有一定關係。但是，真正聰明的人是不會讓人知道他的聰明的，特別是在充滿血雨腥風的皇室爭鬥中，因為那勢必會引起政敵的妒忌甚至是仇恨。除非你的實力足夠強大，能夠做到有恃無恐，叫敵人徒喚奈何。

當時，正處於當時女性權力巔峰的皇后郭氏，是阻擋劉陽登上太子位的最大絆腳石。劉疆是郭氏所生，為光武帝劉秀之長子，順理成章地被冊立為太子。但他從小缺乏適當的鍛煉，逐漸養成懦弱怕事的性子，兼之他胸無大志，不像劉莊那樣「積極備戰」，所以爭位之事，幾乎全部仰仗其母親郭氏。

郭氏深知劉秀十分傾心陰麗華，自己雖然貴為皇后，母儀天下，但在光武帝眼中的地位，卻難以企及陰麗華之萬一。同時，陰麗華之子劉陽近年來所表現出來的才智，也非自己的兒子劉疆所及。是故郭氏只能尋求娘家的幫助。郭家乃是世家大族，郭氏的外祖父就是著名的定恭王，劉秀成就霸業之前，要極力仰仗他，所以才立郭氏為皇后。兼且初時陰麗華無子，劉疆也就以嫡長子的身分入主東宮。郭氏為讓劉疆坐穩太子位，可謂煞費苦心。可是方法用盡，依然擋不住劉陽母子逼來的腳步，她無計可施，竟然當面諷刺劉秀和陰麗華，叫劉秀對她徹底死心。此一時、彼一時，君臨天下的劉秀再也不需要郭家的助力，當他決定廢除劉疆時，世上再無一人能夠改變這結果。

【知識連結】

執金吾，位同九卿，為守衛京師尤其是皇城的北軍的最高統帥。更為通俗的講，基本上類似於近現代的中央衛戍部隊司令。《後漢書．皇后紀．光烈陰皇后》：光武適新野，聞后美，心悅之。後至長安，見執金吾車騎甚盛，因歎曰：「仕宦當作執金吾，娶妻當得陰麗華」。

通往西域的路再開啟

進入西漢末年之後，絲綢之路沿線的國家或者民族，逐步擺脫了中央朝廷的控制，直到光武帝劉秀的橫空出世，南征北戰多年，打敗隴右、蜀中、河西等各鎮諸侯，一統天下，絲綢之路沿線民族和國家逐漸在名義上臣服漢朝，但是劉秀並沒有徹底解決絲綢之路沿線的問題。及至漢明帝繼位，國力日強。遂有意鑿通絲綢之路，一場大戰一觸即發。

在此之前，漢光武帝劉秀因為剛剛經歷十五載的兵馬生涯，雖然得以一統天下，可也使其國力遭到巨大損耗，群臣百姓皆翹首以盼，希望能有一段安寧平靜的生活。因此無奈之下，劉秀只能一改過去漢武帝之時主動進攻的戰略，轉而進行相對更為實際有效的防禦政策。後漢朝又逐漸與南匈奴和親，分化瓦解了匈奴政權，倒也讓邊境之地取得短暫的和平。

匈奴亦知道，此時的漢朝雖然內部空虛，但自己也處於分裂狀態，所以難以佔到絲毫便宜，於是就暫時採取對漢朝求和的態度。與此同時，早已經處於分裂狀態的匈奴南北二部，也爆發了戰爭，最終南匈奴戰敗。這對劉秀而言，無異於是一個噩耗，因為在此之前，劉秀已經與南匈奴締結成為親家，南匈奴戰敗，就意味著自己所支持的政權遭受重創，於漢朝在北部邊境的大局很是不利。南匈奴戰敗之後，北匈奴便趁勢提出與漢朝結親的請求。一時之間，劉秀陷入了兩難的境地，結親便意味著背棄以前與南匈奴的合約，不接受則代表著與此時勢力相對強大的北匈奴結怨。恰在此時，劉莊建議：劉秀不能同北匈奴和親，以防南匈奴諸部落離心離德，於大局不利。經過商議，劉秀採取了「以夷制夷」的策略，遷羌人、匈奴人等西北方部族和中原雜居。這在很大程度上，加強了民族融合，暫時也緩解了胡漢相爭的矛盾。但是，這一舉措也成為東漢後期「五胡亂華」成功的方便之門。

永平七年（西元六四年）春，匈奴東山再起，重新成為東漢王朝西北邊境的最大禍患。然而此時東漢軍力薄弱、良將缺乏。所以劉莊面對匈奴使者傲慢的態度，無理的要求之時，也只能忍氣吞聲，被迫開放雲中、朔方諸郡，不敢輕言戰事。並且經由代理太尉趙熹保舉，讓鄭眾出使西域。鄭眾憑藉其堪比蘇武的才智品德，出色地完成了任務，為此時東漢爭取到繼續休養生息的時間。

永平十五年（西元七二年）四月，經過與耿秉、竇固、祭肜、馬廖、劉張、耿忠等人的討論，考慮到東漢經過多年修養，國力日盛。於是漢朝覺得對西域用兵的時機已經來臨。經過詳細討論，漢明帝劉莊最終決定先取白山，奪取伊吾，然後再攻擊車師，繼而出使匈奴周邊列國，達成實際合圍之勢，並於次年沿著後世之絲綢之路，率領幾路大軍各自浩蕩而去。

此次會戰，東漢王朝整體上取得了較大勝利。尤其是所率領大軍，在對匈奴作戰中，更是取得了自東漢立國以來最為重大的勝利。當竇固和耿忠的大軍抵達天山（今蒙古杭愛山）之時，立馬抓住戰機，一舉擊潰北匈奴呼衍王，浮屍千餘。北匈奴人大潰，東去無門、北逃無望、南遁無路，只得一路西竄。而漢軍經此大勝，士氣大振，焉能輕易放過匈奴諸部？

於是漢軍窮追不捨，一直追到蒲類海（今新疆巴里坤湖）。此地已經是西域胡人之地，南方無人可拒匈奴鐵騎，所以匈奴人便調頭南逃，竄入了伊吾盧（今新疆哈密）地區。正所謂兵貴神速，大漢軍隊將士齊心，日行數百里，如風馳電掣般地追到，雙方再次展開大戰，匈奴又敗，此戰一敗，匈奴再無反敗為勝的轉機，最終全軍覆沒於漢軍鐵蹄之下。

從此，蒲類海、伊吾盧一線的匈奴勢力被徹底肅清，竇固向漢明帝劉莊上奏報捷。劉莊聽聞大喜，遂頒詔在此地設置宜禾都尉，同時命令竇固在伊吾盧城周邊留下將士開荒屯田。

是時西域各國多歸附於匈奴，皇帝便想可否自己派出使者，說服西域諸國能夠為大漢效力，不僅在軍事上打擊匈奴，還在政治上孤立匈奴。於是發布詔命，急切希望竇固可擇出一人，擔當出使西域諸國的重任。如此重任，讓這些武將出身的人去負責，哪裡能夠完成？這讓竇固大為發愁。

班超見狀，越眾而出，願意領命西去。竇固知曉班超早年也算是飽學之士，只是鬱鬱不得志，這才選擇從軍。心想軍中一時之間，還真的只有班超才能擔當如此大任，於是便答應了他的要求。最終班超不負眾望，說服西域各國與大漢交好，再加上其兄弟班固在漢朝為官的大肆宣傳，班超得以一鳴驚人，成為天下為之矚目的風雲人物。在這期間，班超率領僅僅三十六人輾轉於鄯善、于寘諸國，憑藉其勇略，游刃於西域諸國與匈奴之間。巧施妙計，誅殺匈奴使節，征服西域諸國，成就赫赫聲名，威震西域。經過班超的努力，已經斷絕的絲綢之路得以重新貫通。次年劉莊又設置西域都護，為漢朝統治西域各地提供政治保障。這些都極大地拓寬了東漢版圖，為其邊境的長期穩定，國力的日漸強盛奠定了基礎。

【知識連結】

絲綢之路通常是指歐亞北部的商路，與南方的茶馬古道相比，這條道路上貿易的貨物中，中國的絲綢最具代表性，由此得名「絲綢之路」。歷史上一些著名人物，如，出使西域的張騫，投筆從戎的班超，西天取經的玄奘，他們的一些故事都與這條路有關。絲綢之路不僅是古代亞歐互通有無的商貿大道，還是促進亞歐各國和中國的友好往來、溝通東西方文化的友誼之路。

竇氏再起

漢章帝劉炟，自登基以來，年僅二十餘歲就已經是兒女成群。對前朝武帝等人欽佩不已，而最欽佩的確實是漢武帝等人，有三宮六院，後宮佳麗三千。無奈劉秀自東漢開國以來，對於皇帝妻妾就有很嚴格的限制，劉炟只能變著法子的為自己選出宮廷佳麗。

竇氏遭逢大難，早就想一朝翻身，重新為人。得知皇帝劉炟四處尋訪知書達理、聰明伶俐、美麗大方的女子，不禁大喜過望。竇勳與沘陽公主生有兩個女兒，個個冰雪聰明、才貌雙全，二人知道，竇家翻身的機會就在眼前，於是決定將自己的女兒送到宮裡。

而竇氏姐妹也真爭氣，入宮後就雙雙受寵，建初二年（西元七七年）十二月，竇氏二女子都被封為貴人。建初三年（西元七八年）三月二日，劉炟將貴人竇氏立為皇后。

劉炟對於竇皇后十分寵愛不假，但是他並不是一個用情專一的皇帝，僅僅以家世地位都比竇皇后只強不弱的宋氏姐妹、梁氏姐妹而論，都讓竇氏姐妹大為頭疼，皇帝對於他們的寵愛，更是一點也不弱於竇氏姐妹。尤其當建初四年四月四日，劉炟頒詔立皇子劉慶為太子。竇皇后更是如坐針氈，開始行動起來，將梁氏之子劉肇過繼給自己，而後與梁氏姐妹聯手扳倒宋氏一族，助劉肇成為太子，漢室天下也自此開始走上外戚亂政的不歸路。

話說竇家在建初九年之後，就不斷得勢，竇皇后甚得皇帝劉炟寵信，每日朝畢，都會要求竇皇后侍寢，外戚之中竇憲的權力也不斷擴大。自從建初三年（西元七八年），竇氏被立為皇后。竇憲身為皇后之兄，初為郎，後任侍中、虎賁中郎將。其弟竇篤任黃門侍郎。兄弟二人，同蒙親幸，並侍宮省，寵貴日盛，王公側目。

這二人本來就仗著自己妹妹在皇宮受寵，狂妄自大，不知所謂。及至宋家、梁家和馬家先後被自己陷害成功之後，竇憲等人更是無法無天。

一次，竇憲到達洛陽城外一莊園，看見其造型獨特，風景清幽，便有心將之據為己有。此莊園的主人正是鄧乾。鄧乾就是當今駙馬，皇帝劉炟的親妹妹沁水公主的丈夫。見竇憲扔下一貫錢，還不足以買莊園的一個小亭之時，鄧乾不禁憤懣不已，就準備要和他據理力爭。幸虧沁水公主也是聰明之人，當即勸道：「如今竇家勢力如參天大樹、遮雲蔽日，我們不能學梁家、宋家和馬太后的那些兄弟，莫說是我們，就是當朝皇帝的姑姑，還不是因為得罪了竇家，而被陷害到圈禁的地步。」

於是，鄧乾在公主的勸解下，只能將自己的莊園拱手相送。當然，此後因為皇帝劉炟自己感覺到不對，逼問之下，才知道竇憲欺負到自己妹妹的頭上，按理來說，如此作為，皇帝劉炟應該是萬萬不能忍受的，可惜他禁不住竇皇后的幾番勸阻，最終也只是叫竇憲歸還莊園、在家自省，沒有施予其他的懲罰。

從這件事可以看出，劉炟越發的軟弱了，竇氏越發強大了。在宮中竇皇后一方面打理好和皇帝劉炟的關係，保證自己恩寵不斷，同時則要努力教育好劉肇，讓他能夠為自己所用。另一方面，則是不斷向皇帝耳邊吹風，以減少竇憲因為霸佔公主莊園在皇帝劉炟心目中的壞印象。

在宮外竇憲，也沒有閒著，他知道自己有個妹妹在後宮之中一手遮天，因此即使有罪也依然有恃無恐。當務之急，是要能夠在朝廷之中找到可以為自己所用的人才來。司徒桓虞與司空第五倫等人當然不可能，他們都自視清高，不肯與自己為伍。特別是第五倫，找準機會就會向皇帝參自己一本，對竇憲而言，第五倫幾乎成了當下竇憲的頭號勁敵。於是，他將自己首要的考慮對象定為鄭弘，可惜，他沒有意識到，鄭弘是第五倫一手培植起來的死黨，也正是因為他的清正嚴明，第五倫才不惜用自己在朝中的位置，向皇帝保舉於他。所以當竇憲找到他時，不免碰了一鼻子的灰。

當然，竇憲的努力並不是沒有收到任何效果的，相反，朝中有一大批手握重權之士，或囿於現實和竇憲的權勢，或主動投誠，求取光明前途，被竇憲搜羅到自己的羽翼之下。如昌陽侯郭璜、侍中郭舉父子，中郎將耿夔，中尉鄧疊，護羌府長史任尚，蘭台令史班固、傅毅等人，甚至是後來的太尉也與他們沆瀣一氣。這些人中，要麼是邊關大將，要麼是軍中勇士，要麼武功卓絕，要麼是風流才子。文武齊全、勢力龐大。他們的崛起，一方面是東漢士大夫政治的逐漸興盛，另一方面則是外戚權力向朝中的不斷滲透的結果。大漢王朝在這一批人的手中，實在是福禍難料。

《後漢書》記載，章和二年二月壬辰、帝崩於章德前殿，年三十三。

漢章帝劉炟死後，在皇后和竇憲的扶持下，年僅十歲的劉肇登上大位。竇皇后順理成章的成了太后，其兄長竇憲則做了輔政大臣，竇氏一門轉眼間都成了肱骨之臣，位居要職。

漢和帝劉肇新近繼位，隨著年齡增長，越發感覺自己孤苦伶仃，無依無靠。漢室大權終於全數落入竇氏兄妹手中，明章之治，這一可以堪稱東漢最為偉大的黃金時代結束，隨即，外戚政治粉墨登場。此後的一百多年中，竇、鄧、閻、梁等家族相繼控制著東漢的朝野內外，一幕幕宮廷悲劇不斷上演。江山代代有人坐，最苦莫過老百姓。外戚、士族、宦官、漢室正統，在此後的時間中，就從未停止過爭鬥，但無論是誰，都很少有人在改善民生的功業上書寫著自己光輝的一筆，有的，只是爾虞我詐、血雨腥風。

【知識連結】

竇憲，字伯度，扶風平陵（今陝西咸陽西北）人。東漢章帝皇后之兄。東漢著名將領。章帝年間受寵，至和帝即位，輔佐幼主，漸成權臣。因深入瀚海沙漠三千里，大破北匈奴，在燕然山刻石記功而威震天下。和帝日益長大，恐其功高蓋主，與中常侍鄭眾定計予以懲治。和帝四年（西元九二年）竇憲還朝，和帝沒收其大將軍印綬，改封為冠軍侯，趕至封邑，並親自為其弔唁，被逼自殺。

外戚輪流做，今天是鄧家

儘管和帝劉肇盡心竭力的想將國家治理好，重振劉氏偉業，但是東漢王朝的命運似乎冥冥中自由天定，逐漸走向了黑暗的深淵。

首先，是宦官的崛起。

皇帝跟外戚鬥爭，必須獲得別人的支持。而皇帝長於深宮，無法與外邊互通消息，於是宦官就成了皇帝的倚靠和助力。東漢政權的第四任皇帝劉肇最先向外戚發動攻擊。在他與宦官鄭眾的逼迫下，外戚竇憲自殺。但也是自鄭眾開始，宦官的權力越來越大。

其次，則是班超經營多年的西域的喪失。

劉肇晚年，東漢國力下降，班超也退休回到洛陽。將領任尚接替了班超西域都護的位置，可惜任尚之為人勇武有餘、謀略不足，在他和班超交接官印之時，班超就對任尚說：「塞外的情形可謂是魚龍混雜，而你的性情太過嚴正。水至察則無魚，你只需總攬大綱，不要挑剔小節，對他們的小過錯更應該盡力寬恕。」

然而，任尚對其言語不置可否，在其掌權其間，一改班超在西域的成功施政方針，只四年時間，任尚就激起西域所有國家的叛變。至此，西域各國再也難以回覆到班超在位之時的狀態。兼且漢朝一代不如一代，國家內部紛爭不斷，無暇他顧，最終導致了漢朝掌控西域權力的徹底喪失。

最後，劉肇後宮皇后大位的變遷則使得外戚政治又一次登上中國的政治舞台。

皇帝劉肇本來有皇后陰孝和，後來改立了鄧綏為后。自此開始了鄧氏外戚弄權的時代。

鄧綏六歲就通讀史書，十二歲精通儒家經典《詩經》、《論語》，每次與其兄長對答之時，號稱飽學之士的兄長們也常常只能甘拜下風。本來鄧綏與小陰氏應同期入宮，不料入宮的前夕，鄧綏的父親鄧訓卻離開了人世，為了守孝盡喪，鄧綏只得在三年之後才得以入宮。無奈，在鄧綏入宮之前的永元八年，小陰氏陰孝和就已然做了皇后。因此，鄧綏本應該一片坦途的後宮之路就這樣布滿荊棘。鄧綏一入宮，其絕世的容顏便傾倒了眾人，更別說年方十八、正值年少輕狂的漢和帝劉肇了。劉肇一眼就看中了鄧綏，此後便甚得寵信，次年便被封為地位僅次於皇后的貴人。如此隆寵必然招致皇后陰氏的嫉恨，於是以巫蠱妖法去詛咒鄧綏，沒對鄧綏產生效果，卻將自己置於死地。永元十四年夏天，因皇后行巫蠱之事證據確鑿，便遭到廢黜。永元十四年，鄧綏被冊立為后。鄧綏之謙虛恭順、賢良淑德，足以領袖後宮；劉肇之明辨是非、以民為本，亦足以治理天下。眼看皇朝的未來蒸蒸日上，漢室江上也將回覆漢武大帝在世之時的隆盛。殊不料，元興元年，年僅二十七歲的劉肇病逝，年僅百日的劉隆繼位。鄧綏順理成章的臨朝聽政，掌握國家的實際權力，並自稱為「朕」。鄧氏家族隨即成為又一個竇氏，外戚力量再一次崛起。

鄧綏被尊為皇太后之後，頒布法令，提倡節約簡樸，反對奢華浪費。最後則是以人為本，收攬人心。當然為了穩固自己的統治，鄧綏也不可避免的大肆封賞自己的族人。而鄧綏太后的眼光之長遠，則表現在接劉慶之子劉祜入宮上。皇帝劉隆年幼，為防備其夭折，鄧綏早早就預備下繼任者，以便自己控制。這個人就是劉祜。果然機會都是留給有準備的人，延平元年八月，僅做了八個月皇帝的劉隆，悄然離世，諡「孝殤皇帝」，葬於康陵。於是年僅十三歲的劉祜就這樣被擁立為皇帝，是為東漢安帝。次年改年號為「永初」。

劉祜此時雖然已經十三歲，卻很難像其叔父劉肇一樣，在十四歲之時，就能滅掉竇氏一門。一方面，鄧綏並不像竇氏姐妹一樣，不可一世，惹得天怒人怨，而是，朝中大臣多數想廢除竇氏兄妹的統治，回覆大漢劉氏的江山。

鄧綏被尊為太后之後，對自己的族人設置了諸多限制。到劉祜繼位的永初元年，鄧綏為限制自己族人，讓他們遵紀守法，專門向司隸校尉、河南尹、南陽太守等人下詔，糾察鄧氏家族的不法行為。當時，司隸校尉專門負責京師洛陽周邊的治安，尤其是負責糾察京師近郡犯法者；河南尹的官衙在洛陽，主要負責東漢京都內的大小事宜；南陽郡乃是光武帝劉秀的起家之地，同時是皇太后鄧綏的家鄉，此地世家豪族林立，殊為難治。太后此舉，明眼人一下就能看出來，太后是要限制豪強的勢力，特別是約束自己鄧氏族人。其間又一次，鄧綏兄弟鄧騭的兒子因為觸犯了法律，就在其父鄧騭的監督下自首，受了髡刑。

鄧綏之所以嚴於律己，並且對自己的族人也在德行上嚴加限制。是因為她早熟讀史書，深諳一個外戚大族的興衰敗亡之理。

歷史上竇氏一族，就是縱容自己家人囂張跋扈，無法無天，才導致了舉家之禍。據載，鄧氏一門幾乎是整個東漢最為貴寵的外戚，史稱「凡侯者二十九人，公二人，大將軍以下十三人，中二千石十四人，列校二十二人，州牧、郡守四十八人，其餘侍中、將、大夫、郎、謁者不可勝數」鄧氏一族能夠如此興盛，與其恰當的政策是分不開的。

常言道：「欲要取勝於人，先要自己立於不敗之地」，鄧綏倚重外戚，但卻執政明達，無疑讓其他想扳倒她的人望而卻步。而反觀劉祜之才，實難與其叔父劉肇相提並論。何談能夠將大權從外戚手中奪回呢？加上一向頗具雄心的親生父親於元平元年冬，辭他而去，自己外部的支持力量也就更少了。此消彼長之下，劉祜欲要親政，實在是堪比登天的難事。

【知識連結】

鄧綏，東漢和帝皇后（西元八一年——一二一年），南陽新野人（今河南新野），漢光武帝時太傅鄧禹的孫女。祖父鄧禹南陽豪族，早年隨光武帝起事，為東漢初的大功臣。其父鄧訓，曾為護羌校尉，撫邊有功，其母為東漢第二任皇后陰麗華的堂侄女。光武帝去世，因新帝年幼，臨朝稱制，並自稱「朕」。古代史學家對其評價很高：「鄧后執持朝政以招眾謗，所幸者非為一己之私。她焦心勤勉，自強不息，排憂解患，惟為國家大事。」

識時務造蔡侯紙，不讓鬚眉修漢書

鄧太后除了自己的族人以外，最為寵信的人有兩個。

一個是當時的尚方令蔡倫。蔡倫一生可謂是命運多舛。年僅十五歲時便入宮做了太監，幾年下來，才做了一個小小的小黃門。後又被竇太后利用，誣陷宋貴人「挾邪媚道」最終導致宋氏姐妹被打入冷宮，不久身故。

宋氏家族也被貶謫，蒙受不白之冤。後又在竇太后授意之下，投「飛書」（匿名信）誣陷章帝妃梁貴人，強奪其子劉肇為養子並立為太子。一個小小的太監，卻要被逼著去做一個人所不齒的小人，夾在後宮幾大勢力的中間，實在是出於無奈。

後來。竇太后打敗了自己在後宮中的宋氏姐妹、梁氏姐妹兩大競爭對手，到劉肇繼位，她便順理成章地被尊為皇太后。劉肇年幼，竇太后更是截取了國家最高權力。而蔡倫因為自陷害宋貴人之後，便投效了竇氏。竇氏得道，蔡倫自然也因為自己的功勞而被封賞為中常侍。地位與九卿一樣，隨侍幼帝左右，參與國家機密大事，秩俸二千石。因此可以說，蔡倫比後來跟隨劉肇反竇氏的鄭眾更早的參與到了國事之中而來。

蔡倫能夠在宮廷之中，歷經數朝而屹立不倒，自然與他的長遠眼光分不開。及至劉肇親政，蔡倫也順利的投效到其帳下，為其效力。與鄭眾合稱後宮兩大宦官。及至鄧綏入宮，蔡倫察言觀色，不久便看出了鄧綏的不平凡之處，於是處處幫助鄧綏。直到鄧綏做了貴人、升為皇后，宮中對其照顧最多的，除了皇帝之外，便屬這個蔡倫了。俗話說，投桃報李，蔡倫早年有恩於鄧太后，鄧太后當然想報答他。此時鄧太后早已經飛黃騰達，但蔡倫知道，自己一介宦官，不能在鄧綏這樣的英主手下有太多想要攬權的動作。於是，蔡倫毅然決定，以退為進，投鄧綏所好，屈尊尚書令一職，管理宮內御用器物和宮廷御用手工作坊，為喜好舞文弄墨的太后提供方便。

佛家有云：「一因一果，環環相扣，種何等因，便會結何種果。」，正是由於這個「識時務」的決定，蔡倫才在自己的努力下，改進了造紙術，創立了「蔡侯紙」。成為中國古代最為知名的人物之一，其發明之影響力，橫貫古今，延綿中外。

等到鄧太后掌權，蔡倫更加受到重用，被封為「龍亭侯」（封地在今陝西洋縣），從此進入貴族行列。元初五年（西元一一八年）蔡倫又被提升為長樂太僕，相當於大千秋，成為鄧太后的首席近侍官，受到滿朝文武的奉承。可惜，當初他構陷宋貴人所種下的惡因，在他的人生走向巔峰之時，終於結出惡果。建光元年，鄧太后卒，和帝親政，而當初被害死的宋貴人便是和帝劉祜的黃祖母，而被廢黜的太子劉慶便是其父親。此刻構陷宋氏家族的元兇竇氏姐妹雖然已經伏法，但蔡倫這一直接的兇手也必難逃懲罰。蔡倫自知死罪難逃，在獄中自殺身亡。

而另一個受到鄧綏寵愛的人則是班昭。班昭一家，滿門英豪。其兄班固修《漢史》，班超定西域，其父班彪亦是學富五車，才通天人，是不折不扣的一代文豪。班昭家學淵源深厚，文采悠然，受到當時有識之士的敬重。

朝中鄧太后素有喜好文辭水墨之名，便將之引入皇宮，拜為百妃之師。班昭十四歲嫁給同郡曹世叔為妻，所以人們又把班昭叫做「曹大家」。世人只知班固修史，卻不知這之中有很多卻是班昭的功勞。班固修史尚未結束，便受到竇憲一事的牽連，冤死獄中。班昭痛定思痛，在班固和自己過去研究的基礎上，繼續完成了相關事宜。此事亦受到漢和帝的大力支持，特別恩准她去東觀藏書閣參考典籍。苦心人，天不負。班昭在年近不惑時，終於完成了漢書這一宏篇巨作。

而在她修史其間，亦擔任著鄧綏太后的師傅，為其出謀劃策。適時鄧太后權傾天下，朝中諸事皆要由其定奪。班昭以師傅之尊得以參與機要，竭盡心智地為太后盡忠。每次太后有疑難之時，懸而不決之事，便會請班昭為其計較。

一次，鄧綏的兄長鄧騭因為其母親過世，便向鄧綏請求，歸去故里為其母親守孝。然眾所周知，鄧騭以大將軍之職，享三公之榮，是鄧綏最為得力的臂助。如若讓鄧騭回去守孝三年，則國之大事，必定會被耽誤；宵小之徒，也必定會趁機謀取太后權位。

鄧綏擔心一旦自己的這位哥哥離開，自己多年以來苦心孤詣打拼出來的江山，就會被人侵蝕。然而如果不讓他走，卻會惹人非議，說她手握兵權而不放。為了自己不惜侵犯祖制，一時之間，鄧綏猶疑不決，只是正當此刻，她的心中突然冒出一個身影來。這人文韜武略，才華橫溢，極善從大局著眼，為大漢定計，這人便是班昭。

於是，鄧綏急忙命令左右前去恭請班昭而來，問策於她。班昭一聽，心中便出定議：「大將軍功成身退，此正其時；不然邊禍再起，若稍有差池，累世英名，豈不盡付流水？因此，准其離去，為母盡孝，方為上策。」鄧太后聞言，深感有理，便准了其兄的要求。

此一事，可見班昭的才華和智謀之了得，亦可見鄧太后對班昭的尊敬和信任。班昭年逾古稀，方才溘然長逝。皇太后亦為其素服居喪。其子曹成也因為班昭之功而被封為關內侯，官至齊相。

【知識連結】

《漢書》，是中國第一部紀傳體斷代史，與《史記》、《後漢書》、《三國志》並稱為「前四史」。《漢書》記述上起西漢的漢高祖元年（西元前二〇六年），下至新朝的王莽地皇四年（西元二三年），共二百三十年的史事。有紀十二篇，表八篇，志十篇，傳七十篇，共一百篇，後人劃分為一百二十卷，共八十萬字。《漢書》中最棘手的是第七表《百官公卿表》，第六志《天文志》，這兩部分都是班昭在她兄長班固死後獨立完成的，但班昭都謙遜地仍然冠上她哥哥班固的名字。

著名科學家張衡

張衡，出生於南陽郡西鄂縣石橋鎮一個破落的官僚家庭（今河南省南陽市城北五十里石橋鎮）。祖父張堪曾是地方官吏，擔任過蜀郡太守和漁陽太守。張衡幼年時候，家境已經衰落，窮困潦倒之時，家徒四壁，溫飽也難以持續。為了緩解家庭困境，張衡不得不很小就下地務農、入水抓魚，這種生活雖然清苦，卻也是難得的歷練機會。使得他能夠深刻地感受到民生疾苦，逐漸積累了大量的生活常識，再加上他勤奮好學，在地理、天文、數學、繪畫和文學等諸多方面都表現出非凡的天賦。不久便揚名天下。

他之所以能夠名動天下，主要就是依靠於他的理論著作和實際作品。

《靈憲》是張衡的代表作，全面體現了張衡在天文學上的成就。張衡認為，宇宙並非生來就是如此，而是有個產生和演化的過程。張衡的思想和現代宇宙演化學說的精神有所相通。此外，他還認識到宇宙是具備無限性的，認為人目所見的天地是大小有限的，但是，超出這個範圍，人們就「未之或知也。未之或知者，宇宙之謂也。宇之表無極，宙之端無窮」。宇宙在空間上沒有邊界，在時間上沒有起點。這當然和如今空間物理學特別是霍金的大爆炸理論大相徑庭，但是要證明孰對孰錯，卻是千難萬難。

《靈憲》一說還介紹了天地的結構、日月的角直徑、月食的原因、五星的運動、星官以及流星和隕星等相關方面的知識，雖然在很多方面，限於當時的視野和科技條件，還存在這諸多缺點和疏漏，但在到當時而言，無疑是時間最為完備的天文學巨著。梁代劉昭看罷《靈憲》，不由拍案叫絕，讚頌張衡

「天文之妙，冠絕一代」。

著書立說之外，張衡還製造了許多儀器，比如渾天儀和名震古今的地動儀。可惜後來東漢一片混亂，地動儀也遭受魚池之殃，毀於戰火之中。

當然，張衡一生的科技理論和作品實在是太過紛繁複雜，窮一人之功，能夠取得如此成就，實在是叫人歎為觀止。而張衡的為官生涯以及其間所體現的張衡的氣節，讓更多的人特別是古代士族為之讚歎和效仿。

少年之時，張衡就很有文采，後進入整個漢朝的最高學府太學讀書，並結識了著名經學家、天文學家賈逵的學生崔瑗，並引為至交好友，向他請教天文、曆法和數學方面的疑難，為後來張衡在這些方面取得成就產生了重要影響。

和帝永元十二年（西元一〇〇年）張衡應南陽太守鮑德之請，成為他的主簿，掌管文書工作。在此期間他致力於探討天文、陰陽、曆算等學問，並反覆研究西漢揚雄著的《太玄經》。一時間聲名鵲起，逐漸引起了漢安帝的注意。永初五年（西元一一一年）張衡奉召入京，官拜郎中。這年，張衡三十二歲，第一次真正的踏上了仕途。及至順帝繼位，張衡連續升遷，先後擔任尚書郎、尚書令最後升為侍中。

眼見這樣一個士人受皇帝的恩寵日盛一日，鬥不過梁商的宦官們，可不想再讓張衡騎到他們的頭上。然而張衡一直以來，都以勤於政事，愛惜人民，忠於朝廷，達於科學而著稱，要找到他的毛病，還真不容易。然而耿直的張衡在對待讖緯之風盛行的情況上，卻表現得不明智了。兩漢時期讖緯合流，到順帝之時，天地時常發生災禍，皇帝總是擔心自己帝位不保，宦官們便招來一些儒生，讓他們以自己所學，即以古代河圖、洛書的神話、陰陽五行學說及西漢董仲舒的天人感應說為理論依據。為皇帝預測國運，看看誰人忠誠，誰人有反意。將自然界的偶然現象神秘化，並視為社會安定的決定因素。讖緯被稱為內學，尊為秘經。實際上成了宦官誅除異己、陷害忠良和政敵的工具。

張衡眼見皇帝被蒙蔽，毅然向皇帝上書：「國讖虛妄，非聖人之法。」又說：「此皆欺世罔俗……宜收藏國讖。一禁絕之。」，此番言論，在當時看來，無異於九天之雷，轟動朝野。宦官見此有機可乘，忙向皇帝進讒言說：「張衡無知，誹謗天意，擾亂聖聽，為正法紀，為肅禮儀，理應殺之。」皇帝愛惜張衡的才華，但是如此做法，難免於朝廷大勢不合，兼且自己的左膀右臂都彈劾於他，自己不對其稍作懲罰，實在難以服眾。

永和元年（西元一三六年），張衡受宦官排擠中傷，被皇帝調離京師。擔任河間王劉政的相。可是，張衡並沒有就此沉寂平靜，因為現實不讓他從此沉寂。河間王劉政，在當時可謂是臭名昭著，最是不守法紀。驕橫奢侈之風在其屬地上巍然四起，當地豪強皆群集相應。張衡到任之後，對劉政曉之以理，動之以情，終於說服劉政改革。

在取得劉政支持之後，張衡嚴整法紀，打擊豪強，使得上下肅然，百姓為其拍手稱和。三年之後，河間王屬地一片太平，張衡見自己已經老了，並且時常患病，便準備功成身退，向皇帝請求歸隱田園。然而皇帝則認為，他實在是個可用之才，但是宮中尚有很多的人反對他，特別是那些宦官不容於他。便決意讓張衡回京師做尚書（官職遠低於侍中或相）。他正準備應召，卻忽然入病，不久便逝世。

【知識連結】

張衡，中國古代最偉大的天文學家、數學家、發明家、地理學家、製圖學家、文學家、學者之一，為中國天文學、機械技術、地震學的發展做出了不可磨滅的貢獻。生於西元七八年，逝於一三九年，字平子，南陽西鄂（今河南南陽市石橋鎮）人，在漢朝官至尚書。由於他的貢獻突出，聯合國天文組織曾將太陽系中的一八〇二號小行星命名為「張衡星」。

漢室終亡

東漢自光武帝劉秀開國，中經明帝劉莊、章帝劉炟、和帝劉肇、殤帝劉隆、安帝劉祜、順帝劉保、沖帝劉炳、質帝劉纘、桓帝劉志，到靈帝劉宏時出現亡國徵兆，最後到獻帝劉協建安二十五年（西元二二〇年）滅亡，總計十二帝，歷時一百九十五年。

其實自從東漢章帝之後，漢朝便朝著一個不可挽回的結局欣然邁步，苟延殘喘的東漢，能夠在這樣的一個時局中支持起來，主要還是依靠這外戚中如鄧太后、梁太后等優秀人物給這個行將就木的政權注入一劑良藥。

劉氏衰微，為了維持漢帝國的統治，便一直上演著一個使人感慨的單調場景，第一批新貴靠女人的關係煊赫上台，昂首闊步，不可一世，不久全被拖到刑場，像屠豬宰狗一樣地殺掉。第二批新貴也靠女人的關係煊赫上台，昂首闊步，不可一世，不久也全被拖到刑場，像殺豬一樣的也都殺掉。以後第三批、第四批、第五批，陸陸續續，讓人眼花繚亂。外戚中的這些非常聰明的才智之士，如竇憲，不可能對於漢朝的衰微毫無警覺，他們的存在不過是歷史的一個過客，終究挽回不了大局。但權力的迷惑太大，使他們自以為可以控制局勢。

直到宦官專權，士大夫階級的逐漸崛起，這種皇權和外戚之權的爭鬥才變換成另一種形勢，要麼結盟，要麼刀兵相見。其實士大夫比宦官執掌大權的時間更久遠，但卻很難聯合起來。而宦官則因為具有共同的志趣，靠近桓帝，身居後宮，而具備一定的天時地利。自桓帝劉志開始，宦官便積極參與皇朝大權的爭奪，在這一過程中，宦官也以正式官員的身分而得以囂張禁苑、跋扈朝野。

此外，他們的親友，也跟著雞犬升天。這些新貴跟宦官一樣，除了貪汙和弄權以外，什麼本事也沒有。外戚中還有很多制約，而宦官則限於皇宮內部，很少私自出宮，因而這些新貴比外戚和宦官當權所表現的還要惡劣。

士大夫階層因此受到更重大的傷害，限於自己的力量，只能暫時尋求與外戚聯合，把目標指向宦官。他們利用所能利用的政府權力，對宦官採取流血對抗。宦官自然予以同等強烈的反應，中國遂開始了第一次宦官時代。從西元一百五十九年十三個宦官封侯，到一百八十九年宦官全體被殺，共三十一年。

宦官跟士大夫間的鬥爭，血腥而慘烈。不過要特別注意的是，在當時的史書編撰都是掌握在士大夫手中，很多人也受到士大夫思想的影響，認為士大夫就一定是正義的，而宦官則勢必是邪惡的。時至今日，再回過頭去看待當時的是非功過，當然會顯得很不準確。宦官對方士大夫的手段固然兇殘，而士大夫對付宦官時候表現出來的狠毒則更令人髮指——他們不僅殺戮宦官的賓客與朋友，連宦官的母親也一起殺掉。

從這個角度出發，再看待宦官亂權，就覺得事出有因了。一則是宦官天生的生理缺陷，導致其心理上的不平衡；二則是在現實世界中，宦官本來就一直被士大夫和外戚壓制著，在更多的場合，飽受著侮辱和欺凌，因而造成了他們內心極重的報復心理，一旦他們大權在握，便會肆無忌憚、不計後果的向對立階級發動進攻。造成的後果，也必當是殘酷而慘重的。

第一次黨錮之禍之後，士大夫階級受到了極大的打壓，但也成就了很多人物。一時之間，賢士之名，名滿天下，其中以李膺最具代表性。李膺被迫害之後，威信更高，被儒生譽為「八俊」之首。這無疑是對宦官集團的不滿和蔑視。（史載：「海內希風之流，遂共相標榜，指天下名士，為之稱號」。太學生把敢於同宦官進行鬥爭的知名人物，冠以「三君」、「八俊」、「八顧」、「八及」、「八廚」等稱號。）

及至靈帝繼位，對於宦官更加依賴。他曾指著兩名惡名昭彰的宦官說：「張讓是我父，趙忠是我母。」小到日常政務，大到人事遴選，幾乎全部委於自己寵信的張讓、趙忠等十人，人稱「十常侍」。

這些宦官抓住了靈帝年幼無知、昏聵無能的契機，大獻殷勤，將皇帝置於掌中。至此，皇帝只知貪圖享樂，不念百姓死活。朝政的腐敗導致了一八四年的黃巾大起義。

二是由於制度的弊端，東漢時期，特別是從和帝起，外戚、宦官勢力膨脹，各自結成利益集團，互相爭鬥，攫取權力與財富，致使政治日益黑暗。

三是東漢後期的七、八朝皇帝，即位時都是娃娃。和帝即位時十歲，安帝即位時十三歲，順帝即位時十一歲。順帝死後沖帝即位時只兩歲，到三歲時死了，繼位的質帝只八歲，到九歲死了，繼位的桓帝也只十五歲。桓帝之後的靈帝，即位時十二歲，仍是個娃娃。皇帝年幼，必然是太后臨朝，外戚掌權，作威作福。皇帝長大後，反過來要擺脫外戚控制，於是求助於宦官，透過宦官勢力來消滅外戚勢力；下一屆小皇帝登基，外戚又得勢，反過來又要消滅宦官勢力。這樣循環往復，把整個東漢王朝攪得天無寧日。

四是東漢和西漢政權一樣，官僚、地主兼併土地的社會問題不僅得不到緩解，反而越演越烈。早在武帝時期，董仲舒就警告過「富者田連阡陌，貧者無立錐之地」的社會現象必須引起嚴重灌注。為數不少的大地主佔有跨州連郡的田莊，他們還擁有私人武裝（稱「部曲」、「家兵」）。這些官僚大地主逐漸演變為與中央政權離心離德的地方割據勢力，最終宦官、外戚兩大勢力在靈帝死後的火拚中同歸於盡，獨留被袁紹引狼入室董卓獨霸洛陽，軍閥混戰便從此不休不止，一發不可收拾。

到這裡，東漢王朝實際也滅亡了，轟轟烈烈、滌蕩心魄的三國時代就此拉開序幕。

【知識連結】

董卓，字仲穎，隴西臨洮（今甘肅省岷縣）人，西涼軍閥。原本屯兵涼州，因靈帝末年的十常侍之亂，受大將軍何進之召率軍進京，旋即掌控朝中大權。繼而歷任東漢末年少帝、獻帝時權臣。其為人殘忍嗜殺，倒行逆施，招致群雄聯合討伐，但聯合軍在董卓遷都長安不久後瓦解。西元一九二年被王允聯合其親信呂布所殺。

汲古閣 23

一讀就停不下來的
大漢史

企劃執行　海鷹文化
作者　劉觀其
美術構成　騾賴耙工作室
封面設計　九角文化/設計
發行人　羅清維
企劃執行　張緯倫、林義傑
責任行政　陳淑貞

出版者　海鴿文化出版圖書有限公司
出版登記　行政院新聞局局版北市業字第780號
發行部　台北市信義區林口街54-4號1樓
電話　02-2727-3008
傳真　02-2727-0603
E-mail　seadove.book@msa.hinet.net

總經銷　知遠文化事業有限公司
地址　新北市深坑區北深路三段155巷25號5樓
電話　02-2664-8800
傳真　02-2664-8801

香港總經銷　和平圖書有限公司
地址　香港柴灣嘉業街12號百樂門大廈17樓
電話　（852）2804-6687
傳真　（852）2804-6409

CVS總代理　美璟文化有限公司
電話　02-2723-9968
E-mail　net@uth.com.tw

出版日期　2024年02月01日　三版一刷
定價　420元
郵政劃撥　18989626　戶名：海鴿文化出版圖書有限公司

國家圖書館出版品預行編目（CIP）資料

一讀就停不下來的大漢史 ／ 劉觀其作.
-- 三版. -- 臺北市 ： 海鴿文化，2023.06
面 ； 公分. --（汲古閣；23）
ISBN 978-986-392-490-6（平裝）

1. 漢史　2. 通俗史話

622.09　112004087

SeaEagle